큰 사건, 큰 인물을 따라
교회사 산책

허순길 박사

대한예수교장로회
총회출판국

큰 사건, 큰 인물을 따라
교회사 산책

인 쇄 2009. 10. 30.
발 행 2009. 11. 7.
지은이 허순길
펴낸곳 대한예수교장로회 총회출판국
        Tel. (02)592-0986~7
        Fax.(02)595-7821
        ksbook@kosin.org
        http://kosin.org/ksbook

가 격 15,000원

ISBN 978-89-5903-152-8   03230

Big Events and Great men in Church History

Dr. Soon Gil Hur

책을 내면서

그리스도인이면 누구나 교회의 역사를 어느 정도 알기 원한다. 그러나 2천 년의 길고 방대한 역사를 다 읽고 살핀다는 것은 쉬운 일이 아니다. 그래서 역사 속에 드러난 큰 사건과 큰 인물 70을 골라 소개함으로 역사에 대한 간결한 지식을 제공하고자 한다. 역사에서 큰 사건과 큰 인물은 언제나 서로 밀접하게 관련되어 있으며, 그 가운데 나타난 수많은 사건과 인물 중에서 제한된 사건과 인물을 고른다는 것은 쉬운 일이 아니다. 그 결과는 교회사를 보는 시각에 따라 매우 다를 수 있는데 여기 70을 고른 저자의 입장도 마찬가지다.

교회는 그리스도의 교회이다(마 16:18). 이 말은 그리스도가 교회의 주요 왕이라는 뜻이다. 그가 친히 그의 교회를 모으시고, 지키시고, 보존하신다. 그리스도는 "이제도 계시도 전에도 계시고 장차 오실 이"시다(계 1:4). 그는 시간세계를 초월한 영원한 세계에만 계시지 않고 이 역사세계에도 그의 성령으로 항상 내주하시고 그의 교회를 친히 세워 가신다. 이를 위해 그는 사람들을 불러 그들의 봉사를 사용하게 되는데 이 사람들은 잘못을 범할 수 있는 불완전한 죄인들이다(고후 4:7).

그래서 교회사는 사람들이 주어진 사명을 성실히 다한 자취뿐 아니라, 크고 작은 실수를 범함으로 제대로 사명을 다하지 못한 얼룩진 역사도 보여준다.

이 책이 소개하는 큰 사건 큰 인물에서 이 사실을 잘 볼 수 있다.

그런데 그리스도의 교회는 부족한 여러 사람들의 실수에도 불구하고 계속되어 왔다. 지난 2천 년 동안 사단은 거짓된 교리 혹은 박해를 통해 세상에서 교회를 무너뜨리기 위해 갖은 노력을 다 해 왔다. 그러나 세상에 처음부터 있었던 교회는 세상 끝날까지 있을 것이다. 이는 그리스도께서 하늘과 땅의 모든 권세를 가진 영원한 왕이시기 때문이다(벨직신앙고백 27). 음부의 권세가 결코 교회를 이기지 못할 것이다. 마침내 그리스도께서 역사의 심판자로 다시 오셔서 만물을 새롭게 하시고 그의 교회를 완성하실 것이다(계 21:5). 교회역사를 읽으면서 우리는 이런 미래의 승리를 더욱 확신하게 된다.

이 작은 책을 통해서도 미래에 올 승리의 기쁨이 독자들에게 더 할 수 있기를 바란다. 끝으로 이 책을 교정해주고 삽화를 넣어준 제자 최병규 박사에게 감사드린다.

2009년 가을

허 순 길

Contents

책을 내면서
목차

■ 초대교회(33-600)

1. 로마 화재와 교회의 수난(64)	13
2. 예루살렘성의 몰락(70)	18
3. 순교자 저스틴(Justin Martyr, 150)	23
4. 사도요한의 제자 폴리캅의 순교(Polycarp, 156)	27
5. 영을 분별한 신학자 이레니우스(Irenaeus, 130-200)	31
6. 금욕의 신학자 터툴리안(Tertullian, 160-220)	35
7. 동방의 신학자 오리겐(Origen, 185-254?)	39
8. 교회일치의 신학자 키프리안(Cyprian, 258)	43
9. 수도생활의 개척자 안토니(Antony, 251-356?)	47
10. 콘스탄틴(Constantine) 대제의 회심과 신교 자유령	51
11. 니케아 공회의(The Council of Nicaea, 325): 제1차 에큐메니컬 공의회	55
12. 정통 교리의 투사 아타나시우스(Athanasius, 296-373)	59
13. 제왕을 두려워하지 않은 감독 암브로스(Ambrosius, 339-397)	64
14. 힙포의 감독 어거스틴의 개종(Augustine, 386)	68
15. 황금의 입을 가진 목사 크리소스톰(John Chrysostom, 347-407)	73

16. 칼케돈 공의회(The Council of Chalcedon, 451):
    제4차 에큐메니컬 공회   77
17. 베네딕트(Benedict)의 수도원 설립(525)   81

■ 중세 교회(600–1500)

18. 교황 그레고리 1세(Gregory the Great, 540–604)   87
19. 독일 민족의 사도 보니페이스(Boniface, 680–754)   91
20. 이슬람의 유럽 진입을 막은 뚜르 전투(The Battles of Tours, 732)   95
21. 샤를마뉴 대제(Charlemagne)의 대관식(800)   99
22. 러시아 왕자 블라디미르(Vladimir)의 개종(988)   103
23. 동 · 서방 교회의 분열(1054)   107
24. 캔터베리의 대감독 안셀무스(Anselm, 1033–1103)   111
25. 카노사(Canossa) 성에서의 교황과 황제(1077)   115
26. 제1차 십자군(1095)   120
27. 파리대학과 옥스퍼드 대학 설립(1100–1200?)   124
28. 어둠 속의 빛 왈도파(Waldenses, 1170)   128
29. 제4차 라테란 공의회와 화체교리(1215)   132
30. 로마교회의 교사 토마스 아퀴나스(Thomas Aquinas, 1225–1274)   136
31. 교회개혁의 샛별 위클리프(John Wycliffe, 1320–1384)   141
32. 교회개혁의 선구자 존 후스(John Hus, 1369–1415)   145
33. 구텐베르크의 활자발명과 성경인쇄(1456)   150
34. 스페인의 종교재판(1478)   153

■ 교회개혁 시대(1500–1650)

35. 루터(Martin Luther)가 올린 교회개혁의 횃불(1517)   159
36. 스위스의 개혁자 츠빙글리(Ulrich Zwingli)의 등장(1519)   164

37. 재세례파 운동(Anabaptists, 1525)	169
38. 영국의회의 "교회 수장령" 선언(1534)	174
39. 제네바의 개혁자 요한 칼빈(John Calvin, 1509-1564)	179
40. 스코틀랜드의 개혁자 존 낙스(John Knox, 1513-1572)	185
41. 트렌트 공의회(The Council of Trent, 1545-1563): 로마의 반 개혁공의회	189
42. 프랑스 위그노(Huguenots) 대학살(1572)	193
43. 도르트 회의(The Synod of Dordt, 1618-1619): 네덜란드 개혁교회 총회	198
44. 청교도들의 항해와 메이플라워호 맹약(1620)	204
45. 웨스트민스터 신학자 대회(The Westminster Assembly of Divines, 1643-1649)	210
46. 퀘이커 파(the Quakers)의 등장(1648)	216
47. 개혁교회의 화가 렘브란트(Rembrandt, 1606-1669)	221

■ 근세, 현대 교회 (1650 –)

48. 경건주의 운동가 야곱 스페너(Jacob Spener, 1635-1705)	227
49. 같은 해(1685)에 태어난 두 교회 음악가: 바흐와 헨델	232
50. 모라비안 형제들의 각성운동(1727)	236
51. 요나단 에드워즈(Jonathan Edwards)의 대각성운동 (1735)	241
52. 존 웨슬리(John Wesley, 1703-1791)의 부흥운동	246
53. 조지 휫필드(George Whitfield, 1714-1770)의 부흥운동	251
54. 노예상 폐지 운동가 윌버포스(W. Wilberforce, 1807)	254
55. 데이비드 리빙스턴(David Livingstone, 1813-1873): 선교, 아프리카 탐험	258
56. 허드슨 테일러(Hudson Taylor, 1832-1905)의 중국 선교	262

57. 침례교회 칼빈주의 부흥 설교자 스펄전(Charles H. Spurgeon, 1834-1892) 267
58. 교황 무오교리의 선언(1870): 로마 교회 제1차 바티칸 공회 271
59. 근본주의 운동(The Fundamentalism, 1895-) 275
60. 현대 오순절운동의 시작(Pentecostal Movement, 1906) 279
61. "영역주권"의 신학자 아브라함 카이퍼(Abraham Kuyper, 1837-1920) 284
62. 북미의 칼빈주의 신학자 벤자민 워필드(Benjamin B. Warfield, 1851-1921) 290
63. 장로교회 정통의 투사 그레샴 메이천(J. Gresham Machen, 1881-1937) 294
64. 위기 신학자 칼 바르트(Karl Barth, 1886-1968) 302
65. 개혁주의 언약의 신학자 클라스 스킬더(Klaas Schilder, 1890-1952) 306
66. 세계교회협의회(The World Council of Churches, 1948) 312
67. 20세기의 전도자 빌리 그래함(Billy Graham, 1918-2008) 317
68. 한국 장로교회의 오순절적 사건(1907) 323
69. 8·15 해방과 매였던 종들이 돌아온 날(1945) 327
70. 사랑의 사도, 순교자 손양원 목사(1902-1950) 331

초대교회
(주후 33년~600년)

01. 로마 화재와 교회의 수난

| 주후 64년 |

"너희가 환난을 당하나 담대하라
내가 세상을 이기었노라"
(요 16:33)

주후 64년 7월 19일 로마시가 큰 화재에 휩싸였다. 불은 여섯 낮 일곱 밤 동안 여러 구역을 삼켰다. 20여 미터 높이의 목조 건물들이 불기둥이 되어 주저앉았다. 14구역 가운데 3구역이 전소되고 나머지 구역들은 전소는 면했으나 화재의 해를 크게 입었다. 특별히 로마시에 있던 여러 신전들이 불에 타버렸다. 베스타 여신전, 주피터 신전, 헤라클레스의 큰 제단 등이 다 잿더미로 변해버렸다. 로마 신들의 집들이 사라진 것이다. 이 화재는 네로가 오랫동안 바라던 것으로 그가 은밀한 가운데 저지른 일이었다. 그러나 그는 그 허물을 기독교인들에게 덮어 씌워 희생양으로 삼았다. 그 결과로 기독교인들은 역사상 첫 번째로 집단적인 무서운 박해를 받게 되었다.

이 사건에 대한 전말을 알아본다.

로마의 대 화재

기독교의 복음은 광야의 불꽃처럼 예루살렘으로부터 로마제국 전 지역으로 빠르게 전파되었다. 이는 당시 로마제국 내의 편리한 도로망, 어디에나 통용되는 헬라어, 로마군대가 지켜 준 안전 덕분이었다. 상인들, 장인들이 알렉산드리아, 고린도, 아테네, 로마 등 제국 내의 큰 도시들을 안전하고 쉽게 이동할 수 있었다. 이것이 복음전파에 큰 도움이 되었다.

로마 제국은 초기에 종교적으로 관대한 정책을 폈다. 유대교가 법적으로 인정이 되었고 복음 증거의 문도 활짝 열려 있었다. 그래서 바울과 바나바 같은 복음 전도자들은 로마 제국 방방곡곡을 자유롭게 여행하며 전도할 수 있었다. 저들은 유대인들의 회당을 방문하거나 여행 중에 상인들과 장인들이 머무는 숙소에서 함께 지내며 복음을 전했다. 당시 제국의 중심이 되는 로마는 마치 자석처럼 많은 사람들을 끌어 들였다. 바울도 로마를 방문하기 원했다(롬 1:1-12). 그런데 바울은 사슬에 묶인 죄수로서 그렇게도 그리던 로마에 올 수 있었다. 그러나 그는 그런 처지에서도 상당한 자유를 누렸던 것으로 보인다. 한 집에 머물면서 사람들을 영접하고 가르친 사실이 알려져 있다(행 28:16-23). 전통에 의하면 그 후 베드로도 로마에 와서 머물렀다고 한다. 확실하게 알려져 있지는 않으나 바울과 베드로의 지도로 그 곳 교회에는, 귀족, 군인, 장인, 종들을 포함한 상당히 많은 사람들이 모였던 것으로 알려져 있다.

네로는 주후 54년에 로마 황제가 되었다. 그가 황제가 된 지 10년이 되던 해에 로마시에 큰 화재가 났다. 이때 네로(Nero)황제는 안티눔의 시골 별장에서 빈둥거리며 지냈다고 한다. 그러나 곧 다른 말들이 떠돌았다. 화재 발생 몇 시간 후 궁전과 기름을 저장하는 장소 중간에서 소방관들 사이에 황제가 얼씬거리고 있었다는 사실이 알려진 것이다. 그 시대의 많은 사람들이 네로가 화재를 낸 장본인이라고 생각했다. 많은 역사가들도 그렇게 보았다. 당시 로마시는 길이 좁고 평탄하지 않아 거리를 지나는 수레 소리가 요란했으며, 많은 집들이 낡고 흉하게 보여 네로는 이 도시를 새롭게 건설하기를 원했지만 합당한 방법을 찾지 못했었다. 그는 화재로 도시를 정리하는 것을 도시 재건을 위한 가장 빠른 길로 보게 된 것이다.

네로는 화재 후에 방화의 혐의를 벗어나기 위해 여러가지 노력을 했다. 로마 시민들에게 곡식을 나눠 주고, 자기 정원을 개방하여 임시로 거처할 집을 짓게도 했다. 그리고 아이들과 노인들을 도와주는 호의를 보이기도 했다. 그러나 이렇게 한다고 로마 시민들에게 만족을 줄 수는 없었다. 그는 이제 원하던 대로 도시의 재건을 추진하였다. 이를 위해서는 시민들에게 과도한 세금을 부가해야 했으며, 곧 시민들의 불만이 터져 나왔다. 화재를 낸 책임도 은연중 그에게 돌려지고 있었다. 이제 네로는 시민들의 마음을 달래고 돌이켜야 했다. 다양하고 화려한 서커스 놀이를 마련하여 여러 주간 시민들을 즐겁게 했다. 그러나 이것이 효과를 거두지 못했다.

이제 네로는 방화의 죄를 대신 져줄 희생양을 찾아야만 했다. 그를 자문하는 자들이 기독교인들을 지목해 주었다. 기독교인들은 로마의 여러 신들을 주(主)로 인정하지 않고, 그리스도만을 주로 섬긴다는 것이 로마

네로

인들의 증오를 살 수 있는 것이었다. 나아가, 기독교인들은 신 앞에서 주인과 종의 동등권을 주장한다는 것이다. 기독교인들은 종들 가운데서 개종자를 얻으면 장로들이 그 종들의 주인을 찾아가 놓아주기를 청한다고 했다. 로마의 귀족들은 쓰레기를 치워주고, 술을 따라주고, 의복을 돌봐주며, 들에서 일을 해 주는 종이 없이는 살 수 없다고 생각하고 있었다. 로마인들에게 종은 사람이 아니고 재산이었다. 네로는 이런 로마의 사회체제를 허무는 기독교인들을 로마 시민들 앞에서 희생양으로 쉽게 삼을 수 있었다.

네로는 화재의 책임을 기독교인들에게 떠넘겼다. 로마인들은 이제 황제에게 허물을 돌리지 않고, 중한 세금문제도 잊어버리게 되었다. 네로는 저들을 위해 잔치를 배설하고 마음을 즐겁게 해 주었다. 로마에 있는 기독교인들에 대한 박해는 참담하였다. 기독교인들을 십자가에 못 박기도 하고, 화형에도 처하기도 했다. 시내 큰 거리 양편에 기둥들을 세우고 시체들에 역청을 발라 거기 달아매고 불을 붙여 햇불을 삼아 밤거리를 밝히기도 했다. 원형극장에 시민들을 모으고 기독교인들에게 짐승의 가죽을 입혀 개들이 물어뜯게도 했다. 이런 원형극장에 자신이 마차를 타고 달리며 기세를 보이기도 했다. 이런 무서운 박해는 네로가 죽게 된 주후 68년까지 4년 동안 계속되었다. 이것이 그리스도의 교회가 로마제국으로부터 받은 첫 번째의 큰 박해였다. 사도 바울과 베드로도 네로의 박해 때 순교했다고 전해져 내려오고 있다. 바울은 단두대에서 순교하고, 베드로는 십자가에 거꾸로 달려 순교했다고 한다.

당시 네로의 박해는 로마시에 한정되었다. 이후 이런 그리스도인에 대한 박해는 로마 제국 안에서 때때로 일어났다. 어느 한 황제가 박해를 충동하면 몇 년 동안 계속되었으며, 지방의 총독들은 황제에게 충성을 보이기 위해 세차게 박해를 가했었다. 이런 상태가 네로 이후 거의 250년간 계속되어 수많은 기독교인들이 수난과 죽음을 당했다. 그러나 교회는 사라지지 않고 더욱 왕성해 갔다. 예수님은 제자들에게 "너희가 환난을 당하나 담대하라. 내가 세상을 이기었노라"고 하셨다. 지난 2천 년 동안 교회는 끊임없는 박해를 받으면서도 사라지지 않고 계속 성장 발전해 왔다. 기독교는 원래 그리스도의 죽음과 부활의 터전 위에 세워졌으며, 이것은 교회의 수난과 승리를 의미한다. 수난을 딛고 승리해 온 지난날의 교회 역사는 최후의 승리가 기독교에 있다는 사실을 우리들에게 잘 알려 주고 있다.

02. 예루살렘성의 몰락

| 주후 70년 |

"너희 보는 이것들이 날이 이르면
돌 하나도 돌 위에 남지 않고
다 무너뜨려지리라"
(눅 21:6)

플로루스(Gessius Florus)는 주후 64년부터 66년까지 통치한 로마제국의 마지막 유대 총독이었다. 그는 역대 총독 가운데 가장 포악했고 부패한 생활을 즐겼다. 그는 특별히 돈을 사랑하고 유대인들을 미워했으며, 유대인들의 종교적 감정을 완전히 무시하고 유대를 다스렸다. 세입이 부족했을 때는 유대인들의 성전에 있는 은을 빼앗아 가기도 했다. 그를 항거하는 유대인 반란이 66년에 일어났다. 그는 곧 예루살렘에 군대를 보내어 많은 유대인들을 십자가에 처형하고 학살했다. 총독의 이런 행위는 그 동안 일어난 유대인들의 반란을 더 크게 촉발시켰다.

로마제국은 오랫동안 유대인들을 잘 다루어 오지 않았다. 주전 30년 교활한 헤롯을 왕으로(헤롯 대왕) 세웠다. 헤롯은 아름다운 공공건물을 짓고 유대인들의 마음을 사려고 했으나 별 성공을 거두지 못했다. 헤롯의 아들 아켈라오(Archelaus)가 주전 4년에 그의 아버지를 이어 왕이 되었는데 그도 매우 악하여 백성들이 로마에 진정을 하게 되었다. 그 결과로 주후 6년에 폐위를 당했다. 로마 정부는 총독으로 본디오 빌라도, 벨릭스, 베스도, 플로루스를 차례로 파송했다. 이들은 반란이 잦은 유대 땅에서 안정을 위한 어려운 일을 맡았었다.

로마제국으로부터 독립하려는 유대인들의 열망은 식어지지 않았다. 저들은 지난 날 시리아의 멍에를 벗어던졌던 마카비 시대를 뒤돌아보았다. 헤롯이 통치하는 동안 독립을 위한 운동은 계속되었다. 젤롯파(Zealot, 열심당)와 바리새인들은 변화가 오기를 바라고 있었다. 메시아 예수를 거절했던 유대인들은 다른 메시아가 와서 자기들을 해방해주기를 간절하게 바랐다. 예수님이 세상에 계셨을 때 앞으로 사람들이 "그리스도가 여기 있다 혹은 저기 있다" 할 것이라고 경고하신 일이 있었다(마 24:23). 이것이 그 시대 유대인들의 정신적 상황이었다.

마사다(Masada)에서 유대인들의 반란이 시작되었다. 마사다는 산 위 암석 위에 세워진 난공불락의 성으로 사해가 환히 내려다보이는 곳이었다. 헤롯이 일찍이 거기에 왕궁을 건축했고, 로마인들의 요새로 삼았었다. 총독 플로루스의 잔학성에 자극을 받은 젤롯파 광신자들은 이 요새를 공격하기 시작했다. 놀랍게도 이들은 거기 주둔한 로마 군대를 섬멸하고 승리를 거눌 수 있었다.

예루살렘에서는 성전을 관할하는 책임자가 로마의 시저를 위해 매일 제물 드리는 일을 중단시켰다. 이는 로마 제국에 대한 공개적 반란을 선

예루살렘 멸망

언한 일이었다. 곧 예루살렘 유대인들이 로마 군대를 추방하고 죽임으로 큰 소란이 일어났다. 이어 유대 전 지역에 반란이 일어나고, 갈릴리에도 반란이 일어남으로 잠시 동안 유대인들이 승기를 잡은 것처럼 보였다.

곧 로마의 지방 총독인 갤루스(Cestius Gallus)가 폭동을 진압하기 위해 2만 명의 군사를 거느리고 시리아에서 유대로 진군해 왔다. 그가 예루살렘 성을 6개월 동안 포위했으나 6천 명의 군사들을 잃고 후퇴하여야만 했다. 유대인들은 그들이 버리고 간 다량의 무기를 주워 사용하였다.

네로 황제는 반란을 진압하기 위해 66년 말에 뛰어난 장군 베스파시안(Vespasian)을 파송했다. 그는 외각 지역에서부터 반란자들의 세력을 조금씩 꺾으면서 진군했다. 처음에는 갈릴리에서 시작하여 요단을 거쳐 이두미아, 그 다음에 예루살렘을 에워쌌다. 그러나 최후의 일격을 가하기 전인 68년 그는 로마로 소환되었는데, 이는 황제 네로가 세상을 떠났기 때문이었다. 그 후 황제 계승을 위한 경쟁에서 베스파시안이 승리를 하게 되었다. 황제의 자리에 오르자마자 그는 그의 아들 디도(Titus)를 전쟁의 지휘자로 지명하여 예루살렘에 파송했다.

이때 예루살렘은 유대 지방으로부터 유리된 상태였다. 성안에서는 방어 전략에 대한 의견 차이로 유대인들 사이에 파벌이 생겨 서로 다투고 있었다. 디도의 군대가 이 성을 에워쌌을 때 성안 사람들은 먹을 것이 없어 굶어 죽기도 하고 전염병이 퍼져 많은 사람들이 죽어가는 형편이었다. 지난 날 걱정 없이 살던 대제사장의 아내가 먹을 수 있는 부스러기라기 찾기위해 거리의 쓰레기통을 뒤질 만큼 그들의 생활은 처참했다.

그 동안 로마군대는 새로운 전쟁 기구를 고안하고 만들어 둥근 돌을 쏘아 성벽을 공격하고 무너뜨렸다. 성내 유대인들은 낮에는 종일 싸우고 밤에는 무너진 성벽을 다시 쌓아야만 했다. 당시 예루살렘 성은 세 겹으로 둘러싸여 있었는데 결국 외성이 무너지고, 중간성이 무너지고, 마지막으로 내성이 무너져버렸다. 유대인들은 성전을 최후의 방어선으로 삼아 싸웠다.

이것이 성안에 있던 유대인 병사들의 종말이 되었고, 전쟁의 최후가 되었다. 유대인 역사가 요세푸스에 의하면 디도 장군은 유대인들의 성전을 그대로 보존하기 원했다고 한다. 그러나 로마 군인들은 끝까지 항거한 유대인들에게 격노하여 성전을 불태워버렸던 것이다. 이때가 주후 70년이었다.

예루살렘의 함락은 유대인들의 반란의 끝을 의미했다. 유대인들은 결국에는 그들이 기다리는 메시아가 나타나 승리를 안겨줄 줄 믿고 싸웠다. 그러나 저들이 바라는 메시아는 나타나지 않았다. 성 안에서 1백10만 명이 죽임을 당하고, 9만7천 명이 사로잡혀 끌려가 고역을 하게 되었다. 마사다를 차지했던 젤롯파 사람들은 이후 삼 년 동안 그 성을 지켜왔었다. 그러나 로마 군인들이 포위하고 진입로를 만들어 그 산성 안에 들어갔을 때 그 성을 지키던 모든 병사들은 죽어 있었다. 저들은 로마 군인들에게 포로가 되어 굴욕을 당하기보다는 차라리 자살을 택한 것이었다. 유대인들의 반란은 명맥을 지켜오던 유대인 국가의 종말을 의미했다. 이후 저들은 1948년 "이스라엘"이란 나라를 다시 세우기까지 거의 2,000년 동안 세계에 흩어져 지내야하는 나라 없는 민족이 되었다. 오신 언약의 메시아를 배반함으로 하나님의 언약의 진노 아래 있게 되었던 것이다.

로마 군인들이 예루살렘을 에워쌌을 때 거기 살던 기독교인들은 어디에 있었을까? 저들은 예수께서 일찍이 "예루살렘이 군대들에게 에워싸이는 것을 보거든 그 멸망이 가까운 줄을 알라. 그 때에 유대에 있는 자들은 산으로 도망할찌며 성내에 있는 자들은 나갈찌며 촌에 있는 자들을 그리로 들어가지 말찌어다"라는 말씀을 기억했다(눅 21:20-21). 오신 메시아를 거절했던 유대인들은 성안이 피난처인 줄 알고 예루살렘 성안으로 들어가 참혹한 죽음을 당했지만, 기독교인들은 주의 말씀을 기억하고 그 성에서 나와 요단강 건너편 동쪽에 있는 펠라(Pella)로 피난하여 구원을 받았다.

03. 순교자 저스틴(Justin Martyr)

| 주후 150년 |

> "그대들이 우리를 죽일 수는 있어도
> 더 해를 가할 수는 없을 것이다"
> (저스틴)

저스틴은 젊어서부터 새로운 진리를 찾는 데 열중한 철학자였다. 그는 그리스의 스토익 학파, 아리스토텔레스, 피타고라스 철학을 연구하고 이어 플라톤의 철학에 빠져 들었다. 플라톤은 진리를 깊이 파고드는 사람에게는 하나님이 보인다고 했다. 이것이 바로 저스틴이 이르기 원하는 것이었다.

그가 어느 날 바닷가를 거닐다 연로한 그리스도 신자를 만나게 되었다. 이 분의 위엄있는 모습과 겸손에 큰 감명을 받았다. 이 노인은 그에게 유대인 선지자들의 예언을 인용하면서 기독교가 참으로 진리의 길이라고 설명하고, 예수님이 인간에게 하나님을 보여주었다고 했다. 이것이 저스틴의 생애에 큰 전환점이 되었다. 그는 곧 집에 돌아가 선지서들, 복음서와 바울의 서신들을 탐독하고 철저한 그리스도인이 되었다.

저스틴 마터

그리고 그의 남은 생애 약 30년을 여행과 전도와 저술로 보냈다. 그 결과 저스틴은 초대 교회 신학 발전에 크게 기여를 하고, 기독교의 진리를 세상에 널리 알렸다.

사도행전은 기독교가 유대인과 이방인 양 세계 속에서 유대인 세계로부터 이방인 세계로 차츰 확장되어가는 역사를 보여준다. 베드로와 스데반은 유대인들에게, 바울과 바나바는 주로 그리스 사람들과 아테네 그리고 로마 제국의 시민들과 당국자들에게 복음을 전했다.

저스틴의 생애는 많은 점에서 바울의 생애와 비슷하다. 사도 바울은 이방 지역인 다소(Tarsus)에서 유대인으로 태어났고, 저스틴은 옛날 세겜 지역인 유대인 지역에서 이방인으로 태어났다. 각 시대에 두 사람 다 훌륭한 교육을 받았고, 유대인들과 이방인들로 하여금 그리스도의 진리를 이해할 수 있게 하는데 큰 기여를 했다. 바울과 저스틴 두 사람 모두 로마에서 순교를 했다.

그리스도의 교회는 초기 백 년 동안 네로나 도미티안(Domitian)과 같은 황제들의 무서운 박해를 받으면서도 사도적 전통을 계승하고 그리스도의 사랑을 나타내며 지내왔다. 2세기 중엽에는 트라얀, 안토니우스 피우스, 마르쿠스 아우렐리우스 같은 황제들이 비교적 온건한 통치를 하게 되었다. 이때 교회는 누구든지 이해할 수 있는 말로 기독교를 세상에 알리기 위해 노력했다. 저스틴은 기독교 신앙을 합리적으로 설명한 첫 번째 변증가라고 할 수 있다. 그는 뒤이어 등장한 오리겐과 터툴리안 같은 분들과 함께 기독교를 그 시대의 그리스, 로마 지식층에게 익숙한 말로 소개 했었다.

저스틴의 대표작인 『변증』(Apology)은 황제 '안토니우스 피우스'가 기독교 진리를 이해하기 바라면서 그를 위해 쓴 작품이었다. 이 책에서 그는 기독교 신앙을 밝히 설명하고 변호했다. 나아가 그는 기독교인들에 대한 박해가 부당하다는 것을 지적하고, 당국자들은 오히려 이방종교의 그릇됨을 밝히는 일에 기독교와 협력해야 한다고 주장했다.

저스틴은 기독교의 진리를 완전한 진리로 보았다. 그는 그리스 철학자들이 어느 정도 하나님에 대한 진리를 깨닫기는 했지만, 아직 그리스도의 진리의 충만에 이르는 데는 먼 자리에 있다고 했다. 결과적으로 저스틴은 기독교 진리를 그리스 철학의 성취와 절정으로 보고, 유대사상이 탁월하다는 사실을 주장했다. 그는 성경의 예언 성취에 크게 매혹되어 있었다. 이는 해변에서 만난 노인에게 받은 감동이 크게 작용 했던 까닭이었다. 그는 히브리 예언이 메시아인 예수 그리스도의 정체를 확인해 주었다고 보았다. 바울처럼 그는 그리스도인들을 가까이 하면서 유대인들을 멀리하지 않았다.

저스틴은 저술을 하는 일 외에 기독교 신앙을 변호하면서 많은 여행을 하기도 했다. 에베소에서 유대인 친지 트리포(Trypho)를 만나 변론하고, 그리스도가 메시아임을 주장했다. 로마에서는 영지주의 지도자 마르시온(Marcion)을 만났다. 로마에 가는 길에 견유학파(Cynics)에 속한 크레센스(Crescens)라는 사람을 만나 변론을 했다. 주후 160년경 로마에 돌아왔을 때에 저스틴은 로마 관리들에게 밀고 당했다. 그는 곧 체포되어 심문을 받게 되고 다른 여섯 신자들과 함께 교수형을 받고 순교했다. 그가 일찍이 박해자들에게 "그대들이 우리를 죽일 수는 있어도 어떤 해를 더 가할 수는 없다."라고 말했었다. 그는 이런 믿음으로 영원한 구원의 확신을 가지고 순교하였다.

그 결과 교회사에서 '순교자 저스틴(Justin Martyr)'이라는 귀하고 아름다운 이름을 얻게 되었다.

04. 사도요한의 제자 폴리캅(Polycarp)의 순교

| 주후 156년 |

"80년 동안 내가 그를 섬겨왔는데 그는 내게 어떤 해도 입힌 일이 없습니다. 그런데 나를 구원하신 나의 왕을 어떻게 모독할 수 있습니까?" (폴리캅)

폴리캅 (주후 69-156년)은 2세기 중반 로마제국 내 아시아 지역에서 봉사한 가장 탁월한 교회지도자였다. 전하는 바에 의하면 그는 사도 요한의 제자였다고 한다. 그러니 그는 사도적인 교회와 직접 관계를 가졌던 마지막 교회지도자였던 것이다. 폴리캅은 소아시아의 서부해안에 있는 항구 도시 서머나 교회의 감독(목사)으로 봉사하였다. 그런데 거기서 기독교인들에 대한 박해가 일어났다. 서머나 경찰은 그 곳에서 존경을 받으며 살고 있던 서머나 감독을 잡기 위해 뒤를 쫓았다. 저들은 이미 많은 기독교인들을 붙잡아 투기장에서 죽음을 당하게 했다. 폴리캅은 처음에는 친구의 농장으로 피해 숨었으나 저들이 그의 뒤를 쫓아 왔을 때 다른 농장으로 피하여 갔다. 80살이 지난 고령인 그는 죽음을 두려워하지 않았다. 그래서 피하지 않고 서머나에 그대로 머물기를 원했었다. 그러나 친구들은 그가 죽으면

폴리캅

교회가 사기를 잃게 될 것을 염려해서 그를 권하여 피하게 했던 것이다.

첫 번째 농장에 도착한 경찰은 폴리캅이 없는 것을 발견하고, 어린 사내 종을 잡아 고문한 결과 그가 숨은 다른 농장을 찾아낼 수 있었다. 완전 무장한 경찰이 두 번째 농장을 급습해 올 동안 폴리캅에게는 다른 곳으로 몸을 숨길 시간적 여유가 있었음에도 그는 "아버지의 뜻대로 이루어지이다"라고 기도하고 피하지 않았다. 그는 저들을 손님처럼 영접하고 음식을 대접하면서 한 시간 혼자 기도할 여유를 달라고 부탁했다. 그는 두 시간을 기도했다.

저들은 고령에 있는 선한 분을 체포하는 것을 매우 안타깝게 여겼다. 그래서 서머나로 돌아가는 길에 폴리캅의 마음을 돌리려 "시저를 주라고 부르고 그에게 분향하는 것이 무슨 해가 됩니까?"라고 했다. 폴리캅은 그것은 전혀 할 수 없는 일이라고 조용히 대답했다. 로마 제국 관리들은 일찍부터 황제, 즉 시저의 영을 신으로 보는 종교적 이념을 개발했었다. 당시 대부분의 로마인들은 여러 신들을 섬겨 왔기 때문에 황제를 신으로 여기고 섬기는 일을 별로 문제 삼지 않았다. 이를 국가에 대한 충성으로만 생각했었다. 이는 지난 날 일본사람들이 천황을 사람으로 나타난 신으로 여기고 섬긴 것과 같은 것이었다.

당시 기독교인들은 황제나 로마의 여러 신들을 섬기는 일을 피해 집에서 은밀하게 주를 섬기고 예배를 드렸다. 이를 본 대부분의 로마인들은 저들을 아무런 신앙을 갖지 않은 무신론자들로 여겨 미워했다. 그래서 경찰이 기독교인들을 추적할 때 서머나 시민들은 "저 무신론자들을 잡아 없애 버려라"고 외쳤던 것이다. 그 때 기독교인들은 로마인들의 신의 축제에 참여하지 않고 제물도 드리지 않았기 때문에 나라를 사랑하지 않는 무신론자들로 여겨져 미움을 받았었다.

결국 폴리캅은 성난 무리로 가득한 투기장에 끌려오게 되었다. 당시 그 곳 총독은 고령의 감독에게 존경을 표하는 듯한 모습을 보였다. 옛날 빌라도처럼 그는 가능하면 비극적인 결과를 피하기 원했다. 폴리캅이 시저를 신으로 인정하고 그에게 제물만 드리면 그를 살리고 모든 사람을 흩어지게 할 수 있었다.

총독은 호소하듯 "그대의 연로함을 존경하노라. 황제의 이름으로 맹세하라. 마음을 돌이켜 무신론자들을 없애라고 말하라"고 했다. 총독은 폴리캅이 무신론적 기독교인들과 관계를 끊음으로 자신의 생명을 구원하기를 바랐던 것이다. 그러나 폴리캅은 투기장에 둘러서서 야유하고 있는 무리를 올려다보았다. 그리고 몸을 추스르며 저들을 향해 큰 소리로 힘차게 "무신론자들아 사라져라."라고 외쳤다. 그는 오히려 저들을 무신론자들이라 질책한 것이다.

총독은 다시 한 번 "그리스도를 저주하라 그리하면 내가 그대를 놓아 주리라."고 했다. 폴리캅은 반듯하게 서서 "80년 동안 내가 그를 섬겨왔는데 그는 내게 어떤 해도 입힌 일이 없습니다. 그런데 내가 나를 구원하신 나의 왕을 어떻게 모독할 수 있습니까?"라고 했다. 투기장에서 폴리캅과 총독은 계속 말을 주고받았다. 폴리캅은 심문하는 총독을 꾸짖으며 말하기를 "당신이 내가 누구인지 안다면 분명히 들으십시오. 나는 그리스도인입니다. 당신이 기독교의 가르침을 배우기 원하면 날을 정해 내게 와 들으시오"라고 했다. 총독이 화형에 처하겠다고 위협을 하자 폴리캅은 응수하였다 "당신이 붙이는 불은 한 시간 동안 타고 꺼질 것이나, 앞으로 올 심판의 불은 영원히 타게 될 것이오."

폴리캅이 끝까지 기독교 신앙을 버리지 않음을 확인한 서머나 군중들은 "이 사람은 아시아의 스승이요, 기독교인들의 아버지며, 많은 사람들에게 제물을 드리지도 경배하지도 못하게 가르치는 우리 신들의 적이다."라고 외쳤다. 총독은 폴리캅을 산 채로 불태우라 명령했다. 그는 기둥에 묶였고 불이 붙여졌다. 그런데 증인들의 기록에 의하면 그의 몸은 불에 삼켜지지 않았다고 한다. 증인들은 이런 증언을 남겼다. "그의 육체는 불 가운데서 타는 것처럼 보이지 않았고, 뜨거운 불에 굽히는 빵이나 용광로 속의 금과 같이 보였다. 우리는 귀한 향수 같은 신선한 냄새를 맡았다." 사형집행관이 칼로 그를 찌르니 피가 쏟아져 불이 꺼졌다고 한다.

이런 순교의 이야기가 로마제국 전 지역에 있는 교회들에 전해졌다. 교회들은 이런 소식에 감동을 받고, 순교자들의 생애를 기리며 하나님께 감사하게 되었다. 이후 교회는 해마다 폴리캅이 순교한 2월 23일을 그가 천국에 태어난 생일로 기념하게 되었다. 그 후 약 150년 이상 로마제국 내에서 기독교 박해로 헤아릴 수 없는 많은 기독교인들이 순교하게 되었다. 저들은 서머나 감독 폴리캅의 신실한 증거에서 큰 힘과 용기를 얻을 수 있었던 것이다.

05. 영을 분별한 신학자 이레니우스
(Irenaeus)

| 주후 130-200년 |

> "사랑하는 자들아 영을 다 믿지 말고
> 오직 영들이 하나님께 속하였나 분별하라.
> 많은 거짓 선지자가 세상에 나왔음이라"
> (요일 4:1)

이레니우스는 소아시아의 태생으로 서머나의 감독 폴리캅의 제자였다. 그는 평생 사도 요한의 제자 폴리캅을 스승으로 모신 것을 큰 특권과 행복으로 여기고 살았다. 그가 당시의 이단 사상을 비판하고 다룰 때 특별히 사도들의 권위에 호소했다는 사실은 이해할 만하다.

이레니우스는 당시 영지주의(Gnosticism) 이단 사상을 분석하고 비판한 교부들 가운데 첫째 되는 사람이라고 할 수 있다. 영지주의 사상은 신약교회가 세워지기 전부터 이미 존재해왔는데, 영지주의는 인간이 구원을 얻는 길은 자기 밖으로부터 오는 어떤 힘에 의해서가 아니고, 신비한 지식(Gnosis)을 스스로 발견하는데 있다고 주장하는 것이다. 그래서 하나님의 아들 예수로 말미암은 구원의 복음이 교회를 통해 전해지자 영지주의자들은 예수는 하나님의 아들도 구주도 아닌 위대한 인간일 뿐이라고 했으며, 인간이 구원을 받기 위해서는 신비한 지식을 가져야 한다고 했다. 사도 요한은 이 이단의 위험성을 잘 알았다. 그래서 그는 "예수 그리스도께서 육체로 오신 것을 시인하는 영마다 하나님께 속한 것이요, 예수를 시인하지 아니하는 영마다 하나님께 속한 것이 아니니 이것이 곧 적그리스도의 영" 이라 하고, "영을 시험하라"고 경고했다(요일 4:2-3).

2세기에 이레니우스는 사도 요한이 적그리스도라 정죄한 영지주의를 신학적으로 분석 비판하고 사도적인 교리를 파수하였다. 그는 소아시아에서 로마로 옮겨 연구를 한 후, 오늘의 프랑스 지역인 리용에 자리를 잡고 그 곳 교회의 사제로 봉사했다. 주후 177년 마르쿠스 아우렐리우스(Marcus Aurelius) 황제에 의해 박해가 일어나 그곳 감독 포티누스(Pothinus)가 순교하게 되자 그를 이어 감독이 되었다.

그는 곧 영지주의가 골(Gaul, 오늘 프랑스를 중심한 지역) 지방에서 많은 추종자들을 얻고 있음을 발견하고 경각심을 갖게 되었다. 이 이단은 원래 그리스의 철학과 아시아의 사색적 종교에 뿌리를 둔 것이었으나, 점차 기독교적 술어를 수용하고 융합하여 기독교에 접목시킴으로 사람들의 호감을 샀던 것이다. 더욱이 하나님의 은혜를 통해서가 아니라 인간 스스로 구원의 길을 발견할 수 있다고 말하는 이들의 주장은 인본주의적 사고를 가지고 사는 사람들에게 호소력이 있을 수 밖에 없었다. 이레니우스는 이 이단을 배격하기 위해 그 내용을 깊이 연구하였다. 영지주의 자들은 일반적으로 물질적 세계는 악하기 때문에, 하나님은 이런 세계를 창조하지 않았다고 주장하여 하나님이 세상을 창조한 사실을 부인했다. 그리고 하나님은 멀리 있고 이 세상과 직접 관련을 갖지 않는다고 하며, 구원은 신비한 지식을 얻음으로 누릴 수 있다고 했다. '영지'를 가진 사람들은 일반 기독교인들 보다 훨씬 우월한 입장에 있다고 주장하여 '영지 복음(Gnostic Gospels)'을 전했다. 저들은 예수님께서도 '영지적 복음'을 가르쳤다고 주장했다.

솔로몬이 일찍이 "해 아래는 새 것이 없다"(전 1:9)고 한 말처럼 어느 시대나 이단은 본질적으로 같은 속성을 가지고 나타난다. 21세기 오늘 일어나는 이단들도 2천 년 전에 나타났던 영지주의 이단과 본질적으로 같은 사실을 보게 된다. 한국에서 기원한 소위 통일교란 것이 기독교 교리에 음양에 기초한 신비한 동양철학을 접목하고 혼합시켜 많은 사람들을 오도하고 있음을 보게 된다. 이방 종교 안에서도 기독교와 본질적으로 같은 구원의 진리가 어느 정도 있다고 보고 종교 상호간의 교류를 주장하는 오늘의 신학적 자유주의 속에서도 옛 이단인 영지주의와의 동질성을 발견하게 된다.

이레니우스는 교회에 이 영지주의 이단의 실체를 드러내고 경고하기 위해 『이단에 대한 배격(Against Heresies)』이라는 큰 책을 썼다. 그는 이 작품 속에서 저들이 '영지(gnosis)'라는 이름으로 가장하여 사람을 속이고 있다고 공격했다. 그리고 구약과 신약의 말씀을 통해 하나님이 세상을 창조했음을 밝히고, 세상의 부패는 인간의 타락으로 말미암아 온 것이라고 했다. 무흠한 아담이 시험에 빠짐으로 죄인이 되었지만, 그의 타락은 둘째 아담인 무흠한 사람 예수 그리스도에 의해 원상회복 되었다고 했다. 인간의 육체는 악한 것이 아니며, 마지막 날에 그 몸이 영혼과 함께 부활하게 되고, 하나님과 영원히 살게 될 것이라고 했다.

이레니우스는 영지주의를 배격하기 위해 쓴 책들 외에 『사도적 설교의 증거(The Proof of the Apostolic Preaching)』를 비롯하여 신론 및 구원론 등에 관한 여러 책들을 썼다. 그의 신학에 있어서 가장 독특한 것은 하나님이 독생자를 보내셔서 사탄의 권세로부터 인간의 원상회복을 가져왔다고 한 구원론에 있다(doctrine of recapitulation, 총괄갱신). 그는 성자와 성령을 하나님의 손들로 묘사하고, 창세기 1:26의 "우리의 형상을 따라 우리의 모양대로 사람을 만들고"라는 말씀을 아버지께서 그의 아들과 성령에 대해 말씀하신 것으로 이해했다. 이로써 그는 삼위 하나님에 대한 교리를 일찍부터 밝히려 힘쓴 결과, 이레니우스는 사도 바울 이후 2세기에 등장한 가장 위대한 신학자로서 그 시대에 영지주의 이단의 확산을 막고 기독교 신학이 발전하는데 큰 기여를 했다.

06. 금욕의 신학자 터툴리안(Tertullian)

| 주후 160-220년 |

> "순교자들의 피는 교회의 씨이다."
> "아테네와 예루살렘이 무슨 상관이 있는가?"
> (터툴리안)

터툴리안은 인구 70여만 명이 살고 있는 로마 제국의 북아프리카 큰 도시 카르타고에 있는 교양 있는 가정에서 태어났다. 그는 일찍부터 고대문학, 수사학, 법률학 교육을 받았다. 그의 아버지는 카르타고의 높은 관리였다. 터툴리안은 처음 거기서 변호사로 지내게 되었던 것으로 보인다. 터툴리안이 기독교로 개종한 것은 196년으로 추정한다. 이는 그가 『변증(Apology)』이라는 책을 197년에 냈기 때문이다. 그의 단순하고 직선적인 성격으로 보아 기독교로 개종하자 바로 이 책을 통해 자기 입장을 공적으로 밝혔을 것으로 여겨지는 것이다. 그가 기독교로 개종하게 된 원인은 복음을 듣게 된데 있었겠지만, 그에게 가장 큰 영향을 준 것은 기독교 박해 시에 순교자들이 보여준 영웅적 용기였다.

터툴리안은 당시 널리 사용되었던 헬라어뿐 아니라, 라틴어에도 능통하였다. 오히려 라틴어로 글쓰기를 좋아했다. 그래서 그는 라틴어로 신학적 용어들을 스스로 만들어 그의 다양한 저서들에 사용했다. 이 라틴어 사용이 차츰 보편화되어짐으로 그는 라틴어를 교회의 공식적인 언어로 수용하는데 길을 열어 준 셈이다. 오늘날 우리는 하나님은 하나의 '본질(one substance)'을 가지고, '삼위(three persons)'로 계시는 '삼위일체(Trinity)'라고 말 하는데, 이런 신학적 용어들은 모두 터툴리안에 의해 라틴어로 만들진 것이다. 그래서 그는 '라틴 신학의 아버지'라 불리고 있다.

터툴리안은 단순하고 강직한 성격을 가진 엄격주의자였다. 그가 처음 기독교에 매력을 갖게 된 것은 기독교인들이 보여준 엄격한 윤리생활 때문이었다. 엄한 금욕주의적 생활에 호감을 가진 그는 뒤에 자연히 그 시대에 엄격한 생활을 하는 몬타누스 집단에 매력을 갖게 되었다. 원래 몬타누스 파(Montanism)는 2세기 중반(157) 소아시아 '프리지아'에서 일어난 금욕주의적인 성령운동 집단이었다. 당시 몬타누스는 성령(the Paraclete)을 대표하는 선지자로 자처하고, 자신이 계시의 최후 단계인 성령의 시대로 인도할 것임을 선언하면서 등장했었다. 그는 두 여선지(Maximilla, Priscilla)와 함께 세상의 종말이 가까워져 왔음을 무아경적 신비한 언어로 선언을 하고, 엄한 윤리 생활을 촉구했다. 저들의 교훈 가운데는 재혼을 하지 말고, 박해를 피하지 말며, 금식을 하라는 것들이 포함되었다. 나아가 저들은 하늘의 예루살렘과 천년 왕국의 도래가 임박했다고 했다.

이 몬타니즘은 곧 소아시아를 넘어 북아프리카, 로마, 골(남유럽) 지역으로 퍼졌다. 그런데 2세기 말에 이 몬타누스주의의 초기의 열광시대가 끝나게 되었다. 몬타누스가 죽고 세상의 종말의 도래가 멀게만 보였다. 그 결과 몬타누스주의 집단의 강조점은 세상 종말의 도래에서 엄격한 윤리생활로 옮겨가게 되었다. 이는 오늘 날 성령을 강조하는 광신주의자들의 집단 대부분이 결국에는 윤리적인 몰락과 비극으로 끝나게 되는 것과는 사뭇 대조적이다. 당시 북아프리카의 몬타누스 그룹은 초기 프리기아의 광신적 입장과는 매우 다르게 나타났고, 여러 면에서 정통적 기독교의 모습을 보여주었다. 터툴리안은 기성교회 기독교인들의 윤리생활이 점점 해이해져갈 뿐 아니라, 교회생활이 형식화 되어감을 보고 실망하였다. 그 결과 그는 몬타누스파의 금욕주의적 엄격한 생활에 마음이 끌려 207년 이 파에 가담하고 카르타고에 있는 작은 몬타누스 집단의 지도자가 되었다. 후일 어거스틴(354-430)이 전하는 바에 의하면 터툴리안에게는 당시 몬타누스파의 엄격한 금욕생활도 만족되지 않아 그 속에서 더 엄격한 생활을 하는 집단을 만들어 이끌었다고 한다.

터툴리안은 기성교회 안에 있을 때뿐 아니라, 몬타누스파에 속해 있을 때에도 계속해서 글을 썼다. 변증적, 논쟁적 방면의 저서들을 많이 쓰고 "아테네와 예루살렘이 무슨 상관이 있는가?"라는 유명한 말을 남겼다. 나아가 그는 엄격한 금욕주의적 성격을 가진 신학저서들을 열여섯 권이나 썼다. 그는 '순교자들에게(Ad Martyres)'라는 글에서 감옥에서 순교를 기다리는 신자들에게 죽음은 세상의 감옥 생활을 피하게 되는 길이라고 격려했다. 그리고 박해를 피하려하지 말라고 권고하며 '순교는 교회의 씨'라고 했다. 다른 책들에서 그는 기독교인들이 대중적인 유흥에 참여하는 것을 금했다. 그는 결혼을 반대하지는 않았으나, 이를 합법적인 방탕으로 보았고, 일부일처제는 한 번만 결혼하는 것을 의미하는 것으로 보고 재혼을 반대했다.

  누구나 한 시대를 살아가면서 그 시대의 흐름을 거슬려 살기 어려운 그 시대의 아들들이다. 시류를 역행하며 산다는 것은 특별한 신앙적인 용기를 갖지 않으면 불가능하다. 터툴리안은 그 시대의 교회의 흐름을 거스리며 살던 자로서, 오늘의 말로 표현하면 분리주의자에 속한다. 그러나 탁월한 신학자로 시류를 거스르며 살았던 그의 엄격한 생활은 오고 오는 세대들에게 본을 보이고 많은 것을 생각하게 하고 있다.

07. 동방의 신학자 오리겐(Origen)

| 주후 185-254?년 |

초기 기독교는 가난한 사람들과 배우지 못한 사람들의 종교라는 비판을 많이 받았다. 그리스의 인본주의 철학에 젖은 사람들에게는 그리스도의 복음이 너무 단순하고 옅게 생각되었다. 바울이 말한 대로 교회에는 "육체를 따라 지혜로운 자가 많지 아니하며 능한 자가 많지 아니하며 문벌 좋은 자가 많지 아니"하였다(고전 1:26). 그런데 3세기 교회에 탁월한 그리스도인 학자가 나타났다. 그는 이집트의 도시 알렉산드리아의 오리겐(Origen)이었다. 당시 그의 학문은 미래의 기독교 신학 발전에 큰 영향을 주었을 뿐 아니라, 이방인들의 칭송까지도 받을 정도였다.

오리겐은 주후 185년에 경건한 그리스도인 부모에서 태어났다. 로마 황제 세베루스(Septimus Severus)에 의해 알렉산드리아에 기독교 박해가 일어났을 때(주후 201년), 그의 아버지 레오니더스(Leonidas)가 투옥을 당했다. 이때 오리겐은 그의 아버지에게 가족 때문에 그리스도를 부인하지 말아 달라는 간절한 격려의 편지를 보냈다. 그는 관리들을 찾아가 그의 아버지와 함께 순교하기를 자원하려 했다. 그러나 그의 어머니가 그의 옷을 숨겨 그 길을 막았다고 한다.

그의 아버지가 순교한 후 그 가정의 모든 재산은 몰수당했다. 그래서 그의 어머니는 일곱 자녀들을 데리고 어렵게 지내야 했다. 이때 오리겐은 그리스 문학을 가르치고, 고전 원서들을 베끼는 수입으로 가정을 도왔다. 그무렵 그 곳 기독교 교리학교(Catechetical School)의 교사들이 박해를 피해 알렉산드리아를 떠나게 되어, 이 학교는 가르칠 스승을 찾기 어려워졌다. 이때 그 곳 감독 데메트리우스(Demetrius)는 당시 18세인 오리겐에게 이 학교의 교사로 일하게 했다. 그는 곧 이 학교의 교장이 되어 가르치고 연구하고 책을 쓰는 긴 여정에 들어서게 되었다.

그는 많은 밤을 연구와 기도로 보내고 맨 마룻바닥에서 자는 고행의 생활을 했다. 예수의 명을 따라 겉옷 한 벌만을 가졌고 맨 발로 지냈다. 마태복음 19:12 말씀을 문자대로 받아들여 모든 육체적 유혹에서 벗어나기 위해 스스로 고자가 되기도 했다. 그는 앞서 소개한 터툴리안처럼 엄격한 금욕생활을 택했던 것이다. 오리겐의 가장 큰 바람은 교회의 신실한 사람이 되고 그리스도의 이름을 높이는 것이었다.

오리겐은 많은 책을 낸 학자로 일곱 명의 서기를 두어 그의 글을 받아쓰게 했다고 한다. 그는 거의 모든 성경책의 주해를 포함해 2,000여 권의 저서를 냈다. 이들 중 가장 유명한 작품이 『헥사플라(Hexapla)』이다.

이 책에서 그는 여섯 칸을 두어 구약의 히브리어와 네 가지 그리스어 번역, 70인 역(Septuaginta)을 나란히 대조하고 긴 주해와 주를 닮으로 그 뜻을 정확히 밝히려 노력했다. 이것은 첫 번째로 시도된 구약 본문 비평이라고 할 수 있다.

그 다음으로 『켈수스를 배격함(Against Celsus)』이란 책을 들 수 있다. 이것은 이방인 플라톤주의자 켈수스의 기독교 비방으로부터 기독교 신앙을 변증하는 것이었다. 나아가, 『첫째 원리(On First Principle)』라는 저서로 하나님, 그리스도, 성령 등 여러 교리적 문제를 다루어 첫 번째의 교의학(조직신학)을 저술했다. 이런 저서들을 통한 그의 신학적 사고와 방법은 동방(그리스) 교회의 교리적 발전에 지배적인 영향을 끼치게 되었다.

나아가 오리겐은 성경의 풍유적 해석(allegorical interpretation)을 도입한 사람으로 이름 나 있다. 그는 사람이 몸과 혼과 영으로 된 것처럼, 성경 본문도 세 가지 종류의 의미를 가졌다고 주장했다. 그래서 그는 성경 본문을 문자적, 도덕적, 풍유적(영적)인 세 가지 방법으로 해석해야 한다고 했다. 그에 의하면 셋째의 영적(풍유적) 해석이 기독교 신앙에 가장 중요한 의미를 제공한다고 한다. 여기에서 그는 실상 성경 본문의 문자적, 문법적, 역사적 해석을 간과한 결점을 보였다.

그 결과 오리겐은 그의 탁월한 지혜로 신학의 진보에 큰 공헌을 했지만 상당한 오류도 남겼다. 그는 그 시대의 과학과 철학을 기독교에 접목시키려고 노력하여 정통 기독교회에 생소한 플라톤의 이념을 받아들이기도 했다. 그의 오류의 배후에는 물질적 세계는 악하다는 그리스적 사고가 있었다. 그 결과 육체적 부활을 부인하고 마침내 하나님은 모든 사람들과 천사들을 구원하실 것이라고 했다. 그리고 예수께서 십자가에 죽으신 것은 그의 인성뿐이었고, 그의 죽음은 세상을 위해 마귀에게 지불한 속전이었다고 했다. 이러한 여러 가지 오류에도 불구하고 그는 동방지역 교회에서 크게 존경을 받은 신학자였다. 그는 결국 자신을 일찍이 교리학교 교사로 채용해준 알렉산드리아 감독 데메트리우스에 의해 정죄를 받고 팔레스틴 지방 가이사랴로 가서 그곳 사제가 되어 알렉산드리아에서와 같은 교리학교를 세워 가르쳤다.

오리겐은 데시우스(Decius) 황제의 박해 시(250-251년) 투옥되어 심한 고문을 받고 화형의 위협을 받았다. 얼마 후 옥에서 풀려나오기는 했지만 옥에서 받은 심한 고문으로 허약하게 되어 몇 년 지나지 않아 생을 마치게 되었다. 오리겐은 위대한 신학자로 동방과 서방 양 교회 교부들이 모두 그의 신학적 영향을 받았다. 그의 사상의 다양성은 오늘날까지 그가 정통의 아버지로도 이단의 아버지로도 불리도록 했다.

08. 교회일치의 신학자 키프리안
(Cyprian)

| 주후 258년 |

> "교회 안에만 구원이 있고
> 교회 밖에는 구원이 없다."
> (키프리안)

교회, 직분, 권징 등은 모든 시대의 교회가 관심을 갖는 중요한 실제적 문제들이다. 키프리안은 이런 문제들을 처음으로 깊게 다루어 그 시대에 답을 주고 미래 교회에 큰 영향을 끼친 신학자였다.

키프리안은 터툴리안처럼 북아프리카 카르타고에서 태어나 그를 자기 스승이라 불렀다. 주후 200년 경 부유하고 교양있는 이방인 가정에서 태어난 그는 법률을 연구하고 수사학의 교사로 자랐으며 뛰어난 웅변가이기도 했다. 주후 246년에 기독교로 개종했을 때 그는 지난날 걸어 온 생활 방식을 다 버렸을 뿐 아니라, 모든 소유를 팔아 가난한 자들에게 나누어 주고, 순결한 삶을 살아갈 것을 약속했다. 그는 자신의 회심에 관하여 "하늘에서 온 성령이 나를 새 사람으로 만들어 거듭나게 했다."라고 했다. 회심한지 3년 만인 248년에 그는 카르타고의 감독(목사)으로 선임되었다. 이렇게 빨리 감독이 될 수 있었던 것은 그가 이미 성경과 터툴리안의 저서들을 통해 해박한 지식을 가지고 있음이 잘 알려졌기 때문이다. 그는 터툴리안의 책을 즐겨 읽었지만 터툴리안과는 매우 다른 특성을 가지고 있었다. 키프리안은 그 시대의 신학적 논쟁에 별 관심을 기울이지 않은 실천적인 인물이었다.

황제 데시우스(Decius +251)의 교회 박해 시에 그는 유배를 당했다. 데시우스는 기독교인들에게 순교의 기회를 주기보다는 큰 고통을 주어 신앙을 버리게 하는 방법을 택했다. 왜냐하면 순교는 신자들에게 더욱 감명을 주어 역효과를 초래하는 것으로 보았기 때문이다. 박해기간 동안 상당수 기독교인들이 무서운 고통을 견디어 냈다. 그러나 또 많은 사람들이 고통을 피해 기독교 신앙을 버리고 굴복하기도 했다. 키프리안이 유배생활에서 돌아오자 공적으로 신앙을 버렸던 많은 사람들이 교회에 다시 돌아오기를 원했다. 키프리안은 251년 카르타고를 중심으로 북아프리카 감독들의 공회를 소집했다. 이 공회는 저들을 다시 교회에 받아들이기로 하고 이를 위해서는 비교적 엄한 권징의 과정을 밟도록 법을 제정했다. 저들이 일정기간의 참회 기간을 거친 후 교회 회중 앞에 베옷을 입고 나타나면, 감독이 사죄를 선언하는 것이었다. 키프리안은 이런 권징의 과정을 적당한 것으로 보았다. 그런데 당시 교회에는 이런 과정이 너무 느슨하다는 불만으로 교회에 분열을 일으키는 세력들도 있었다.

이즈음 키프리안은 그의 대표작이라 할 수 있는 『교회의 일치에 관하여(On the Unity of the Church)』라는 글을 발표한다. 이를 통해 그는 교회와 직분에 관한 견해를 밝히고 교회의 일치를 강조하게 된다. 키프리안이 이 책을 통해 제시한 교회관은 그 이후로도 교회에 계속 영향을 주었다. 특별히 로마 교회는 교황체제와 감독체제의 정당성을 키프리안에게 크게 의존했던 것이다. 키프리안은 박해 후 분열되는 교회 현실을 보고 교회는 하나라는 사실을 강조하였다. 교회는 그리스도의 신부로서 신부는 오직 한 명만 있을 수 있다고 했다. 그리고 "교회 안에 만이 구원이 있고 교회 밖에는 구원이 없다."라고 하며, "교회를 어머니로 갖지 않는 사람은 하나님을 아버지로 모실 수 없다."라고 했다. 이런 말은 후일 칼빈도 즐겨 인용하였고, 이 같은 내용은 개혁교회의 신앙 고백서인 벨직 신앙고백에서도 발견된다(28조). 구원의 복음 선포를 듣고 즐길 수 있는 곳은 교회 밖에 없다는 것을 생각할 때 이는 성경적 교회관임에 틀림없다. 그러나 교회일치와 감독직에 대한 지나친 강조는 미래의 교회에 그릇된 영향도 주었다.

키프리안은 교회의 중요성을 강조함과 아울러 감독의 권위를 강조하였다. 공인된 감독을 중심으로 교회의 하나됨을 바랐기 때문이다. 그는 주께서 베드로를 반석으로 하여 그의 교회를 세웠으므로 모든 감독들은 어떤 의미에서 베드로의 계승자들이라고 했다. 그래서 그는 감독들에 대한 신자들의 순종을 강조했다. 로마의 감독이 다른 지역의 감독들 보다 높다고는 말하지 않았으나, 로마가 베드로와 관련이 있다는 이유로 로마 감독의 자리를 특별하게 보았다. 이후 교회에는 키프리안의 사상을 배경으로하여 감독들은 사도들의 계승자라고 보는 교권체제가 차츰 굳어지게 되고, 로마 감독의 위치가 강화되어 오늘의 교황 정치로 발전하게 되었다. 감독교권 체제를 가진 오늘날의 영국교회와 같은 감독교회도 키프리안의 전통에 의존하고 있다.

나아가 키프리안은 미사(성찬)를 그리스도의 몸의 희생제물이라 보면서 미사를 집행하는 사제의 권위를 높였을 뿐 아니라, 로마교회의 화체교리의 발전에도 기여했다. 사제가 그리스도를 대신하여 예배 때 마다 희생제물을 드린다고 믿게 되니 사제의 권위는 자연히 커질 수밖에 없었다. 물론 키프리안은 당시 교회일치를 위해 생각해낸 그의 신념이 미래의 교회에 어떤 결과를 가져 올 것인지 내다 보지는 못했다. 어쨌든 키프리안은 교회 역사상 교회의 실제 생활에 가장 큰 영향을 미친 서방의 신학자였다.

주후 257년에 황제 발레리안(Valerian)에 의해 다시 박해가 일어났다. 이때 그는 이방신들에게 제물을 바치라는 요구를 단호히 거절했다. 이 때문에 그는 다시 유배를 당했다가 이듬해 9월에 돌아왔으나, 돌아온 바로 다음 날 총독 갈레리우스(Galerius) 앞에서 심문을 받고 사형선고를 받았다. 이때 그는 "감사합니다."라는 말만을 남겼다. 사형장으로 끌려갈 때 많은 사람들이 그의 마지막 여정을 따랐다. 사형장에서 겉옷을 벗고 무릎을 꿇고 기도하는 중에 그는 사형집행자의 칼을 받고 순교했다. 이 날은 258년 9월 14일로 키프리안이 카르타고의 감독으로 선임된 지 꼭 10년 되는 해였다.

09. 수도생활의 개척자 안토니(Antony)

| 주후 251-356?년 |

수도원생활은 금욕생활을 의미한다. 수도원이란 말 자체가 '독거'를 의미하는 헬라어 'moazein'에서 왔다. 예수님께서 일찍이 "천국을 위하여 스스로 고자 된 자도 있다"고 말씀하셨고(마 19:12), 바울 사도도 혼인하지 아니한 자들과 과부들에게 "나와 같이 그냥 지내는 것이 좋으니라"고 말한 적이 있다(고전 7:8). 그래서 초대 교회부터 고도의 윤리와 성결생활을 위해 금욕생활을 하는 무리가 생겨나게 되었다.

그리니 사도시대가 지난 후 교회가 차츰 제도화되고 신앙의 열이 냉각되면서 교회생활은 빠르게 세속화되기 시작했다. 이런 분위기 속에서 그리스도의 재림의 임박을 예언하고 금욕생활을 부르짖는 몬타누스 파(주후 150년경)가 등장하기도 했다. 3세기 중반 로마 황제들의 무서운 박해가 차츰 줄어들고 많은 사람들이 교회를 다시 찾게 되면서 교회는 더욱 세속적으로 변했다. 이런 때에 세상을 멀리하고 외딴 곳에 나아가 금욕생활을 함으로 미래 수도원 생활의 길을 연 사람이 있었다. 그 사람이 이집트의 안토니(Antony)였다.

안토니는 250년 경 중앙 이집트 코마(Koma)의 한 부유한 가정에서 태어났다. 그가 20세 정도 되었을 때 그의 부모는 그에게 많은 재산을 남기고 세상을 떠났다. 그는 예수님이 재물이 많은 한 청년에게 "네가 온전하고자 할진대 가서 네 소유를 팔아 가난한 자들에게 주라 그리하면 하늘에서 네게 보화가 있으리라(마 19:21)"하신 말씀을 읽고 큰 감명을 받았다. 그는 이 말씀이 곧 자기에게 주어진 것으로 받아들였다. 그래서 그는 곧 가진 모든 토지를 부락민들에게 거저 넘겨주고, 다른 모든 소유를 팔아 가난한 자들에게 나누어 주었다. 그는 자기를 부인하는 생활을 즐기며, 매일 한 끼만의 식사를 하고, 맨바닥에서 잠을 잤다.

311년 로마 제국 마지막 이방 황제 중 한 사람인 맥시미안(Maximian)이 기독교인들에게 박해를 가해 왔다. 안토니는 믿음을 위해 순교를 각오하고 집을 떠났다. 그런데 그는 사형을 받지 않고 정죄를 받아 제국의 광산으로 끌려가게 되어 거기서 고역하고 있는 기독교인들을 섬기는 기회를 가졌다. 이를 통해 그는 참된 그리스도인의 삶을 사는 것이 순교만큼 거룩하다는 신념을 얻게 되었다.

312년 콘스탄틴 대제가 회심을 하고, 그 이듬해 신앙의 자유를 내용으로 하는 '밀라노 칙령'을 발표하였다. 이 일을 계기로 기독교회는 거의 300년 동안 받아오던 박해에서 벗어날 수 있게 되었다. 이제 기독교인들은 박해를 받아 온 소수의 입장에서 제국의 보호를 받고 특권을 누리는 종교 집단이 되었다. 그 결과 많은 사람들이 교회로 몰려오게 되었고 교회에서 참된 그리스도인과 외식적인 그리스도인을 구별하는 것이 어렵게 되었다. 그리스도인으로 사는 것이 쉬워진 나머지 진실한 신앙의 빛마저 잃어버린 것이다. 이런 교회의 속화에 실망한 어떤 기독교인들은 이런 세계를 떠나 순수한 신앙생활을 하기 원했다. 안토니도 이런 사람들 가운데 한 명이었다. 그는 먼저 이런 세상을 피해 묘혈 속에 들어가 살았다. 그의 전기를 쓴 아타나시우스(Athanasius)에 의하면 안토니는 12년 동안 마귀에게 괴로움을 받으며 살았다고 한다. 마귀는 이상한 짐승의 모습으로 나타나 그를 공격하고, 때로는 그를 사경에 이르게 했다고도 한다. 이런 방법으로 마귀는 그를 육감적 향락의 세계로 도로 불러들이려 했지만, 안토니는 이런 시험들을 다 이겼다는 것이다. 안토니는 세상을 더욱 멀리하기 위해 버려진 옛 요새로 옮겨 20년 동안 그 안에서 사람들의 얼굴을 보지 않고 지내게 되었는데 거기서 그는 사람들이 담 너머로 던져주는 식물을 먹고 살았다. 자기를 부인하고 사는 그의 놀라운 경건 생활과 마귀와의 투쟁에 대한 소식을 듣고 감동을 받은 많은 사람들이 그 요새 주변에 모여들어 소박한 집을 짓고 살며 그의 뒤를 따랐다. 마지못해 그는 그들에게 다가가 금식, 기도, 자비의 사역에 대한 상담을 하고 지도를 했다.

안토니는 단순히 은둔 생활을 한 금욕주의자만은 아니었다. 그는 정통적 기독교와 교리를 옹호한 투사이기도 했다. 그래서 그가 거의 백세가 된 350년 경 니케아의 정통적 교리를 옹호하고 아리우스 이단을 배격하기 위해 여행을 하기도 했다. 그 결과 니케아 공의회 때 아리우스를 정죄하는데 큰 기여를 한 정통의 투사 아타나시우스는 그를 존경하여 전기를 쓰고 그를 이상적인 수도사로 소개했다. 안토니는 105세에 별세했다. 그런데 그는 그 때까지 심신이 강건했다고 한다. 그는 자신이 혹 미신적 숭배의 대상이 될까 두려워하여 사람들에게 알려지지 않게 묻어달라고 했다. 그럼에도 뒤에 그를 숭배하는 사람들이 생겨났었다.

안토니 이후, 곧 금욕하고 거룩하게 살기를 원하는 사람들이 수도사가 되는 전통이 교회에 자리를 잡게 되었다. 수도사들의 공동체 생활은 안토니의 젊은 제자인 파코미우스(Pachomius)에 의해 시작되었다. 이후 참으로 거룩하게 살기를 원하는 사람은 세상을 멀리하고 결혼 같은 세상 즐거움을 버려야 한다는 이념이 교회에 큰 영향을 끼쳐 수도원이 많이 생겨나게 되었다. 종교개혁 시대에 이르기까지 이 수도원 제도에 대해 비판하는 사람은 별로 없었다.

10. 콘스탄틴(Constantine) 대제의 회심과 신교 자유령

| 주후 313년 |

주후 260년 이후 40여 년 동안은 로마 제국 내 기독교에 대한 박해가 거의 없었고 교회가 번영을 누린 비교적 평화로운 시대였다. 교회는 제국의 거의 모든 지역에 자리를 잡게 되었고, 제국의 관리들과 군인들 속에도 기독교인의 수가 상당히 많았다. 그런데 284년에 디오클레티안(Diocletian)이 황제가 된 후 사정은 크게 변하게 되었다. 디오클레티안은 탁월한 군대 경력을 가진 자로 행정에 뛰어난 사람이었다. 그는 영토의 안전을 도모하여 제국의 중심을 로마가 아닌 소아시아의 니코데미아(Nicodemia)에 두고 행정지역을 넷으로 재편하여 십정 황세(시서)들을 세워 각 지역을 통치하였다. 그런데 그는 곧 제국 통치에 있어서 기독교회를 심각한 위협의 대상으로 보게 되었다. 이는 교회가 교권적 체제를 갖춘 제국 내의 독자적 제국으로 보였기 때문이다. 그래서 그는 교회와 밀접한 관계를 가져 동반

콘스탄틴 대제

자로 삼을 것인가, 아니면 박해를 가함으로 그 세력을 무너뜨릴 것인가 두 길을 저울질하던 중 후자를 택하게 되었다. 그 결과 주후 303년 기독교에 대한 탄압을 시작하였다. 이로 인해 많은 교회가 파괴되고, 신앙을 버리는 자들이 나타났으며 다시 많은 순교자들이 생겨나게 되었다.

주후 305년 디오클레티안이 퇴위한 후에도 기독교 박해는 계속되었다. 그러나 311년에 이르러 각 지역을 다스리는 황제들은 박해가 제국에 아무런 유익을 가져오지 않는다고 판단하고 그리스도인들에게 신앙의 자유를 허락하게 되었다. 그런데 이때 황제들 사이에서 제국의 패권을 잡기 위한 권력 투쟁이 일어나게 되었다. 이 당시 제국의 패권을 장악하려 한 네 명의 경쟁자들(Constantine, Licinius, Maximus Daia, Maxentius) 가운데 콘스탄틴은 기독교회에 가장 호의적이었다. 그렇기 때문에 그는 기독교인들의 호감을 샀다. 이는 그의 아버지로부터 받은 영향이었던 것으로 보인다. 그의 아버지 콘스탄티우스는 황제 디오클레티안의 섭정 시저로 제국의 북쪽 지방(오늘날의 프랑스, 영국 등)을 통치하고 있었는데 기독교회 박해령이 내려졌을 때 이를 겉으로는 따르는 척 했지만 실제로는 교회에 매우 우호적 태도를 보였다. 그가 내적으로 그리스도 신자였는지는 분명하지 않지만 로마 제국의 다신론 사상을 싫어하고 유일신론을 선호했음은 확실했다. 그의 딸에게

'아나스타시아(Anastasia)' 라는 기독교적 이름을 준 것이 이를 짐작하게 한다.

제국의 패권을 잡으려고 한 네 명의 시저들 가운데 리키니우스는 당시 콘스탄틴의 여동생과 결혼한 사이여서 결국 콘스탄틴을 도왔다. 맥시무스 다이아는 311년에 신앙자유를 다른 시저들과 함께 허락했지만 곧 박해를 다시 시작했다. 막센티우스도 심한 박해자는 아니었지만 독실한 이방종교 지지자였다. 패권 장악을 위한 최후의 싸움이 콘스탄틴과 막센티우스 사이에 벌어졌다. 군사력에 있어서 콘스탄틴은 막센티우스의 상대가 되지 못할 만큼 약했다. 이때 그가 기독교의 하나님을 믿었는지는 잘 알 수 없으나 전쟁의 승리를 위해서 기독교회가 섬기는 하나님의 도움을 간절히 원했다. 그의 아버지를 이어 그가 기독교회에 보인 관용은 제국에 흩어져 살고 있는 기독교인들의 마음을 얻었다.

콘스탄틴은 북부 이태리에서 막센티우스와 싸워 몇 번의 성공을 거두었다. 드디어 로마 북쪽에 있는 티베르 강을 가로지르는 물비안 다리(Ponte Molle or Ponte Milvio)에서 두 황제의 군대는 정면으로 대결하게 되었다. 역사가 유세비우스에 의하면 결전을 앞둔 전날 오후 콘스탄틴은 그의 군대와 함께 구름 속에 십자가가 나타나는 것을 보았다고도 한다. 락탄티우스의 기록에 의하면, 결전의 날 새벽 콘스탄틴은 꿈속에서 그리스도의 이름의 머리글자 X 를 보게 되고 "이 표로 정복하라"는 말을 들었다고 한다. 그는 곧 그의 철모에 이 표를 새기고 군사들의 방패에도 새기게 했다는 것이다. 역사적인 결전의 날 312년 10월 28일 전쟁에서 패한 막센티우스는 죽임을 당하고 콘스탄틴이 제국의 서부 전 지역의 패권을 쥐게 되었다. 그는 기독교회의 하나님이 그에게 승리를 안겨준 것으로 굳게 믿고 기독교로 완전히 개종했다고 한다.

그는 313년 초에 밀란에서 리키니우스와 함께 기독교에 신앙의 자유를 주기로 합의하고 '밀라노 칙령(The Edict of Milan)'을 발표하게 되었다. 그런데 이 칙령이 기독교를 제국의 종교로 선언하는 것은 아니었다. 이는 기독교에 완전한 신앙의 자유를 허락하고, 다른 종교와 함께 완전한 법적 동등권을 갖게 하는 것이었다. 콘스탄틴은 지난날 박해 시대에 몰수한 모든 재산을 교회에 돌려주게 했다. 313년 3월 리키니우스가 맥시무스 다이아(Maximius Daia)를 제거하고 콘스탄틴과 두 황제만이 남게 되었다. 그러나 두 황제가 양립하는 것은 불가능했다. 리키니우스가 다시 기독교를 박해하게 되자 콘스탄틴은 323년에 그를 제거함으로 로마제국의 유일한 황제가 되었다.

그 결과 이제 기독교는 박해로부터 완전히 벗어나 제국에서 여러 가지 특권을 누리게 되었다. 콘스탄틴은 권력과 정치의 거장이었다. 이후 그는 제국의 돈으로 교회를 돕고, 교리논쟁에 가담하며, 공의회를 소집하는 등 막강한 권력을 행사하여 교회에 영향을 끼쳤다. 사람들이 교회로 몰려들었고 교회가 세상을 변화시켰다. 그러나 곧 세계는 속화라는 다른 변화를 교회에 가져 왔다.

하나님께서 콘스탄틴을 사용하셔서 교회를 박해로부터 구하시고 새로운 시대를 열어 주셨다. 그러나 교회는 이때 받은 특권과 평안을 바르게 사용하지 않음으로 교회의 속화를 초래한 역사를 남기게 되었다.

11. 니케아 공의회(The Council of Nicaea): 제1차 에큐메니컬 회의

| 주후 325년 |

콘스탄틴이 제국을 통일하고 유일한 대제가 되었다. 그가 기독교인이긴 했지만 그는 위대한 장군이요 정치가였지, 깊은 신앙을 가진 사람은 아니었다. 그래서 그에게 기독교회는 목적이기 보다는 수단이 되었다. 그는 곧 통일된 제국에 내적 분열의 위험을 보게 되었다. 제국의 통일을 강력하게 뒷받침해 주는 교회에 내적 분열이 일어난 것이다.

먼저 일어난 분열은 지난날 박해 시에 성경을 내어주고 신앙의 정조를 굽힌 교회 지도자들과 순교적 신앙을 가지고 박해를 견딘 지도자들 간의 분열이었다. 박해의 시대가 지났을 때 지난날 박해를 견딘 어떤 사제들은 지난날 신앙의 정조를 지키지 못한 자들의 직분을 인정하지 않았을 뿐 아니라, 그들이 베푼 세례도 무효라고 주장하였다. 그리고 지난

날 몰수당한 교회 재산을 콘스탄틴이 돌려주었을 때 저들은 소유권을 가질 수도 없다고 주장했다. 당시 이런 강경한 입장을 취한 지도자가 도나투스(Donatus)였다. 그의 주장을 따르는 사람들을 도나투스 주의자라고 불렀다. 콘스탄틴 대제는 제국 내의 평화 유지를 위해 이 분열을 해결하려고 노력하였고, 로마의 감독은 이들의 극단적 입장을 받아들이지 않았다. 그러나 이 문제는 쉽게 해결되지 않았고 북아프리카 교회는 대부분 이들 도나투스주의를 지지했다. 이로 인한 교회의 내적 분열은 거의 백 년 동안 계속되어 어거스틴이 등장했을 때까지도 남아 있었다.

그런데 도나투스주의보다 심각한 문제가 교회 안에 일어나 제국의 평화를 위협하게 되었다. 그것은 이집트의 도시 알렉산드리아의 사제인 아리우스(Arius)가 주장하고 가르친 그릇된 내용이었다. 일찍이 터툴리안이 하나님은 삼위(Three Persons)로 계시고 하나의 본질(Substance)에 속한다고 가르쳤었다. 그런데 이 교리가 많은 사람들에게 잘 이해되지는 않았다.

320년, 알렉산드리아 시에 있는 바우칼리스(Baucalis)는 교회에서 봉사하던 사제 아리우스는 '성부 성자는 본질이 서로 다르다' 는 견해를 가지고 가르치게 되었다. 그는 당시 능력 있고 경건한 고령의 설교자였다. 그는 하나님은 유일하신 분으로 누구와도 본질을 공유할 수 없다고 생각했다. 그래서 그는 그리스도는 하나님과 동일한 본질을 가지고 있지 않으며, 없는 가운데서 지음을 받은 피조물에 속한다고 했다. 그리스도는 모든 피조물 중에서 제일 먼저 난 장자이고 세상을 창조하는데 관련을 가졌지만 영원하지는 않다고 했다. "아들에게는 시작이 있으나, 하나님께는 시작이 없다."라고도 했다. 그는 또 그리스도가 어떤 면에서는 하나님이라 할 수 있지만 본질적으로 아버지와 결코 하나일 수 없는 낮은 하나님이라고 주장했다. 성육신에 있어서 그리스도(로고스)가 인간 몸에 들어와 인간의 영의 자리를 차지하게 되었다고도 했다. 아리우스에게 그리스도는 완전한 하나님도 완전한 인간도 아닌 중간 존재였다.

이런 아리우스의 견해는 지난날 이방 사상(특별히 플라톤)에 젖었던 많은 사람들에게는 매우 매력적인 것이었다. 이때 알렉산드리아의 감독인 알렉산더(Alexander)는 그의 동역자인 아타나시우스(Athanasius)와 함께 아리우스 견해를 이단으로 보았고, 이 때문에 양자 사이에 격한 논쟁이 일어나게 되었다. 321년 알렉산더는 알렉산드리아에 공의회를 소집하고 아리우스와 그의 추종자들을 정죄하였다. 그러나 이것으로 문제가 끝나지는 않았다. 이 문제를 두고 전 제국의 사제들 뿐 아니라 신자들 간에도 분열이 생겼다. 교회에 일어난 이 소동은 이방인들이 극장에서 연극을 만들어 교회를 조롱하는 단계까지 이르게 되었다.

콘스탄틴 대제는 이런 교회의 분열상태가 통일된 제국의 평화를 위협하고 있다고 판단하였다. 그 결과 그는 이 문제의 해결을 위해 325년 5월에 전 제국 감독들의 공의회를 동방 비티니아의 니케아에서 소집했다. 이것이 교회 사상 첫 번째로 열린 세계적인 교회공의회(the First Ecumenical Council)였다. 제국의 비용으로 약 300명의 감독들과 자문위원들이 이 공의회에 참석했다. 콘스탄틴 대제가 보석으로 장식한 찬란한 겉옷을 입고 나타나 개회를 선언하고, 분열을 초래한 문제를 해결하도록 지시했다. 그는 교회의 분열은 영원한 영혼이 관련된 것이므로 전쟁보다 더 나쁜 것이라고 했다. 감독들은 아리우스 지지파, 반대파, 중립의 세파로 나눠져 있었다. 먼저 아리우스가 나타나 그리스도(성자)는 피조물에 속하고 본질적으로 성부와 다르다고 주장했다. 그러나 공의회는 아리우스의 견해를 거절하고 정죄했다. 이 공의회에는 서방에서 온 콘스탄틴 대제의 교회 자문가인 코르도바의 감독 호시우스(Hosius)의 영향이 크게 작용했다.

이 공의회는 성부, 성자의 관계에 대한 교회적인 신조를 작성하기로 했다. 그 결과 신조 속에 그리스도는 '나시고 지음을 받지 않으셨으며' '아버지와 같은 본질에 속한(of one substance=homoousion)다' 는 진술로 성부 성자 관계를 분명하게 했다. 공의회에서 아리우스와 두 감독 외에는 모두 이 신조에 서명을 하고 받게 되었다. 아리우스는 곧 유배를 당했다. 그러나 이것으로 이 교리 문제에 대한 논쟁은 끝나지 않고 이후 50년 이상 계속되어 왔다. 381년에 데오도시우스 황제가 제2차 세계적 공의회(the Council of Constantinople)를 소집하였다. 이 공의회가 니케아에서 작성된 신조를 거의 그대로 교회적인 신조로 수용하게 되어 오늘날까지 이르게 되었다. 이 신조를 '니케아 신조' 혹은 '니케아 콘스탄티노플 신조' 라고 부른다.

역사적으로 니케아 신조는 동서양 교회가 다 같이 받아 사용해 왔다. 그래서 이 신조는 서방 교회가 일반적으로 사용하는 사도신경보다 훨씬 보편성을 가지고 있다. 동방 교회는 사도신경을 받고 있지 않기 때문이다.

12. 정통 교리의 투사 아타나시우스
(Athanasius)

| 주후 296-373년 |

교회사는 신앙을 위해 박해를 받다 생명을 잃은 순교자들 뿐 아니라, 정통진리의 수호를 위해 싸우다 무서운 수난을 당한 많은 투사들에 대한 이야기를 전해 주고 있다. 앞서 소개한 아리우스(Arius) 이단에 도전하고 추방과 유배 등 갖은 수난을 당하면서도 끝까지 싸워 승리를 거둔 대표적인 투사가 있었다. 그가 바로 아타나시우스였다.

아타나시우스는 주후 296년에 이집트 알렉산드리아에서 태어나 그곳 교리학교에서 공부를 했다. 그는 그 곳 감독 알렉산너(Alexander)의 사랑을 받고 그의 지도로 사제가 되어 봉사하게 되었다. 아타나시우스는 예리한 통찰력을 가진 신학자요 타협을 모르는 강력한 정통교리의 수호자였다. 때문에 당시 아리우스의 주장이 알려지자 그는 단번에 그

것이 정통진리에서 탈선된 것임을 확인하고 바로 『이교를 배격함(Against the heathen)』이라는 글과 『성육신에 관하여(On the Incarnation)』라는 글을 발표하여 아리우스가 이단임을 밝혔다. 이로써 그는 감독 알렉산더를 도우며 아리우스 이단을 배격하고 정통진리를 수호하는 데 앞장섰다.

325년 콘스탄틴 대제가 아리우스가 주장하는 교리 문제를 다루기 위해 니케아에 공의회를 소집했을 때 아타나시우스는 고령의 감독 알렉산더의 서기로 동행하여 아리우스를 이단으로 결론짓고 정죄하는데 큰 기여를 했다.

니케아 공의회 후 2년이 되던 해에 감독 알렉산더가 별세했다. 아타나시우스는 곧 교회 절대 다수 신자들의 열렬한 지지를 받고 감독으로 추대되어 알렉산더를 계승하게 되었다. 그런데 그의 감독으로서의 봉사 생활은 순탄하지 않았다. 니케아 공의회에서 비록 아리우스가 정죄를 받기는 했지만 제국의 동방에서 그의 주장을 따르는 사람들의 수는 상당히 많았다. 특별히 니코데미아의 감독 유세비우스(Eusebius)는 아리우스의 강력한 지지자였다. 콘스탄틴 대제가 니케아 회의에서 아리우스를 정죄하는 편에 섰지만 이는 그의 신앙적인 확신 때문이 아니었고 그의 교회적 자문가인 코르도바의 감독 호시우스(Hosius)의 자문과 교회의 분열을 막음으로 제국의 평화를 지키고자 한 정치적인 의도 때문이었다. 정치가로서의 그에게는 교회가 그의 뜻을 이루기 위한 수단이었을 뿐 목적이 아니었다.

그런 이유로 니케아 공의회 후 10년이 지나자 콘스탄틴의 마음은 흔들리게 되었다. 그는 아리우스파 지도자인 니코메디아의 감독 유세비우스의 요구를 받아들여 교회가 아리우스를 다시 받아들일 것을 요구했다. 이때 아타나시우스는 단호히 이를 거절했다. 이런 이유로 그는 심각한 모함을 당하게 되었다. 이집트에서 콘스탄티노플로 오는 밀 수입을 그가 막고 있다고 제소를 당한 것이다. 많은 조사가 있은 후 그의 무고함이 밝혀졌다. 그런데 곧 멜레시안 감독 아레니우스(Araenius) 감독을 살해하고 그의 뼈를 마술에 사용했다는 고소를 당하게 되었다. 334년에 이를 조사하기 위한 지방공의회가 소집되었으나 그는 출석을 거절했다. 그러나 이것도 곧 그 감독이 살아 있음이 밝혀져 혐의를 벗을 수 있었다. 그에게 아무런 허물이 없었지만 콘스탄틴은 그의 완고함을 교회와 제국의 평화에 장애로 보았다. 그 결과 그는 336년에 면직을 당하고 트리어(Trier)로 유배를 당하게 되었다. 그런데 아타나시우스의 진리 파수를 위한 고난의 역정은 이것으로 끝나지 않았다. 이것은 첫 번째 유배였을 뿐이고, 그는 평생 다섯 번의 유배를 당하였다. 콘스탄틴이 이듬해인 337년 5월 23일 세상을 떠나자 그는 같은 해 11월에 그의 양 무리들의 대환영을 받으면서 개선자로서 알렉산드리아로 돌아오게 되었다.

하지만 콘스탄틴 대제의 죽음만으로 아타나시우스에 대한 반대와 선동이 끝나지는 않았다. 339년 그는 다시 전 황제가 가난한 사람들에게 주려고 했던 곡물을 착복했다는 비난을 받게 되었지만 북아프리카 감독회의가 이것이 사실이 아님을 밝혀 어려움을 면했다. 그러나 아리우스파와 콘스탄틴을 이어 황제가 된 콘스탄틴의 아들 콘스탄티우스가 자기들이 원하는 사람을 알렉산드리아 감독으로 세우기 위한 책략을 세워서 아타나시우스는 로마로 두 번째 추방을 당했다. 그는 345년에 다시 알렉산드리아로 돌아올 수 있었다. 그동안 아리우스파의 그레고리가 그

곳에 감독으로 있었지만 별세하고 그 감독 자리가 비어있었다. 그래서 그는 346년에 다시 감독의 자리를 회복하게 되었다.

그렇지만 약 10년이 지나자 다시 위기를 맞았다. 356년 그의 대적이 동원한 군대가 그의 교회당을 포위하게 된 것이다. 이때 그는 탈출하여 이집트 광야에 사는 은둔자들(Antony를 따른 금욕주의자들)에게 가서 그들과 상당기간 함께 지내게 되었다. 이로 말미암아 그는 수도사들에 대한 많은 호감을 갖게 되었다. 이것이 그의 세 번째 유배생활이었다.

새로 등극한 황제 줄리안(Julian)이 모든 유배된 감독들의 귀환을 허락하여 아타나시우스는 362년에 다시 돌아오게 되었다. 그러나 곧바로 네 번째 유배가 따르게 된다. 아타나시우스가 돌아오자 곧 황제는 그가 정책을 시행하는데 있어서 위험한 인물로 판단하고 곧 떠나라는 특별 칙령을 내렸기 때문이다. 그래서 그는 363년부터 줄리안이 죽을 때까지 약 1년간 광야에서 다시 은거를 했다.

조비안(Jovian)이 황제가 되자 유배된 감독이 다시 돌아오도록 칙령을 내렸다. 아타나시우스가 그를 방문하자 황제는 그를 친절하게 맞이해 주었고 네 번째 유배가 364년 2월에 끝났다. 그러나 황제 조비안이 8개월 후에 죽고 발렌스(Valens)가 황제가 되어 조비안이 유배된 감독을 돌아오게 한 칙령을 취소함으로써 아타나시우스는 다시 가까운 지방으로 피하게 되었다. 이것이 다섯 번째의 유배였다. 그런데 곧 황제는 알렉산드리아 같은 제국의 중요한 도시 시민들이 이에 불만하고 있는 현실을 보고 아타나시우스를 예외로 특대하여 돌아오게 하여 366년 정월에 돌아오게 되었다. 이후 그는 그의 생애의 마지막 7년을 알렉산드리아 감독으로 조용하게 봉사할 수 있었다.

아타나시우스는 교회의 삼위일체 신학의 정통을 지키는데 큰 영향을 끼쳤으며 아리우스 이단을 배척하는 데 가장 강력한 주장으로 초지일관한 신학자였다. 그는 그 시대의 은둔자들의 금욕주의 운동을 도움으로써 교회의 영성과 정통성의 강화를 가져온 탁월한 분이었다. 오늘날까지 정통 교회들이 보편적으로 수용하고 있는 에큐메니컬 신조 가운데 하나인 '아타나시우스 신경(The Athanasian Creed)'은 비록 그의 작품은 아니지만, 그의 이름이 붙여져 있어 그가 정통 교리의 투사였음을 잘 보여주는 증거가 된다.

13. 제왕을 두려워하지 않은 감독
암브로스(Ambrosius)

| 주후 339-397년 |

감독 암브로스는 서방교회의 큰 교사이면서 두려움을 모르는 하나님의 종으로 잘 알려져 있다. 그는 그의 아버지가 지사로 있는 트리어(Trier, 오늘의 독일 서남 지역)에서 귀족의 아들로 태어났다. 그의 아버지가 별세한 후 그는 로마에서 교육을 받고 당시 제국의 수도 역할을 한 밀란(Milan)을 중심으로 하는 북부 이태리 지방의 지사가 되었다.

374년에 밀란의 감독 옥센티우스(Auxentius)가 별세를 하고 새로운 감독을 추대해야 하는 형편이 되었다. 옥센티우스는 니케아 공의회로부터 정죄를 받은 이단 아리우스 사상의 추종자였다. 이제 정통파와 아리우스 두 파 사이에서 서로 감독을 세우기 위한 치열한 대립과 싸움이 일어나게 되었다. 이때 질서를 유지하기 위해 지사 암브로스가 입장을 했다. 그때 한 소년의 "암브로스를 새 감독으로"라고 외치는 소리가 군중 속에서 들렸다. 이때 온 무리가 찬동의 갈채를 보냈다. 당시 암브로스는 신실한 그리스도인이었으나 아직 세례를 받지 않은 상태였다. 그가 주저했지만 필요한 조치가 취해지면서 일주일 안에 세례를 받고 그해 12월 7일에는 밀란의 감독으로 취임하게 되었다. 소년이 외친 소리와 교인들의 갈채와 환호를 하나님의 부르심으로 받아들인 것이다.

암브로스는 지사 자리를 떠나 감독직분을 신중하게 받아들였다. 그는 성경과 교부들을 열심히 연구하고 매일 설교를 했다. 그는 일찍부터 큰 웅변가였는데 이제 깊은 복음의 진리를 전하는 큰 설교자가 된 것이다. 암브로스는 니케아 정통의 열렬한 지지자로 아리우스 이단과 타협하지 않았다. 아리우스 이단은 니케아공의회에서 정죄를 받았지만 황제 콘스탄티우스를 위시한 그 가족들의 지지를 받고 있었다. 380년에 제국의 동서 황제가 니케아 기독교를 제국의 신앙으로 선언하면서 그 힘을 잃었는데도 여전히 벽지에서와 황제의 가족 가운데 상당수가 이 이단을 지지하고 있었다.

385년에 아리우스파를 지지해 온 황제 발렌티니안(Valentinian 2)의 어머니 황후 유스티나(Justina)가 암브로스 감독에게 밀란에 있는 교회당 가운데 하나를 아리우스파에게 넘겨줄 것을 요구했다. 황제 경호원들이 완력으로 교회를 점령하려는 상황에서 암브로스는 교회 회중을 교회당에 소집하고 그가 작사 작곡한 찬송을 부르게 했다. 그는 이단 아리우스파에게 교회당을 양도해 줄 수 없었다. 결국 황후는 교회당을 차지하려는 뜻을 포기해야만 했다. 암브로스는 정통신리를 수호하기 위해 황실에 맞서 싸웠고, 결국 승리를 거둔 것이다.

이 후 암브로스는 황제 데오도시우스(Theodosisus 1)와 맞서는 상황에 처하게 되었다. 이 황제는 니케아 신경을 진리로 받아들이고, 암브로스 감독과 친교를 가지고 지내 왔었다. 그런데 그가 교회의 권징을 받아야 하는 큰 사건을 저지르게 되었다.

제국의 동방지역에 있는 데살로니가 시민들이 그들에게 부가된 무거운 세금에 반대해 그 지방의 지사를 살해하는 사건이 발생한 것이다. 황제는 반란을 일으킨 시민들을 진압하기 위해 군대를 파송하여 어린이를 포함해 7천여 명을 학살했다. 암브로스는 이런 황제의 지나친 대학살 행위를 큰 죄로 보고 그 죄에 상응한 참회의 모습을 보일 때까지 황제에게 출교를 선언했다. 이에 황제는 베옷을 입고 교회당을 찾고, 감독 앞에 무릎을 꿇고 사죄했다. 여기서 하나님의 종으로 사람을 두려워하지 않는 암브로스 감독의 신앙적 용기와 황제의 겸손을 보게 된다. 이전에는 교회가 황제로부터 박해를 받았으나, 이제 교회와 제국 사이에 전혀 다른 관계가 이루어지게 된 것이다.

암브로스 감독은 크게 칭송을 받은 설교자였고, 후일에 서방 교회의 위대한 네 명의 교회 교사들 중 한 사람으로 불리게 되었다. 그 나머지 세 사람은 제롬, 어거스틴, 대 그레고리인데 그 중 암브로스 감독에게 크게 감화를 받은 사람이 어거스틴(Augustine)이었다. 카르타고 출신인 어거스틴은 마니교에 빠지고 로마의 이교에 물들어 있었다. 총명한 그는 밀란에 와서 황실의 수사학 교사로 추천을 받아 일하게 되었고, 정치적 이유로 그 곳 교회의 교리 반에 참석하게 되었다. 이런 과정에서 그는 암브로스 감독과 알게 되는 기회를 얻게 되었고, 그의 겸손과 능력에 큰 인상을 받게 되어 후에 개종하는 순간을 맞게 되었다.

암브로스 감독은 교회사에서 예배의식과 찬송 작가의 선구자로 꼽히고 있다. '암브로스 예배의식(Ambrosian Rite)'과 발라드 격조의 찬송은 천오백 년이 지난 오늘날까지 유명하다. 현재도 불러지고 있는 '찬란한 주의 영광은 영원히 빛날 광채요 참 빛을 비춘 예수는 생명의 빛이 되신다'는 찬송은 그에게서 온 것이다. 감독 암브로스는 실로 대 설교자요 실천적 신학자였으며, 진리에 양보가 없는 대담무쌍한 하나님의 종이었다.

14. 힙포의 감독 어거스틴의 개종

| 주후 386년 |

"우리 마음은 당신 안에서
쉼을 얻을 때까지 평안이 없습니다"
(어거스틴).

어거스틴(Augustine, 354-430)은 초대 교회 최고의 신학자로 불려왔다. 그는 354년 북아프리카 작은 도시 타가스테(Tagaste)에서 그 곳 관리인 불신자 아버지와 독실한 그리스도 신자인 어머니 모니카(Monica)사이에서 태어났다. 그는 부모로부터 지적이고 열정적인 양면의 성격을 받았다. 어머니의 인도로 교리학습생이 되어 교육을 받았으나 세례는 받지 않았다. 어릴 때부터 총명한 그는 가족과 친지들의 권고로 수사학자가 되기 위해 고향과 카르타고에서 공부를 했다. 18세가 되던 372년에 한 여자와 관계를 갖고 한 아들 아데오다투스(Adeodatus)를 얻었다. 19세 때에 키케로(Cicero)의 저서를 통해 선과 진리를 사모하는 마음을 가져 성경을 연구하기 시작했으나 만족을 얻을 수 없었다. 그는 이제 정신적 지적 만족을 얻기 위해 마니교(Manichaeism)에 심취했다. 마니교는 이 세상을 빛과 어두움, 선과 악이 투쟁하는 곳이라고 가르치는 이원론 체계를 가진 종교였다. 그는 이후 9년간 마니교에 빠져 지내면서 고향지역에서 가르치기도 하고 연구했다. 그러나 마니교에서도 만족을 얻지 못한 그는 친구들의 권유로 383년 로마로 옮겨가게 되었다. 이때 그의 어머니도 아들의 회심을 기원하면서 따라갔다. 이듬해에 그는 로마제국의 서방 수도인 밀란의 지사로 부터 황실의 수사학 교사로 임명을 받았다.

어거스틴

밀란에서 암브로스(Ambrosius)는 교회와 제국의 큰 지도자였다. 어거스틴은 먼저 그가 강단에서 전하는 능변에 큰 감명을 받았다. 이때 그는 신플라톤주의(New Platonism)에 매혹되어 이원론을 가르치는 마니교를 완전히 벗어나 있었다. 이제 그는 하나님 안에 모든 선과 실재의 원천이 있음을 깨닫게 되었다. 이런 새 깨달음이 그로 하여금 기독교를 수용하는데 큰 도움을 주었다. 이제 그가 전적으로 회심을 하게 되는 순간이 왔다. 그는 자신이 품고 있는 이념과 생활 사이에 큰 간격이 있음을 느끼고 자신의 무력함을 탓하면서 정원으로 뛰어 나갔다. 이때 이웃집으로부터 한 어린이의 고함소리가 들렸다 "그것을 들어 읽어, 그것을 들어 읽어!" 그는 바로 옆에 있는 바울 서신의 한 사본을 들어 폈다. 거기서 발견된 것은 로마서 13:13,14의 말씀이었다: "낮에와 같이 단정히 행하고 방탕과 술 취하지 말며 음란과 호색하지 말며 쟁투와 시기하지 말고 오직 주 예수 그리스도 옷 입고 정욕을 위하여 육신의 일을 도모하지 말라!"

　이 말씀을 읽는 순간 그는 마음에 평화가 오고, 죄를 극복할 수 있는 하나님의 능력이 임함을 느끼게 되었다. 이것이 386년 여름이었다. 어거스틴은 뒤에 그 체험에 관하여 "신앙의 빛이 내 마음에 쏟아지고 의심의 모든 어두움이 흩어지는 것 같았다"라고 했다.

　그는 이제 교사직을 사면하고 세례 받을 준비를 했다. 387년 부활절에 그의 아들 아데오다투스와 함께 밀란에서 암브로스 감독으로 부터 세례를 받았다. 그는 세례를 받은 후 그의 출생지 타가스테를 향해 밀란을 떠났다. 평생 그를 뒤따르고 기도해 주던 어머니 모니카가 오스티아(Ostia)에서 세상을 떠났다. 평생 그를 따르며 애타게 기도하던 그녀는 아들의 회심을 봄으로 사명을 다했던 것이다. 그가 고향 타가스테에 가 있는 동안 그의 사랑하는 아들 또한 세상을 떠났다.

　어거스틴은 이제 수도원을 세워 금욕생활을 할 것을 결심하고 북아프리카 알제리아(Algeria)에 있는 힙포(Hippo)로 갔다. 그런데 거기에서 그의 뜻과는 다른 일이 생겼다. 391년에 반 강제로 사제로 세움을 받게 된 것이다. 감독 발레리우스가 별세한 후 그를 이어 감독이 되어 40년을 봉사하였다. 그러다 그는 반달족이 침입하여 힙포를 포위했던 430년 8월 28일 별세했다.

　어거스틴은 그 시대의 두 가지 큰 논쟁에 특별히 관련을 갖게 되었다. 하나는 그 때 북아프리카 전역에 널리 퍼져 있던 도나티스트파(Donatists)와의 충돌이었다. 도나티스트파는 디오클레티안 황제 박해 시 성경을 넘겨주고 배교했던 사제들의 직분과 그들이 시행한 세례를 무효라 주장하고 교회를 분열하여 거의 백 년간 대립된 교회를 세워 왔었다. 이에 대해 어거스틴은 그리스도의 교회는 하나라고 하며 교회 분열의 필연성을 부인하였다. 그리고 성례의 효과는 시행자의 덕에 달려 있는 것이 아니고, 시행자를 통해 역사하시는 삼위 하나님께 있다고 함으로써 도나티스트파의 주장에 반대했다. 그래서 그는 교회와 성례관을 밝혔다.

또 다른 하나는 펠라기우스(Pelagius) 논쟁에 관련을 갖게 된 것이다. 펠라기우스는 영국 도서에서 온 경건하고 학식있는 수도사였다. 385년 경 로마에 와서 문란한 도덕 생활에 충격을 받고 도덕 문제와 죄 문제를 심각하게 생각했다. 그는 인간이 원죄로인해 부패한 본성을 가지고 태어난다는 사실을 부인했다. 아담의 죄는 그 후손과는 관계가 없다고 하며, 사람이 죄를 범하는 것은 나쁜 본을 스스로 따르는데 있는 것이라고 했다. 그래서 사람이 원하고 노력하면 무죄하게 살 수 있다고 함으로써 사람의 구원이 인간 자신에게 있다고 주장했다. 이에 어거스틴은 아담의 원죄로 말미암아 인간에게 부패성이 오게 되고 인간은 하나님의 은혜로만 구원을 받을 수 있다는 은혜의 교리를 밝혔다. 어거스틴의 죄와 구원, 예정, 저항할 수 없는 은혜 등의 교리는 이 펠라기우스 이단에 대한 반응에서 온 것이었다. 후에 루터와 칼빈을 위시한 여러 종교개혁자들이 이 어거스틴의 성경적 교리들을 귀하게 여겨 인용하기를 즐겼다. 종교개혁자들의 오직 믿음, 오직 은혜의 신학은 본질적으로 어거스틴의 신학 전통을 따른 것이었다.

이 외에도 그는 지난날 빠져들었던 마니교를 비판하고 거절했다. 또한 410년 로마시가 함락을 당하게 되자 이교도들이 로마의 몰락은 이방

신들에 대한 예배를 폐한 기독교인들의 책임이라고 비난을 했다. 이때 어거스틴은 이 비난에 대한 반박으로 『하나님의 도성(The City of God)』이라는 저서를 내놓게 되었다. 그는 하나님이 역사 속에서 일하신 다는 사실과, 로마의 몰락은 죄의 결과임을 밝혔다. 나아가 아벨과 가인 이후 세상에는 '하나님의 도성(교회)'과 '인간의 도성(이방인 세계)'이 있어 왔는데 '인간의 도성'은 무너지지만 '하나님의 도성'은 영원하다고 했다. 이 책은 그의 불후의 명작 중 하나이다. 이 외에도 여러 명작들이 있으나 400년이 되기 바로 전에 지은 그의 『고백록(Confessions)』은 세상에 출간된 첫 번째의 영적 자서전이다. 이 책을 펴자 바로 "우리 마음은 당신 안에서 쉴 때까지 불안합니다."라는 유명한 말이 나타난다. 이 말은 그의 전 생애를 반영하고 있다.

15. 황금의 입을 가진 목사 크리소스톰
(John Chrysostom)

| 주후 347-407년 |

400년을 전후하여 제국의 서방에 위대한 설교자 암브로스가 있었다면 제국의 동방에는 유능한 설교자 존(John, 347-407)이 있었다. 크리소스톰이란 이름은 '황금의 입'을 의미하는 것으로 후에 그에게 붙여진 별명이었다. 존은 태어난지 얼마되지 않아 군관이었던 그의 아버지를 잃고 홀어머니 아래서 자라났다. 그의 어머니 안수사(Anthusa)는 아름다운 용모를 가진 당시 아직 20대 여성이었는데 그가 낳은 남매를 양육하기 위해 여러 청혼을 거절했다. 그녀는 훌륭한 집안 출신으로 훌륭한 스승을 택하여 그의 아들 존에게 수사학과 법률학 등을 공부할 수 있게 했다. 그러나 금욕생활에 끌렸던 존은 어머니가 별세한 후에(375?) 수도원에 들어갔다. 그 곳에 있는 동안 건강이 나빠져 381년 안디옥으로 돌아오게 되고 이때 그는 사제로 임직을 받게 되었다.

이 후 그에게 가장 행복하고 유익한 생애가 시작되었다. 그는 동방 교회에서 가장 유능한 설교자로 등장한 것이다. 그는 성경 본문에 대한 풍유적 해석을 선호하는 알렉산드리아 신학파와는 달리 성경을 문자적·문법적으로 해석하는 안디옥 신학파의 전통을 따라 성경을 해석하고 적용하며 설교를 했다. 그는 성경 여러 책을 연이어 설교하고 주석 책들을 남겼다. 안디옥에서 큰 인기를 얻게 되고, 그의 명성이 널리 퍼지게 되었다.

그러면서 397년에 제국 동방의 수도인 콘스탄티노플의 감독 자리가 비게 되었다. 이곳에 감독으로 임명된다는 것은 누구에게나 큰 특권이었다.

황제 아르카디우스(Arcadius)는 '황금의 입'을 가진 존을 감독으로 선택했다. 존은 안디옥 사람들의 큰 사랑을 받고 있었기 때문에 거의 납치를 당하듯 콘스탄티노플로 옮겨지게 되었다. 398년 알렉산드리아 감독 데오필루스(Theophilus)의 집례로 감독에 취임하였다. 존은 콘스탄티노플에서도 안디옥에서처럼 그의 능력있는 설교로 많은 청중을 얻게 되었다. 그러나 그는 처음부터 강력한 적들과 싸워야 했다. 그에게는 상대하기 힘든 두 적이 있었다. 그것은 자기의 감독 취임식을 집례한 알렉산드리아 감독 데오필루스와 황후 유독시아(Eudoxia)였다.

알렉산드리아 감독 데오필루스는 콘스탄티노플 감독의 기세를 꺾기를 원했다. 그는 존이 자기에게 순종해 주기를 원했다. 존이 놀라운 능변으로 설교를 통해 명성을 얻고 있는 것을 시기한 것임에 틀림없었다. 그도 존처럼 오리겐의 풍유적인 성경 해석과 신학에 반대했지만 존이 지나치게 편파적이라고 비난했다. 그러나 존은 이 모든 일에 조금도 개의치 않고 그의 봉사에 몰두했다. 그의 주변 사제들의 부도덕한 모습을 발견하고 이를 정죄하며 강력한 설교를 했다. 그러나 콘스탄티노플에 있는 느슨한 생활을 하는 사제들은 이를 좋아하지 않았다.

  최악의 것은 존이 기세가 등등한 황후 유독시아의 미움을 사게 된 일이다. 존은 직선적인 사람으로 요령있게 행동하거나 설교하는 사람이 아니었다. 그는 고위층에 있는 사람들의 잘못을 지적하는 일을 주저하지 않았다. 당시 사치스런 여성들이 지나치게 화려한 의복을 입는 것을 나무라며 정죄했다. 황후는 이를 자신에 대한 모욕이라고 생각했다.

  이제 그의 대적의 세력이 규합하여 공격을 가할 수 있는 구실이 생겨 공격을 가해 오게 되었다. 알렉산드리아 감독이 오리겐 신학의 추종자인 4명을 징계했는데 콘스탄티노플의 존이 이들을 받아주었다. 알렉산드리아 감독은 콘스탄티노플에 와서 존의 대적들과 함께 403년 황실의 소유인 '떡갈나무(The Oak)' 라 불리는 곳에 공의회를 소집하고 존 크리소스톰을 정죄하고 면직했다. 황후 유독시아는 상당히 미신에 사로잡힌 여자이기도 했다. 공의회가 존을 정죄한 후 얼마 안 되어 황궁에서 어떤 일이 일어났는데 전하는 바에 의하면 이를 지진으로 착각했었다고 한다. 이에 놀란 황후는 존이 수도를 떠난 지 얼마 안 되어 그를 다시 불러들이게 되었다. 그러나 존이 얻은 평화는 잠시 동안이었다. 존은 두려움을 모르는 종이었다. 황후가 자신의 은 동상을 만들어 대 교회당 가까이 세우게 되었을 때 존은 이 제막식을 담대하게 정죄했다. 황후는 이 일로 존을 어느 때 보다 자기 개인의 큰 원수로 보았나.

  황실의 군대가 부활절 예배에 침입하여 예배를 중단시키고, 존의 지지자 몇 사람이 죽임을 당하기까지 했다. 존은 아르메니아 근처 커커서

스(Cucusus)라 불리는 쓸쓸한 땅으로 유배를 당하게 되었다. 서방의 감독 이노센트 1세가 이에 항의했으나 도움이 되지 못했다. 유배를 당한 가운데서도 존은 그를 따르는 사람들과 서신을 주고받으며 교회 일에 대한 자문을 했다. 동방 황제는 그를 세상이 모르는 더 먼 곳으로 보내기로 작정하고 407년 피티우스(Pytius)로 옮기게 했다. 그는 거기 이르지 못하고 중도에 세상을 떠났다.

존은 '황금의 입(Chrysostom)'을 가진 목사로 놀라운 설교의 유산을 남겼다. 그는 성경을 문자적·문법적으로 해석하는 안디옥의 방법을 한층 발전시켰다. 그리고 그는 밀란의 암브로스와 함께 세상의 통치자들 앞에서 "주께서 이렇게 말씀하신다."라고 담대하게 선언한 종들 가운데 한사람이었다.

16. 칼케돈 공의회(The Council of Chalcedon): 제4차 에큐메니컬 공회

| 주후 451년 |

오늘날 교회가 믿고 고백하는 중요한 교리들은 여러 세기에 걸친 토론과 교회 공의회의 수용을 통해 전해 내려온 것이다. 예수 그리스도의 신성에 관한 논란은 325년 니케아 공의회를 통해 해결되었다. 그런데 곧 교회에는 예수님이 완전한 신성을 가졌다면 그가 가진 인성은 어떤 것이며, 그 인성은 신성과 어떤 관계가 있는가 하는 문제가 논란이 되었다. 시리아의 감독 아폴리나리우스(Apolinarius)가 니케아의 신조를 따라 예수님의 신성을 믿으면서 그의 인성에 대한 문제를 이해하지 못했다. 예수께서 완전한 신성을 가졌으면서도 완전한 사람일 때 그에게 있었을 두 의지의 조화를 설명하기 어려웠던 것이다. 인간의 마음은 부패하고 육신 욕망의 지배를 받는다고 생각한 그는 로고스(Logos)가 인간 예수의 마음에 들어오신 것이라고 했다. 결국 그는 '예수님이 인간의 육체와 영혼은 가졌지만 인간의

마음(혹은 정신)은 갖지 않았다'고 함으로써 예수님의 완전한 인성을 부인하게 되었다.

이에 데오도시우스 황제는 381년 콘스탄티노플에서 공의회를 소집하게 했다. 이 공의회는 아폴리나리우스의 사상을 정죄하고 니케아 회의의 결정을 재확인하게 되었다. 이것이 제 2차 에큐메니컬 공의회였다. 하지만 그리스도에 대한 교리(기독론) 논쟁은 쉽게 끝나지 않았다. 이어 콘스탄티노플의 대주교인 네스토리우스가 아폴리나리우스의 이단을 거절하면서 다른 이설을 주장한 것이다. 그는 예수 안에 신성과 인성이 병존해 있다고 가르치고, 인간이 성전 안에 있는 것처럼 하나님이신 그리스도가 인간 안에 거하는 것이라고 주장했다. 그 결과 그는 예수 안에 '신인 양성이 분리되어 있다'고 본 것이다. 그래서 그는 마리아가 그리스도의 인성의 어머니이지 신성의 어머니는 아니라고 하여 당시 마리아에게 붙여져 온 데오토코스(Theotokos: bearer of God)란 호칭에 반대하고, 대신 그리스도의 인성의 어머니(bearer of the human nature of God)라 불러야 한다고 했다. 이에 황제 데오도시우스 2세는 431년에 에베소 공의회를 소집하여 이 문제를 다루었다. 이 공의회는 네스토리우스의 주장을 정죄하고 그를 면직하게 되었다. 이것이 제3차 에큐메니컬 공의회였다. '예수 안에 신인 양성이 완전히 나누어져 있었다면 십자가 위에서 수난을 당한 것은 그의 인성'이었다고 밖에 볼 수 없는 것이다. 그렇다면 그는 우리들을 죄에서 구원하신 구주일 수 없게 된다.

네스토리우스가 이단으로 정죄를 받았지만, 그는 로마 제국 밖에서 많은 추종자들을 얻게 되었다. 특별히 네스토리우스파는 동방으로 퍼져 나가 850년에는 중국(당나라)에까지 전해지게 되었다. 이 파는 중국에서 '경교(景敎)'라는 이름으로 큰 교회당까지 건축하였다. 오늘날까지도 앗시리아 기독교인들이라 불리는 사람들은 네스토리우스파에 속해 있는 자들이다. 서부 인도에도 수십만 명의 네스토리우스파 신자들이 있다. 삼위일체 교리와 그리스도의 양성 교리 문제로 100년에 걸쳐 세 번의 세계적 공의회가 모여 아리우스, 아폴나리우스, 네스토리우스의 이단설을 정죄했지만 이에 대한 교리적 논쟁은 아직도 끝나지 않았다.

이제 콘스탄티노플의 연로한 수도원 원장인 유티케스(Eutyches)가 네스토리우스의 양성 분리론에 반대하여 그리스도는 신인 양성이 융합된 단성을 가지고 있다는 주장을 했다. 그에 의하면 그리스도가 성육신하기 전에는 양성이었지만 성육신으로 연합된 후에는 단성을 갖게 되었다는 것이다. 마치 바다에 한 방울의 포도주가 떨어지게 될 때 그것이 큰 바다 물에 흡수되는 것처럼, 성육신으로 '그리스도의 인성은 신성에 흡수를 당하게 되는 것'이라 설명했다. 이는 곧 그리스도를 최고의 신적 인간으로 보는 것이다. 그렇다면 그리스도는 우리와 같은 인간성을 가지신 분이 아니기 때문에 우리들의 구주가 될 수 없게 된다. 그런데 유티케스는 이집트에서 많은 지지자들을 얻게 되었다. 콘스탄티노플의 대주교인 플라비안(Flavian)은 유티케스를 정죄했지만 이집트 알렉산드리아의 대주교 디오스쿠루스(Dioscurus)는 그를 지지했다.

디오스쿠르스는 데오도시우스 황제에게 요청하여 449년에 에베소에서 공의회를 소집하게 했다. 그런데 이 공의회는 정치적으로 계획되어 극단적인 혼란과 투쟁으로 얼룩진 것이 되었다. 로마의 교황 레오(Leo 1)의 대표들이 도망을 쳐야 했고 레오에게는 출교가 선언되었다. 그래서 이 공의회를 '도적회의(Robber Council)'라 부르게 되고 결국 공적인 인정을 받지 못했다. 교황 레오는 황제에게 도움을 청하게 되었다. 이때 황제 데오도시우스는 450년에 별세하고 그의 누이인 풀게리아(Pulcheria)와 그의 남편인 마르키안(Marcian)이 황제의 위를 계승하게 되었는데 이들이 로마의 레오 편을 들게 되었다.

마르키안 황제는 451년에 콘스탄티노플 건너편에 있는 칼케돈에서 공의회를 소집했다. 이는 제4차 에큐메니컬 공의회로 지난 어느 공의회 때 보다 많은 400명 이상의 감독들이 참석했다. 이 회에서 알렉산드리아의 디오스크루스는 지난 에베소 회의 때의 비행 때문에 출교를 당했다. 논란되어 온 교리 문제에 있어서 이 공의회는, 로마의 대주교 레오가 파송한 특사들이 제시한 레오의 그리스도의 양성에 관한 성명서(the Tome of Leo)를 거의 그대로 받게 되었다.

그 중요한 내용은 그리스도는 '혼합되지 않고, 변함이 없으며, 분열되지 않고, 분리되지 않는 양성을 가지신…참된 하나님이시고 참된 사람'이라는 것이었다. 이로써 아폴리나리우스, 유티케스, 네스토리우스 등의 모든 그릇된 견해들을 정죄하게 되었다. 그리스도의 양성에 대한 이 '칼케돈의 정의(The Definition of Chalcedon)'로 주 예수 그리스도는 하나님과(요 1:1) 사람으로(행 17:31) 완전한 신인 양성을 가지신 구주라는 성경적 교리의 마무리를 짓게 되었다. 성령의 인도 아래 작은 겨자씨에서 큰 나무로 자란(마 13:32) 세계적 교회는 이단과의 투쟁을 통해 이렇게 하나님 말씀의 진리를 고백하게 되었다. 오늘날까지 성경적 진리를 파수하는 모든 정통 교회는 이 정의를 성경적 진리로 이해하고 그대로 받아 고백하고 있다.

17. 베네딕트(Bendict)의 수도원 설립(525)

| 주후 480-543년 |

"게으름은 영혼의 적이다."
(베네딕트)

오늘날 수도원이라고 하면 세상을 등지고 금욕생활을 하는 곳이요 중세 이전의 생활이라고 보는 부정적 시각이 많다. 그러나 역사 속에서 교회가 속화되고 윤리적인 생활이 무너진 시대에 이따금 수도원이 교회에 경각심을 일으키고 영적 갱신운동을 일으킨 매우 긍정적인 흔적을 남겨 놓은 것을 보게 된다. 은둔자로 일찍이 금욕생활을 시작한 사람은 이집트의 안토니(Antony)였고, 그를 이어 수도사들의 공동생활의 길을 연 분은 파코미우스(Pachomius)였다.

콘스탄틴 대제에 의해 신교의 자유가 선언되사 오랫동안 박해를 받던 기독교는 로마제국 안에서 특전을 누리며 인기있는 종교가 되었고 점점 많은 사람들이 교회로 몰려들게 되었다. 그 결과 많은 사람들 가운데 참된 신자들과 외식자들을 구별하기 어려워졌다. 이런 때 상당 수 진지한 기독교인들이 이런 세계를 벗어나 수도원을 찾게 되었다. 처음 이집트에서 시작된 은둔자들의 금욕생활 운동은 아타나시우스, 암브로스, 어거스틴에 의해 서방으로 소개되고 많은 사람들의 호감을 얻게 되어 수도원들이 서게 되었다. 그런데 당시 수도사들의 생활에는 아직 일반화된 규칙이 없어서 어떤 수도사들은 지나치게 금식하고, 밤을 지새우며, 여러 시간 서서 기도하는 등 과도하게 엄혹한 생활을 하는가 하면, 어떤 이들은 너무 느슨한 생활을 하는 등 수도사들의 생활이 매우 혼란스러웠다. 이런 때에 수도원을 세워 수도사들에게 모범이 되는 생활규칙을 정하고 체제를 세워 수도원 제도의 개혁을 가져온 사람이 있었다. 그가 베네딕트(Benedict, 480-543)였다.

베네딕트는 480년 이태리 누르시아(Nursia)의 귀족 가정에서 태어났다. 그가 공부를 하기 위해 로마에서 잠시 지내는 동안 로마시민들의 부패와 부도덕한 생활을 일삼는 것을 보고 큰 충격을 받아 이런 환경을 벗어나 은둔자가 되기로 결심하였다. 그래서 그는 500년 로마의 동쪽 수비아코(Subiaco)에 있는 산 속 동굴에 들어가 생활을 하기 시작했다. 그가 거기서 고결한 생활을 하고 있음이 밖에 알려지자 많은 사람들이 그의 제자가 되기 위해 찾아왔고, 곧 그는 근처 수도원의 원장으로 초청을 받게 되었다. 그는 이 초청을 주저하면서 수락했다. 그가 수도원장으로 들어가 그 곳 수도사들에게 엄격한 규율을 세워 적용을 하자 저들은 순종을 거부했다. 심지어 한 수도사는 그를 독살하려고까지 하여 그는 그 곳을 떠나버렸다. 그러나 이런 경험을 통해 그는 엄격한 훈련은 좋은 것이지만 인간의 연약성을 인정해야 한다는 중요한 교훈을 얻었다. 529년 경 그는 로마와 나폴리 항구 중간에 있는 몬테카시노(Monte Cassino)로 갔다. 그는 그 곳 높은 언덕 위에 있는 옛 이방 신전을 헐고 그 위에 수도원을 세웠다.

그런데 베네딕트가 큰 명성을 얻게 된 것은 이 새 수도원을 세운데 있지 않고 73장으로 된 수도원체제와 생활의 규칙을 마련한 데 있었다. 이 가운데서 그는 인간성에 대한 이해와 로마인의 조직에 대한 천부적 재능을 잘 보였다. 그는 수도원을 그리스도 군병들이 자족 자급해야 하는 영적인 요새로 생각했다. 그래서 그는 수도원 안에 농장과 작업장을 두고 수도사들이 생필품을 위해 밖으로 나가는 일이 없도록 하였다. 그리고 수도원 경내에서 음식, 의복, 가구 등을 스스로 만들어 쓰게 하였다. 그는 수도사들이 수도원 울타리 밖으로 나가 배회하는 것을 영적인 큰 위험으로 보았다. 나아가 누구나 경솔하게 수도사가 되겠다는 생각을 갖지 않도록 하기 위해 일련의 예비 수련기간을 두고 그 후에 영구히 세상과의 관계를 단절하는 세 가지 서약을 하게 했다. 첫째는 빈곤의 서약으로 가진 모든 소유를 사회에 넘겨주는 것이고, 둘째는 순결의 서약으로 이성과의 관계를 버리는 것이며, 셋째는 순종의 서약으로 수도원 지도자들에게 언제나 순종하는 것이었다. 수도원 생활에서 예배는 제일 큰 의무였다. 매일 규칙적으로 주로 시편을 낭송하는 일곱 번의 예배를 드리는데 네 시간이 걸렸다. 이 외에도 밤 2시에 잠에서 깨어 예배를 드렸다. 나아가 성경을 읽고 기도하게 했다. 베네딕트 수도생활 규칙에 '게으름은 영혼의 적'이라는 말이 있다. 그래서 모든 수도사는 그 시대의 일반 노동자만큼의 시간을 들여 육체노동을 하고 부엌일을 했다.

베네딕트의 수도원 생활 규칙은 음식, 노동, 단련 면에 있어서 특수한 사람들 뿐 아니라 신실한 그리스도인이면 누구나 지킬 수 있는 온건한 것들이었다. 그것이 엄격한 생활이었으나 일반적으로 성실히 사는 사람들에게는 전혀 불가능한 것이 아니었다. 베네딕트는 일반인들도 거룩한 생활을 할 것을 권했다. 그는 "우리가 가혹하게 보인다 하더라도 놀라 피하지 마시오. 구원에 이르는 길의 문은 좁습니다. 신앙생활을 하면 마음이 넓어지고 하나님이 명하신 길을 따라 기쁨으로 달려갈 수 있게 됩니다."라고 했다.

이 베네딕트의 수도원 체제와 규칙으로 말미암아 서방 수도원제도는 최선의 단계에 이르게 되었다. 그의 수도원 규칙은 차츰 널리 퍼져 로마의 선교사들을 통해 영국과 독일 지역에도 전해졌다. 9세기 '샤를마뉴 대제' 때에는 베네딕트의 체제를 따른 수도원 제도가 거의 보편화 되어졌다. 당시 베네딕트계 수도원에서 나온 선교사와 개척자 수도사들의 봉사는 더 없이 귀중했다. 현대의 교회문화를 기준으로 그 시대의 수도원 문화를 바로 평가하기는 어렵다. 어지러운 시대에 수도원은 영혼의 평안을 사모하는 자들에게 귀한 안식의 피난처를 제공하였다. 로마 제국 후기와 중세때에 가장 훌륭한 인물들의 상당수가 이 수도원 제도를 지지했으며, 또 수도원에서 이런 분들을 발견할 수 있었다.

중세교회
(주후 600년~1500년)

18. 교황 그레고리 1세(Gregory the Great)

| 주후 540-604년 |

> "로마의 감독(교황)은
> 하나님의 종들의 종이다."
> (그레고리 1세)

로마의 감독이 언제부터 세계교회의 총 주교인 오늘의 교황의 자리를 확보했는지는 분명하지 않다. 로마 카톨릭교회가 사도 베드로를 로마의 첫 감독이었고 세계교회를 다스리는 그리스도의 대리자였다고 주장하지만 역사적인 근거는 전혀 없다. 그러나 사도시대 이후 로마의 감독이 이미 탁월한 권위를 행사하려고 한 흔적은 있다. 로마의 감독으로 알려진 클레멘트(Clement of Rome)가 95년경에 고린도 교회가 장로들의 권위를 반역하고 혼란을 일으켰을 때 그 교회에 참회하고 장로들을 복직토록 하라는 편지를 보낸 일이 있었다. 이후 로마의 감독의 위지와 권위는 차츰 더 강화되어 갔다.

330년에 콘스탄틴 대제가 제국의 수도를 콘스탄티노플(오늘의 이스탄불)로 옮기자 로마 감독의 위치는 교회적으로 뿐 아니라 정치적으로도 크게 강화되어 제국 서방의 교회와 정치적 중심이 되었다. 380년 데오도시우스 황제가 "모든 사람은 성 바울 사도가 로마인들에게 준 믿음을 가져야 한다."는 칙령을 내렸다. 이것은 기독교를 제국의 유일한 종교로 선언한 일로, 이로 말미암아 로마 감독의 권력은 더욱 확대되어 갔다. 그리스도의 신인성에 관련된 교리 논쟁 때문에 451년 칼케돈에서 제 4차 세계 공의회가 열렸을 때 당시 로마의 감독인 레오 1세(Leo 1)의 선언문(Tome)이 거의 그대로 수용되었다. 공의회에서 그의 선언문이 권위있게 인정되어 교리 문제를 해결함으로써 이제 로마 감독은 세계적인 총 주교와 교황으로 인정되었던 것이다.

그런데 로마 교황 자리를 확고하게 하고 중세 로마 카톨릭교회의 터를 놓은 사람은 대 그레고리(Gregory the Great)였다. 그는 콘스탄틴 대제 시대와 종교개혁 시대 사이에 로마의 감독좌를 차지한 190여 명 중에 그보다 더 큰 영향을 준 사람은 없었다.

540년 경 기독교인인 원로원 집안에서 태어난 그레고리는 573년에 벌써 황제에 의해 지사로 임명되었다. 그러나 그는 정치보다 수도원 생활에 더 큰 매력을 느꼈다. 그래서 그는 574년에 그가 가진 재산을 수도원 건립과 빈곤한 자들을 위해 다 바치고 이전에 자기 주택이었던 캘리안(Caelian) 언덕에 위치한 성 앤드류(St. Andrew) 수도원의 수도사가 되었다. 수도원 제도에 깊은 관심을 가졌던 그는 수도원 생활을 규정하고 확대하는 일에 많은 헌신을 했다. 그는 590년에 교황으로 선택되어 첫 번째 수도사 출신의 교황이 되었다.

그레고리는 수도생활을 한 수도사 교황이었을 뿐만 아니라 유능한 정치인 교황이기도 했다. 그 시대 상황은 유능한 교황에게 안성맞춤이었다. 당시 제국의 서방 지역은 게르만 민족의 침입으로 어려운 때를 맞고 있었다. 로마를 위협하는 게르만 민족 앞에 이태리 황제들의 지배력은 쇠해지는 형편이었다. 교황 그레고리가 명목상으로는 황제에게 복종하고 있었으나 한편으로는 게르만족의 침입을 대처하는 능력있는 정치적 지도자로서의 모습을 보였다. 그는 스스로 병력을 모으고 로마시를 방어하며 게르만족과의 평화 협상을 이끌어 냈다. 이로써 그는 이태리에서 가장 강력한 지도자로 부상했고 로마인과 게르만인 모두에게 동방에 거주하는 황제보다 더 큰 권세를 행사하는 사람으로 보이게 되었다. 그는 로마교회의 세력 확장에 관심을 갖고 켈트인들의 교회가 정착되어 있는 영국지역에 선교사를 파송하였고 캔터베리에 대감독을 세움으로써 로마 교회의 영향을 확대해 갔다.

그런데 그레고리의 관심은 사실상 정치적인 영역이 아니라 영적인 영역인 교회였다. 그는 '전 세계 교회의 관리가 거룩한 사도요 모든 사도들의 수장인 베드로에게 맡겨졌다'는 확신을 가졌다. 그는 베드로의 계승자로 전체 교회에 통치권을 행사하기 원했다. 그래서 동방의 수도인 콘스탄티노플의 감독이 '총대주교(patriarch)'라는 칭호를 사용하는 것에 반대했다. 그리고 그는 로마의 감독에게 '하나님의 종들의 종(servant of the servants of God)'이라는 호칭을 사용했다. 오늘도 로마 교황은 이 호칭을 사용하고 있는데, 이 아름다운 호칭에는 실제 모든 감독을 지배하고 관리하는 그리스도의 대리자라는 뜻이 담겨져 있다. 이와 같이 로마 감독이 가장 겸허해 보이는 칭호를 사용하지만 실제로는 그리스도의 왕권을 범하고 있음을 보게 된다. 그의 저서『목회규범

(Regula Pastoralis)』은 사제의 목자적 지도 방법을 내용으로 하는 책으로 중세 교회의 목회지침서가 되었다. 그는 '그레고리 성가(Gregorian Chant)'로 잘 알려져 있는 바와 같이 교회음악과 예배의식에도 큰 개혁을 가져왔다.

그레고리는 지난 세기의 어거스틴의 신학에 그의 신학적 기반을 두었지만 그가 의도했던 바와는 달리 자신만의 특유한 방향으로 발전시켜 갔다. 그의 큰 관심은 특별히 교회생활의 실천적인 면에 있었다. 원죄를 가진 인간은 그리스도의 사역에 의해 구원을 받게 되지만, 구원받은 이후에 범한 죄는 속상되어야 한다고 했다. 그 속상은 하나님의 은혜로 행하게 되는 공덕으로 가능하게 한다는 것이다. 교회는 그러한 공덕을 추구하는 사람에게 도움을 주게 되는데, 가장 큰 도움은 성만찬이라고 했다. 그는 성만찬을 그리스도의 희생의 반복으로 보았다. 또한 그는 성자들의 경배를 도입하고 장려했다. 자기 자신의 공덕이 모자라는 사람들은 순교자들의 도움에 호소해야 한다고 했다. 그는 연옥을 기독교 신앙의 본질적인 것이라고 하고, "가벼운 죄에 대한 심판 전에 연옥의 불이 있다는 것을 믿어야 한다."라고 했다. 이와 같은 그의 가르침은 성경에 근거가 없는 것들이었다.

이로써 그레고리는 교황으로 지낸 14년 동안(604년 별세) 다음 천년 동안 이어질 중세교회 신학과 종교 생활의 터를 닦게 되었다. 그래서 그는 '대 그레고리'라 불리게 된 것이다. 그는 초대 기독교회에서 중세교회로 넘어오는 과도기에 우뚝 선 마지막 로마 감독이요 첫 번째 중세 교황이었다.

19. 독일 민족의 사도 보니페이스
(Boniface)

| 주후 680-754년 |

보니페이스는 오늘날 영국계인 앵글로색슨 족에 속한 사람이었다. 그러나 그는 아직 기독교회가 크게 정착하지 못한 게르만 민족을 위한 선교에 헌신하여 저들이 개종하는데 크게 이바지하였다. 그래서 그는 바울 이후 최대의 선교사로도 불렸었다. 특히 미신이 지배하는 저들 속에 들어가 기독교인들이 섬기는 신이 참 신이란 사실을 보여 주기 위한 그의 용감한 행동은 전통으로 잘 알려져 오고 있다. 독일의 헤세(Hesse)에는 그 곳 사람들이 신성시하는 큰 떡갈나무가 있었다. 그들은 이 나무를 우뢰의 신(Donar)의 것으로 믿고 섬겨왔다. 기독교로 개종한 사람들 중에도 은밀하게 이 나무를 섬기는 자들이 있었다. 보니페이스는 참된 신 하나님을 섬기는 사람으로서 이런 우상숭배를 정죄하고 무너뜨리기를 원했다. 그래서 그가 우상숭배자들 앞에서 도끼를 들어 나무를 찍었더니 우렛소리를 내며 쓰러져

버렸다고 한다. 이것은 저들에게 기독교인들의 신이 저들의 우뢰의 신보다 크다는 사실을 알려 주는 상징적 행위였다.

보니페이스는 680년에 영국 디본샤이어 지역 크레디톤(Crediton)에서 태어났다. 그의 원래 이름은 윈프리드(Winfrid)였으나 뒤에 라틴계 이름 보니페이스를 갖게 되었다. 그는 일찍이 수도사가 되기로 결심하고 베네딕트계 수도원에 들어가 모범적인 생활을 했다. 그는 부지런한 학생 수도사로 그 스승이 가르치는 모든 것을 성실히 익혔다. 그 후 너슬링(Nursling) 베네딕트 수도원으로 옮겨가 교사가 되고 30세에 사제로 세움을 받았다. 그러나 그는 조용히 지나는 생활에 만족하지 못했다. 대륙의 이방인 게르만 민족에게 선교하기를 결심하고 수도원장에게 허락해 줄 것을 요청했다. 이것이 받아들여져 보니페이스는 716년에 열두 명의 동료들과 함께 바다를 건너 오늘날 네덜란드 북부 해변 지역에 도착했다. 한 여름 동안 그 곳 이방인 프리스 사람들(Frisians)에게 복음을 열심히 전했으나 저들의 왕 랏봇(Radbod)이 기독교를 반대하여 성공을 거두지 못하고 영국으로 되돌아가게 되었다. 그가 수도원장으로 머무르며 봉사해주기 원했지만 그의 소원은 이방인을 향해 가는 것이었다.

그로부터 1년 후인 718년, 보니페이스는 로마로 가서 교황 그레고리 2세를 만났다. 교황은 그에게 독일 투링가(Thuringa) 지역에 가서 교회들을 돌아보고 올 것을 지시했다. 그는 알프스를 넘어 그 곳에 이르러 약한 교회들을 돕고, 많은 사람들에게 복음을 전하여 상당한 성공을 거두고 로마에 돌아와 보고했다. 마침 그때 기독교를 반대하던 프리스의 왕이 죽었다는 소식을 듣고 그는 다시 프리스를 찾아가 그의 모국인 선교사 윌리부로르드(Willibrord)와 함께 3년을 선교하였다.

그는 723년에 로마로 돌아와 게르만인들의 감독으로 세움을 받고 로마 감독에게 충성을 서약했다. 이때 그는 보니페이스라는 새 이름을 얻었다. 이후 그는 로마와의 밀접한 관계를 계속하게 되었으며, 교황으로부터 프랑크의 왕 찰스 마르텔(Charles Martel)에게 가는 소개장을 받았다. 당시 찰스의 군사적 용맹은 잘 알려져 있었기에 그의 보호를 받는다는 것은 보니페이스에게는 큰 도움이었다. 보니페이스는 헤세(Hesse)로 가서 이방 종교를 허물고 그리스도의 교회를 세우는 일을 계속했다. 그가 '우뢰의 신'인 박달나무를 도끼로 찍어 넘어뜨린 것은 이 때였다. 이는 게르만 세계에서 기독교가 위대한 종교로 인정받는 계기가 된 큰 사건이었다. 게르만인들의 신들이 저들의 나무를 지킬 수 없다면, 보니페이스의 신과 비교할 바가 못 되기 때문이었다.

보니페이스는 영국으로부터 그와 함께 봉사하기를 원하는 많은 영국인 수도사들과 수녀들의 도움으로 그 지방 전체에 견고한 교회를 조직할 수 있었다. 그는 특별히 게르만인들에 대한 복음화를 위해 여러 지역에 수도원을 세웠다. 이방인들 중 헌신적인 수도사들이 자기 종족에게 복음을 전하는 것이 가장 효과있는 방법으로 보았기 때문이었다. 그가 세운 가장 유명한 수도원이 743년에 세운 풀다(Fulda) 수도원이었다.

732년에 그는 대감독이 되어 감녹구를 신설하고 김독을 지명할 수 있게 되었다. 741년 이래, 그의 지도 아래 열린 여러 공의회는 교회의 권징 생활을 개선하는 큰 결과를 가져왔다. 모든 수도원들을 베네딕트의 규범 아래 둠으로 개혁을 단행했다. 747년에는 마인쯔(Mainz)의 대감독이 되어 독일에 있는 전 교회를 지도하게 되었다. 그러나 보니페이스는 처음 선교를 시작했다가 실패한 프리스 지역을 잊을 수 없었다. 그래서 753년에 대감독직을 사면하고 그의 첫 선교지 프리스로 돌아갔다. 거기서 그는 지난 때 그의 복음 증거로 개종한 자들이 자신들의 이방종교로 되돌아 간 것을 발견하고 이들을 회심하도록 하고 복음이 전해지지 않은 곳으로 옮겨갔다.

755년 성령강림주일(오순절)에 보니페이스는 보르네(Borne) 강 옆에 있는 도쿰(Dokum)에서 노천 예배를 드리고 설교하기로 계획을 세웠다. 이곳은 현재 네덜란드 서북부에 있는 곳으로 지금도 마을 이름이 그대로 도쿰으로 불리고 있다. 강 옆에 이르렀을 때에 이교 불량 청년 패거리가 그에게 달려들었다. 주위 사람들이 그들에 맞서 싸우려 나서니 보니페이스는 "저들과 충돌하지 마시오. 몸은 죽여도 영혼을 죽이지 못하는 자들을 두려워하지 마시오. 그리스도와 함께 살고 다스리기 위해 이 순간적인 죽음의 해를 받아 들이시오."라고 했다. 보니페이스는 그 날 그의 손에 성경을 쥔 채, 개종하고 세례를 받으려 하는 자들과 함께 순교를 했다. 그의 시신은 후에 그가 사랑하던 풀다에 장사되었다. 그는 그의 개인적 헌신, 용기, 신실한 봉사로 모든 기독교인들에게 본이 되었다. 보니페이스 덕분에 독일은 종교개혁시대까지 로마교회의 요새가 되어 왔다.

20. 이슬람의 유럽 진입을 막은 뚜르(Tours) 전투

| 주후 732년 |

7세기에 이르러 그리스도의 교회는 막강한 이슬람교의 등장으로 큰 위기를 맞게 되었다. 프랑크족의 통치자 찰스 마르텔(Charles Martel, 690-741)이 이슬람 군대를 패퇴시키고 승리를 얻지 못했다면 지금과는 전혀 다른 유럽 대륙의 역사가 전개되었을지도 모르는 일이다. 뚜르에서의 격전의 승리가 서구 기독교 문명의 미래를 열어 주었다.

이슬람교의 등장과 빠른 확장은 당시 세계에 엄청난 파장을 가져왔다. 교조 무함마드(Muhammad)가 처음 아라비아의 메카(Mecca)에 등장했을 때 그와 그의 추종자들은 보잘 것 없는 환상가들로 여겨져 박해를 받았다. 그 결과 622년 그는 추종자들과 함께 그 곳으로부터 3백 마일 북쪽에 있는 다른 도시 메디나(Medina)로 피난을 가게 되었다. 이슬

뚜르 전쟁

람은 그것을 '헤지라(Hegira)'라고 부르며 이슬람교의 원년으로 삼는다. 무함마드는 그 곳에서 확고한 신정체제의 지도자로 자리를 잡고, 곧 메카도 그의 통치 아래로 끌어들였다. 이후 8년 안에 그는 아라비아 여러 부족들을 하나로 묶고 아라비아에서 가장 강력한 지도자가 되었다. 그는 헤지라 10년 만인 632년에 죽었지만 이후 100년 동안에 이슬람교는 세상을 놀라게 하는 큰 세력으로 성장하였다.

무함마드는 아랍인들의 우상숭배를 싫어했고 유대교와 기독교가 큰 선지자인 아브라함에게서 멀리 떠나 있다고 보았다. 그는 그와 그의 민족이 이스마엘을 통한 아브라함의 후손들이며 알라로부터 온 인류가 순수하게 유일신을 경배하도록 인도할 사명을 받았다고 주장했다. 이슬람 경전은 그가 환상 중에 천사 가브리엘을 통해 알라로부터 받아 기록했다는 96장으로 된 코란이다. 그는 알라가 이 세상에 보낸 큰 선지자 6명(아담, 노아, 아브라함, 모세, 예수, 무함마드)이 있는데 그 가운데 자신이 최후이자 최고 선지자라고 주장했다. 알라 외에는 다른 신이 없다는 철저한 유일신론의 입장에서 모든 사람들에게 부활과 최후 심판의 날이 올 것인데, 그 날 자기를 따르는 사람들은 낙원에 들어갈 것이나 이교도들은 지옥에 떨어질 것이라고 가르쳤다.

이슬람(Islam)이란 말은 '복종'을 의미한다. 하나님의 뜻에 복종하여 세계를 이슬람교로 개종시키기 위한 저들의 열심은 그들이 전쟁과 정복의 길에 나서게 했다. 저들은 모든 백성이 알라에게 복종하게 할 사명을 받은 것으로 믿었기 때문에 이슬람교의 확장을 위해 폭력적 수단과 비폭력적 수단을 가리지 않고 사용하였다. 629년에는 무함마드 자신이 군사력을 동원하여 기독교 정복에 나섰다. 그가 죽은 후 이슬람은 동방에서 마치 광야를 삼키는 불처럼 무섭게 번져나갔다. 알라를 위한 죽음이 낙원을 확보하게 된다는 믿음으로 무장한 이슬람교도들은 635년에 다마스커스(Damascus)를 단번에 휩쓸었고 시리아와 팔레스틴 전 지역을 정복했다. 637년에는 기독교의 성지 예루살렘이 저들의 지배 아래 떨어졌다. 다음 해에 안디옥, 두로, 가이사랴를 위시한 지중해 연안에 있는 15개 이상의 도시가 정복되었다. 나아가 지중해 연안의 북아프리카에서는 알렉산드리아가 642년에, 카르타고가 697년에 점령당했다. 지난날 터툴리안, 오리겐, 키프리안, 어거스틴 등 유명한 기독교 지도자들을 배출했던 도시들이 모두 이슬람의 수중에 들어가 버린 것이다. 이후 이 지역들은 오늘날까지 이슬람교 지역으로 남아 있게 되었다. 711년에는 지브롤터 해협을 건너 스페인을 침략하고 이베리아 반도까지 차지했다. 동시에 이슬람 세력은 동쪽으로는 인도의 푼잡(Pusjab)지역을 정복하고 비잔틴 제국의 수도 콘스탄티노플을 공략하였다.

   이슬람군은 스페인 피레네 산맥(Pyresees)을 넘어 유럽 중심부까지 침투하게 되었다. 종교, 정치 세력을 하나로 한 새로운 권력체제인 이슬람은 각 지역의 정권을 허물고 사람들에게 이슬람교로의 회심을 강요했다. 이슬람 장군 앱더 라하만(Abde-Rahman)이 그의 군대를 이끌고 북부 프랑크족의 영역에까지 세력을 미치게 됨에 따라 이제 서방의 기독교는 큰 위기에 봉착하게 되었다. 이때 이슬람 세력을 격퇴하고 서방의 기독교를 지킨 사람이 찰스 마르텔(Charles Martel)이었다. 당시 찰스는 게르만 민족 중 하나인 프랑크족 메로빙가 왕가의 보호자로 실제적인 통치자였다. 그는 용맹한 전략가로 이미 주변 여러 지역을 그의 통치 영역으로 이끈 전력을 가진 자였다. 732년 찰스 마르텔은 뚜르와 포아티(Poiters) 중간 지역에서 이슬람군과 맞붙어 격렬한 전투를 벌인 끝에 저들을 스페인으로 밀어내고 이슬람의 유럽 진입을 막아 내었다.

당시 찰스가 이슬람의 유럽 내륙의 진입을 막지 못했더라면 현재의 유럽 기독교 문명은 지금과 같이 않았을 것이다. 거의 1300년 지난 오늘도 당시 이슬람이 점령한 북아프리카 여러 지역들은 여전히 이슬람세계가 되어 기독교회의 선교를 저항하고 있기 때문이다. 하나님은 '쇠망치(Martel)'라는 이름을 가진 찰스의 뚜르에서의 승리를 통해 서방 기독교회 역사의 미래를 열어 주셨던 것이다.

21. 샤를마뉴 대제(Charlemagne)의 대관식

| 주후 800년 |

콘스탄틴 대제가 로마제국 내에서 기독교 신앙 자유를 선언하고, 이어 기독교가 제국의 종교가 되어짐으로 교회에 대한 속권(황제)의 영향이 커지게 되었다. 교회는 속권의 영향에서 벗어나려 했을 뿐 아니라 오히려 속권을 지배하려고 했기 때문에 차츰 교회와 국가 간에는 긴장이 생기게 되었다. 그 결과 서구 역사에서 종교와 정치는 불가분의 관계를 가져오게 되었다.

로마제국이 무너진 후에도 사람들은 기독교 제국에 대한 생각을 계속 가지게 되었다. 무엇보다 기독교 제국에서 교회와 국가 중 어느 쪽의 지도자가 최고의 권위를 가질 것인가 하는 것이 중요한 문제였다. 중세 전 기간동안 이 문제는 심각하게 대두되었다. 8세기 중엽에 교황 측은 교황의 우위를 점하기 위해 '콘스탄틴의 증여(The donation of

샤를마뉴가 새겨진 동전

Constantine)'라는 문서를 제시했다. 이 문서의 내용은 콘스탄틴 대제가 콘스탄티노플로 수도를 옮기게 된 것은 로마 교황에게 서방의 통치권을 주기 위함이었고, 그는 제국의 서방을 로마의 감독에게 증여했다는 것이다. 이런 전통을 따라 프랑크 왕 페핀 3세(Pepin 3, Charles Martel의 아들)도 롬바르디아족(게르만민족 중 하나)에게서 라베나(Ravenna)를 취해 교황에게 증여하게 되었다고 했다. 사실 이 문서는 15세기에 로렌조 발라에 의해 위조된 문서인 것으로 확인 되었다. 어쨌든 로마 교황이 그의 최고 권위를 확보하기 위해 이것을 사용했던 것으로 보아 이는 황제와 교황 사이의 상위 확보를 위한 권력 다툼이 매우 심각했다는 사실을 알 수 있다.

771년 찰스 마르텔의 손자인 샤를마뉴(Charlemagne)가 카롤링거 가의 통치자가 되었다. 그는 이후 30년 동안 그의 통치영역을 넓혀 전통적인 통치자로 등장하게 되었다. 롬바르디아족, 색슨족, 바바리아족 등을 차례로 그의 통치권에 복속시켰다. 그래서 그의 통치 영역은 오늘의 프랑스, 벨기에, 네덜란드, 현재 독일의 절반, 오스트리아 - 헝가리, 이태리의 반 이상, 스페인 북부 지역을 포함하여 옛 로마 제국 이후 가장 큰 왕국을 건설했다. 그는 정복하는 지역마다 로마 기독교와 그 조직을 이식했으며, 색슨족의 땅에 수도원을 세우고 감독을 두었다. 로마의 교황은 그의 정복에 선교적인 노력이 동반되고 있음에 크게 기뻐했다.

샤를마뉴는 그의 아버지 페핀이 교황에게 한 일을 인정하고, 그와 성약을 맺으며 그에 대한 보호를 약속했다. 샤를마뉴가 교황 레오 3세를 위해 로마에 소집한 공의회는 "사도적 자리(로마의 교황좌)는 모든 사람을 판단할 권리를 가지나 누구에 의해서도 판단을 받지 않는다"고 선언했다. 이로 말미암아 교황은 그의 대적들로부터 오는 모든 비난에서 벗어날 수 있었다. 이틀 후인 800년 성탄절에 교황 레오는 성 베드로 성당 제단 앞에 무릎을 꿇은 샤를마뉴의 머리에 황제의 관을 씌어 주었다. 이 때 모여 있던 로마의 귀족들과 고위 성직자들은 "하나님으로부터 제관을 받은 로마의 위대한 평화의 황제 샤를마뉴에게 장수와 승리가 있으라"고 외쳤다. 이 사건은 샤를마뉴가 프랑스의 왕일 뿐 아니라 서방 세계의 최고 통치자라는 것을 의미한 것이었다. 실상 교황은 이로 말미암아 황제의 권위가 교황으로부터 온다는 것을 보여주고 교황이 최고권을 가지게 되는 교회 제국(church-state)을 목표했으나, 샤를마뉴 황제는 기독교가 제국의 중심세력이 되기를 바랐지만 제국이 교황의 지배아래 있는 것은 원하지 않았다. 그 결과 교황의 권위와 황제의 권력에 대한 논쟁과 충돌은 중세 전 기간동안 이어지게 되었다.

샤를마뉴 대제는 두려움을 모르는 당당한 기사와 정치가이기도 했지만 독실한 신앙인이였고 학문을 장려한 지도자이기도 했다. 교회가 주는 어떤 명칭은 갖지 않았지만 교회 일에 능동적인 관련을 가졌다. 그에게 교회는 국가의 한 영역이었다. 당시 교회가 많은 토지를 소유해 그 재산을 처리하는 일이 문제가 되었을 때, 이 문제에도 관심을 가져 가난한 자를 보호하고 교회의 재원을 바르게 사용하도록 하였다. 순수하고 영적인 기독교를 추구하여 수도원의 외적 개혁과 내적 쇄신을 위해서도 노력했다. 예배의식에도 관심을 가져 그가 좋아하는 그레고리 찬가의 사용을 장려했다. 그리고 그때까지 산발적으로 사용되어 온 '사도신경'을 제국 내의 온 교회가 고백하게 함으로 제국 내에 교회 생활의 통일을 촉진시켰다.

또한 샤를마뉴는 문예 부흥을 일으킨 제왕이기도 했다. 그 시대에 가장 유명한 학자들을 초청하여 문화와 학문에 새로운 활력을 불어 넣었다. 국가와 교회를 돌볼 지도자를 양성하기 위해 궁정학교를 세우기도 했다. 그가 이를 위해 초청한 학자들 가운데 가장 유명한 사람은 영국 요크 대교회당 학교 교장이었던 앵글로 색슨족에 속한 알퀸(Alcuin, 735-804)이었다. 그는 황실의 교사로서 궁정 도서관을 설립하고, 뚜르 수도원의 원장이 되어 그곳에 중요한 학교와 도서관을 세우기도 했다. 알퀸은 바로 카롤링거 문예 부흥의 설계자였다. 그는 어거스틴 연구가로 고전 기독교 문화의 부흥을 가져왔다. 또 그는 할 말은 할 수 있는 당당한 신학자이기도 했다. 샤를마뉴 대제에게 그의 권세의 칼을 국가의 정치적 권세를 신앙을 강요하는데 사용하지 말라고 당당하게 말하기도 했다. 그래서 그는 교회와 국가의 역할에 관하여 두 칼이란 상징적 용어를 사용한 첫번째 사람이 되었다. 샤를마뉴는 이런 학자들과 함께 고전적 기독교 문화의 부흥을 가져오고 사람들이 책을 읽고 쓸 수 있도록 교육하는데 힘을 기울였다. 샤를마뉴는 역사상 그 어떤 통치자보다 그 시대의 많은 것을 지배한 사람이었다. 그는 참으로 큰 재능을 가진 전사요 학문의 장려자며, 친근한 교회 지도자요 질서의 유지자였다. 그 결과 그는 '샤를마뉴 대제'라는 이름을 얻게 되었다.

22. 러시아 왕자 블라디미르(Vladimir)의 개종

| 주후 988년 |

10세기에 비잔틴 제국은 콘스탄티노플을 수도로 발전된 군사력을 동원해 아랍인들에게 빼앗긴 땅을 되찾고, 지중해와 소아시아에 있는 옛 영토의 대부분을 회복했다. 바실 2세(Basil 2, 976-1025)에 이르러서는 비잔틴 제국의 정치와 군사력이 절정에 달했다. 예술과 문화도 최고의 발전을 이루고 콘스탄티노플의 학교는 미래의 대학의 터를 놓은 셈이었다. 이때가 비잔틴 제국의 전성기였고, 교회도 이에 공헌하며 많은 유익을 얻게 되었다.

이 시기 그리스 정교의 가장 큰 성공은 러시아가 기독교로 개종하도록 한 일이었다. 989년에서 1917년 볼셰비키 혁명(Bolshevik Revolution)이 있기까지 러시아의 종교, 예술 등 모든 문화는 비잔틴의 영향을 받은 것이었다. 처음 기독교를 받아들이려는 시도는 키예프(Kiev)의 왕 이골

(Igor)이 죽은 후 황태후 올가(Olga)에 의해서였다(957). 이는 당시 키예프에 있던 작은 기독교 공동체로부터 받게 된 좋은 인상 때문이었다. 그녀는 서방 황제 오토 1세(Otto 1)에게 선교사들을 보내 달라고 청원했다. 그러데 키예프에 온 선교사들은 선교에 성공을 하지 못했다. 그래서 그 지역은 여전히 이방 종교의 영역으로 남아 있었다. 러시아에 기독교가 수용된 것은 올가의 손자인 블라디미르(Vladimir)에 의해서였다.

블라디미르는 이교도로, 여러 신전들을 지었을 뿐 아니라 잔인한 자, 배반자 등으로 악명이 높았다. 거기다가 다섯 아내와 800명의 궁녀를 거느린 방탕한 통치자였다. 그가 전쟁에 나가지 않는 날에는 언제나 사냥을 하고 향연을 베풀며 즐기는 생활을 했다. 이런 통치자가 그의 백성을 기독교로 인도하리라고 생각하기는 어렵다. 하지만 이렇듯 상식적으로 기대할 수 없는 기적이 일어난 사실을 교회사에서 종종 보게 된다.

세상의 모든 통치자처럼 블라디미르도 그의 백성이 만족하며 살 수 있는 길이 무엇인가를 생각하게 되었다. 그는 백성에게 하나의 종교를 갖게 함으로 이를 이룰 수 있다고 판단하게 되었다. 그는 하나의 종교를 택하기 위해 이슬람교, 유대교, 로마 카톨릭, 그리스정교의 대표자들을 키예프로 초청하여 각기 자기 종교의 우수함을 설명하게 했다. 이때 그는 이슬람과 유대교로부터는 별 감동을 받지 못했다. 동서 기독교(로마 카톨릭교와 그리스정교)를 좋게 보았으나 그 중 어느 것을 택해야 할지 마음을 정하기 어려웠다. 그래서 그는 로마와 콘스탄티노플에 특사를 보내어서 실상을 살펴보게 했다. 콘스탄티노플에 갔던 특사들은 성 소피아 교회(St. Sophia)에서 진행되는 예배 의식의 장려함에 압도를 당하고 돌아왔다. 특사들은 다음과 같은 보고를 했다 "땅위에서는 그런

장엄하고 화려한 것이 없기 때문에 우리가 하늘에 있는지 땅에 있는지 몰랐습니다. 우리는 그것을 어떻다고 표현할 수 없습니다. 다만 우리가 아는 것은 그들의 예배가 모든 다른 곳의 예배를 능가한다는 것입니다. 우리는 그 아름다움을 잊을 수 없습니다."

전통에 따르면 블라디미르는 이 보고를 듣고 예배 의식의 아름다움 때문에 그리스정교를 택했다고 한다. 988년 블라디미르가 세례를 받게 되고, 그의 열두 아들들도 그를 뒤따라 세례를 받았다. 그는 세례를 받은 다음해 동방 황제 오토 2세(Otto 2)의 처제 앤(Anne)과 결혼을 했다. 그러나 이것이 비잔티움 제국에 복속하는 것을 의미하지는 않았다.

그리스정교의 예배 의식은 화려하고 아름다워서 그에 매력을 느낀 러시아인들은 설교보다 예배 의식에 더 큰 의미를 두게 되었다. 블라디미르가 세례를 받은 후 러시아인들도 그들의 정치적 지도자를 따라 옛 종교를 완전히 버리고 기독교로 개종하게 되었다. 당시 개종하는 이들에게 세례를 줄 사제들의 수가 충분하지 않아 키예프 강에는 수천 명이 줄을 서 기다렸다고 한다. 그러나 러시아가 하룻밤에 기독교 국가가 된 것은 아니다. 집단적 개종이 깊이 있는 변화를 가져올 수 없다. 그리스정교회 수도사들의 끊임없는 노력과 도움이 러시아인들을 새로운 종교로 인도하는 데 큰 기여를 하게 되었다.

러시아 교회는 슬라브 민족의 사도들인 메소디우스(Methodius)와 키릴(Cyril) 형제로 인해 마침내 그들 자신들의 언어인 슬라브어로 된 예배 의식서를 갖게 되었다. 그 결과 러시아인들은 블라디미르와 그의 후계자들이 지은 아름다운 교회당에서 자신들의 언어로 집행되는 아름다운 예배의식에 참여 할 수 있었다.

블라디미르는 개종 후 그의 생활 방식에 변화를 가져왔다. 먼저 비잔틴 제국 황제의 처제와 결혼하면서 그의 다섯 아내들을 다 내보내었다. 나아가 그는 우상을 제거하고 가난한 자들을 돌보았다. 새 종교 보급의 촉진을 위해 학교와 교회들을 세웠고 그의 아들 야로슬라브(Yaroslav)가 그를 이어 성경을 슬라브어로 번역하게 했다. 그 결과 러시아는 차츰 미개함에서 벗어나 거의 천 년간 지속된 새로운 기독교 문명의 시대를 연 것이다. 그러나 복음 설교 중심이 아닌 예배의식 중심의 그리스정교가 정착된 러시아의 기독교회는 비진리의 세력과 싸우는데 약할 수밖에 없다. 따라서 20세기 초 공산주의 혁명의 길을 막을 수 없었고, 공산 세계에서 풀려난 오늘도 화려한 의식만을 집행하는 형식적인 교회로 남아있다.

23. 동·서방 교회의 분열

| 주후 1054년 |

1054년, 기독교 역사상 최초로 큰 분열이 일어났다.

콘스탄틴 대제가 330년 제국의 수도를 서방 로마에서 동방 콘스탄티노플로 옮긴 후 두 도시는 700여 년 동안 정치적, 교회적으로 서로 대립해 왔는데 5세기 이후 로마를 중심으로 서방 교회와 콘스탄티노플을 중심으로 동방교회는 생활면이나 신학면에 있어서 갈수록 서로 큰 차이를 보이며 멀어져 왔었다. 그러다가 드디어 분열을 가져오게 된 것이다.

동서 교회가 서로 충돌하게 된 가장 중요한 원인은 신학적인 차이와 교권의 문제였다. 그렇지만 사소한 생활 습관의 차이도 큰 몫을 하게 되었다. 오랫동안 동방은 그리스어를 사용하고 서방은 라틴어를 사용했다. 성찬식에서 서방교회는 누룩없는 빵을 사용했는데, 동방교회는 누룩이 든 것을 사용했다. 서방의 사제들은 독신으로 살았지만 동방의 사제들은 결혼을 했다. 서방의 사제들은 수염을 기르지 않았지만 동방의 사제들은 수염을 길렀다.

신학에 있어서는 크게 세 가지 측면에서 차이를 나타내었다. 첫째, 서방교회가 그리스도가 완전한 신성과 인성을 가졌다는 칼케돈 신조를 고수한 반면 동방교회는 차츰 그리스도의 신성을 강조하는 단성론 쪽으로 기울어져 갔다. 둘째, 성상에 대한 논쟁이었다. 처음에는 성상(icons)에 대한 견해 차이가 없었으나 차츰 차이를 드러내었다. 그 결과 동방에서는 성상을 파괴하는 일이 일어났고, 서방에서는 이를 정죄하면서 서로 충돌을 가져왔다. 셋째, 성령의 나오심에 대한 교리 문제였다. 서방에서는 샤를마뉴대제 때에 '성령이 아버지로부터 오신다'는 칼케돈 신조에 '아들로부터(Filioque)'라는 말을 추가하여 '성령이 아버지와 아들로부터 오신다'고 했다. 동방교회에서는 이 추가 부분을 크게 반대했다. 특별히 이 문제는 곧 동서교회의 분열의 원인 가운데 하나가 되었다. 콘스탄티노플의 총주교인 포티우스(Photius, 810-895)는 서방교회가 '아들로부터'란 말을 첨가한 데 대해 가장 강하게 반대했다. 그는 동방교회 출신의 탁월한 신학자로서 성령이 아들로부터 온다고 말하는 것은 신성의 일치를 파괴하는 것이라고 했다. 결과적으로 그는 동서 교회의 대 분열에 대한 전조를 보인 인물이 되었다.

한편 858년에 동방 황제 미가엘(Michael)이 당시 총주교인 익나티우스(Ignatius)를 면직하고 아직 사제가 아닌 평신도 학자 포티우스를 콘스탄티노플의 총주교로 임명했었다. 이때 로마의 교황 니콜라스(Nicholas 1)는 그를 합법적인 총주교로 보지 않고 파문하게 되었다. 그러자 포티우스는 즉시 이에 맞서 그를 출교함으로 보복에 나섰다(867). 니콜라스 후에 로마의 교황 요한 8세가 동서 화해를 위해 포티우스의 총주교좌를 인정해 주는 대신 로마 교황의 최상권을 인정해 줄 것을 요청했다. 그러나 동방교회는 이를 수용하지 않고 제8차 에큐메니컬 공의회를 열어(869-879) 콘스탄티노플의 총감독좌의 독립성뿐 아니라, 로마 교황과의 동등권을 선언했다. 이후 포티우스는 8년 동안 동방교회를 교황처럼 다스렸다. 포티우스가 죽은 후 163년만인 1054년에 동서 교회의 대분열이 일어나게 되었다.

이 큰 분열을 가져온 인물들은 1043년에 콘스탄티노플의 총주교가 된 미가엘 케루라리우스(Michael Ceruralius)와 1049년에 로마 교황이 된 레오 9세(Leo)였다. 두사람 모두 강력한 성품을 가진 지도자였다. 레오는 영국 왕으로 하여금 웨스트민스터 대성당을 건축하게 만들고, 독일, 이태리, 프랑스, 영국, 스페인에 도덕적 개혁운동을 일으켰다. 케루라리우스는 총주교가 되기 전엔 학자이자 국가의 고위 관리였다. 그는 총주교로 임명된 후 두 가지 목적을 성취하려 했다. 첫째는 동방교회를 제국 황제의 지배(caesasropapism)로부터 벗어나게 하는 것이고, 둘째는 콘스탄티노플의 총주교가 로마 교황과 동일한 권력을 갖는 일이었다. 이를 위해 그는 로마 교황에게 다른 개혁보다 자신부터 먼저 잘못된 것을 개혁하라고 촉구했다. 성찬예식에 누룩이 들지 않는 빵을 사용하는 일, 토요일에 금식하는 일, 사순절에 알렐루야(Alleluia) 부르는 것을 금하는 일, 칼케돈 신경에 '아늘로부터' 라는 말을 첨가한 일, 사제의 독신 생활 등의 잘못을 들었다. 나아가 그는 콘스탄티노플에서 서방 교회 예배의식을 따르는 교회들의 문을 폐쇄했다. 로마의 교황 레오는 로마 교회가 최고의 존경과 순종을 요구할 수 있는 유일한 교회라고 주장하며 그의 주장을 단번에 거절했다. 콘스탄티노플의 케루라리우스는 로마 교황의 특사들이 왔을 때 저들을 받아들이지 않고 푸대접을 했다. 그 결과 1054년 7월 16일 교황의 특사들은 성 소피아 교회의 제단 위에 총주교와 그의 추종자들에 대한 파문장을 놓았다. 4일 후에 케루라리우스는 같은 장소에서 교황과 그의 추종자들에게 출교를 선언했다. 이로써 교회의 첫 번째 대 분열이 생긴 것이다. 이 후 동서 양 교회는 서로 아주 다른 길을 걷게 되었다.

그 후 케루라리우스는 교회를 황제의 지배에서 벗어나게 하기 위해 노력하였다. 그러다가 황제에 의해 면직을 당하게 되고 그는 비통과 환멸 속에서 세상을 떠나게 되었다. 교황 레오는 그의 특사들이 돌아와 그에 대한 출교의 소식을 알려주기 전에 별세를 했다.

1054년 동서 교회가 분열된 후 몇 번 분열의 치유를 위한 노력이 있었으나 성과는 없었다. 1453년에 터키족 이슬람이 콘스탄티노플을 점령하게 됨으로 저 유명했던 성 소피아 교회당은 모스크로 변해 버렸다. 현재 소피아 교회당은 박물관이 되어 있다. 동서 교회가 분열된 지 911년 만인 1965년 12월 15일 지난날 서로 출교를 했던 장본인들의 후계자들인 로마의 교황 바울 6세(Paul)와 콘스탄티노플 총주교 아테나고라스(Athenagoras)가 지난날의 상호간 선언한 출교를 취소하였다. 이로써 양 교회 간의 역사적인 큰 담은 헐린 듯 보이나 두 교회의 거리는 여전히 멀고 일치는 요원하다고 볼 수 있다.

24. 캔터베리의 대감독 안셀무스(Anselm)

| 주후 1033-1103년 |

"나는 이해하기 위해 믿는다."
(안셀무스)

안셀무스는 이태리 출신으로 1094년에 영국 캔터베리의 대감독이 되었는데, 그는 특별히 중세 초기 스콜라철학을 주도한 큰 인물이었다. 1033년에 이태리 알프스의 롬바르드 농장 주인의 아들로 태어난 그는 그의 아버지가 법을 공부하기 원했지만 이를 거절하고 여러 해 동안 유럽을 배회하였다. 그 후 그는 알프스를 넘어 프랑스에 들어가 1059년에 노르망디의 벡(Bec)에 있는 수도원 학교에 들어갔다. 그 시대에는 총명한 수많은 젊은이들이 삶의 가치를 찾아 수도원을 찾았었다. 이 벡 수도원에는 랑프랑크(Lanfranc)라는 저명한 교사가 지도를 하고 있었다. 안셀무스는 그의 권유를 받아 1060년에 수도사의 서약을 하게 되고, 1063년에는 수도원의 부원장이 되었다.

1066년에 노르망디 출신인 윌리암(William)이 영국을 정복하게 되었다. 새로운 왕이 된 그는 많은 노르망디인 교사와 사제들을 영국으로 데려오게 되었다. 그들 가운데 랑프랑크도 있었는데 그가 1070년에 캔터베리의 대감독이 되었다. 안셀무스가 벡 수도원의 원장으로 스승의 뒤를 이었고 영국도 몇 차례 방문하게 되었다. 1093년에 정복자의 아들인 윌리암 2세(William Rufus)가 안셀무스를 캔터베리 대 감독으로 만들었다. 이후 안셀무스는 윌리암 2세를 비롯해 그의 계승자인 헨리 1세와 교회의 성직 수여권 문제로 크게 충돌하게 되었다. 교권과 속권의 충돌이었다. 공격적이고 고집 센 왕 윌리암 2세(Rufus)는 종교영역인 교회의 사제를 지명할 권리를 주장하고 이 권리를 쥐려했다. 그런데 안셀무스는 겸손한 성격을 가진 사람이였지만 직분의 영적 독립성을 주장하며 양보하지 않았다. 그 결과 안셀무스는 얼마동안 이태리에 강제로 유배당하게 되었다. 왕이 죽은 후에 안셀무스는 다시 영국의 대감독으로 돌아왔다. 그러나 새로운 왕인 헨리 1세도 부왕처럼 평신도 성직 수여권을 계속 행사하는 것을 보고 또다시 이에 반대함으로 1103년, 두번째 유배를 당하게 되었다. 유배를 끝내고 돌아온 1107년, 그는 남은 생애를 캔터베리 대감독으로 지냈다. 그는 이 동안 정기적인 교회 회의를 열고, 사제의 독신생활을 강조하며, 노예상을 억제하는 등 여러 개혁을 단행하였다. 안셀무스는 영국에 있는 동안 인정 많은 목자요 유능한 행정가임을 보여주었다. 그는 또 대륙에서 유배생활을 하는 동안 위대한 신학자임을 보여주기도 했다. 그의 이름난 저서들은 이때에 집필된 것이었다.

안셀무스는 '실재론자'였다. 계시된 진리를 이해하기 위해서는 이성의 작용이 필요하다고 주장했기 때문이다. 이런 주장은 그가 매우 극단적인 합리주의자라는 인상을 갖게 만든다. 그는 그의 '논설(Proslogium)'에서 하나님의 존재를 논리적으로 증명하려고 노력했다. 하나님이 존재하신다는 것을 성경에 호소하지 않고 본체론적으로 보이려 한 것이다. 더 큰 어떤 것도 더이상 상상할 수 없는 그 분이 하나님이라고 했다. 인간이 상상할 수 있는 최고자는 인간 지성에만 존재할 수 없고 실제로 존재한다는 것이다. 그의 합리적인 이론이 정통적 신앙과는 모순이 된다는 비난을 받았을 때, 그는 신앙이 이성을 올바로 사용하도록 이끈다고 응수하며 '이해는 믿음의 보상'이라고 말한 어거스틴을 따라 "나는 이해하기 위해 믿는다.(credo ut intelligam)"는 유명한 말을 했다. 그는 신자로서 이단과 불신자들에게 정통진리를 수용하게 하기 위해서는 합리적인 증명이 필요하다고 생각한 것이다. 그러나 그는 이런 합리적인 방법을 강조함으로 성경을 통해 그의 백성에게 직접 말씀하시는 단순한 하나님의 언약의 말씀과 그의 백성의 거리를 멀어지게 만들었다.

안셀무스는 "하나님이 왜 사람이 되었는가(Cur Deus Homo?)"라는 글에서 그리스도의 성육의 교리를 다루고 그의 유명한 속죄의 교리를 명료하게 나타내었다. 그는 그레고리 1세 이후 널리 유행된 보상설에 반박했다. 그는 인간의 죄는 마귀에게 진 빚이 아니고 하나님께 진 빚이요, 그리스도의 죽음만이 상한 하나님의 명예에 만족을 줄 것이라고 주장했다. 그의 저서의 제목이 암시하는 대로 그는 '어떤 필수적인 이유로 하나님이 인간이 되고 세상을 위해 생명을 주었는가'라는 질문에 답을 주었다. 그 답의 내용을 정리하면 다음과 같다.

"사람이 범죄함으로 우주의 주이신 하나님이 그의 영광에 손상을 입었다. 하나님은 우주의 도덕 질서를 유지하기 위해 사람을 용서해 주기 원하나 죄를 간과할 수 없다. 죄에 상응하는 속죄가 있어야만 한다. 사람이 죄를 범했기 때문에 사람만이 속죄할 수 있다. 그러나 사람은 죄인이기 때문에 스스로 속죄를 할 자격이 없다. 그래서 하나님이 사람이 되었다. 결국 하나님이면서 사람이 되신 그리스도가 속죄를 이루었다"는 것이다.

이런 안셀무스의 설명은 속죄 만족설, 혹은 속죄론이라고 불리며 이후 서방교회가 일반적으로 받아 내려오는 속죄의 교리가 되었다. 이 속죄론은 "하나님께서 그리스도 안에 계시사 세상을 자기와 화목하게 하시며 저희의 죄를 저희에게 돌리지 아니하시고 화목하게"하셨다는 고린도후서 5:19의 말씀에 따른 것이었다.

안셀무스는 신앙을 위해 합리적 논리를 사용한 중세 초기 스콜라 철학자들의 선구자 중 한 사람이었다. 그는 성경을 잘 알았지만 인간 논리의 힘을 사용하기를 원했고, 성경에 기반을 둔 신앙을 제쳐두고 논리적으로 교리를 증명하려고 하였다. 이것이 안셀무스를 위시한 중세 스콜라 학자들이 따른 길이었다. 이 스콜라 철학은 차츰 하나님의 말씀의 빛을 흐리게 하는 어두운 시대로 인도하였다.

25. 카노사(Canossa)성에서의 교황과 황제

| 주후 1077년 |

중세 교회사는 교권과 속권이 서로 우위를 차지하기 위해 충돌한 역사를 계속 보여 준다. 콘스탄틴이 330년 수도를 동방 콘스탄티노플로 옮긴 후 동방교회에서는 황제가 총주교를 임명하고 공의회를 소집함으로 교권을 지배하게 되었다. 그래서 동방(그리스) 정교회에는 가끔 속권과 교권 간에 충돌이 있기는 했지만 황제지배체제(caesaropapism)가 자리를 잡았다. 이런 전통은 러시아에 공산혁명이 일어나고 공산주의자들이 정권을 잡게 되었을 때에도 그대로 나타났었다. 교회가 속권에 저항 없이 복종하는 결과를 가져온 것이다.

그런데 서방 교회는 동방의 그리스정교회와는 달랐다. 로마의 교황은 황제가 로마를 떠남으로 남긴 정치적 공백을 자신이 채우게 됨에 따라 교권뿐 아니라 속권도 행사할 수 있게 되었다. 이후 로마의 교황들은 제왕보다 우위한 입장을 차지하기 위해 갖은 방법을 동원하였다. 교황이 항상 제왕들보다 우월한 위치에 있지는 못했지만, 동방교회와는 달리 교황이 계속 제왕의 통치는 받지 않았다. 예수님께서는 "내 나라는 이 세상에 속한 것이 아니라(요 18:38)"고 하셨으나 로마의 교황들은 제왕들과 끊임없는 충돌을 하면서 이 세상 제왕들의 왕이 되기 위해서 모든 수단을 동원했다.

교황과 제왕과의 충돌의 절정은 11세기에 교황 그레고리 7세(Gregory 7)와 황제 헨리 4세(Henry)와의 사이에 나타났었다. 이 충돌은 교황과 황제 중 누가 대감독을 임명하느냐 하는 문제가 가장 큰 원인이었다(Investiture). 1059년에 교황 니콜라스 2세가 중요한 사제들의 선택은 교회의 영역이고 세속적인 통치자에게 속한 것이 아님을 분명히 했었다. 그 후 1073년에 교황으로 추대된 힐데브란드(Hilderbrand)는 교황의 권위를 최고로 높였다. '그레고리 7세'라 불린 그는 교황은 하나님이 정하신 세계의 통치권자이기 때문에 모든 세상 나라들의 통치자들은 그들의 영적 유익을 위해서 뿐 아니라, 선한 정치를 위해서도 교황에게 복종해야 한다고 했다. 그리고 교황만이 감독을 세울 수도 있고 면직할 수 있으며, 황제를 폐위시킬 권한도 가지고 있다고 했다.

당시 독일의 황제 헨리는 자신이 어려울 때는 교황 그레고리의 뜻을 존중했었다. 그러나 그가 제국 내 대적들을 제압하고 그의 자리가 공고해지자 교황의 뜻을 거슬러 밀란(Millan)의 대감독을 스스로 임명하게 되었다. 교황이 그를 질책하는 서한을 보냈으나 그는 보름스(Worms)에서 감독회의를 소집하고 교황의 권위를 부정하였다. 이에 교황 그레고리 7세는 로마에서 교회공의회를 소집해 황제 헨리의 파문을 선언하고, 독일과 이태리 지역에 그의 권위행사를 정지하며, 그 지역에 사는 모든 백성들과 맺은 황제에 대한 충성서약 해제를 선언했다. 이에 황제 헨리는 교황에게 "이제 그대는 교황이 아니고 거짓된 수도사"라고 선언하고 격렬하게 반격을 가했다.

이때 독일의 모든 지역이 그의 통치 아래 하나가 되어 있었다면 그는 교황을 압도할 수 있었을 것이다. 그러나 이때 제국 내에 그에게 호의를 갖지 않았던 귀족들 중 그의 대적들이 이를 기회로 반기를 들게 되었다. 황제는 이 반대 세력을 진정시킬 수 없었다. 1076년 10월에 저들 귀족들이 모여 황제가 일 년 안에 교황으로부터 사면을 받지 못하면 폐위하게 될 것이라고 선언했다. 그리고 저들은 교황과 교회적 정치적 문제를 논의할 목적으로 1077년 2월에 아우스부르그(Ausburg)에서 회의를 갖기로 하고 교황을 초청했다. 이제 황제 헨리는 그의 왕좌를 잃어버릴 위험에 처하게 되었다. 그는 사면을 받기 위해 최선을 다했으나 교황은 모든 호소를 거절하고 아우스부르그에서 이 문제를 해결하기 원했다. 황제는 이제 황제의 자리를 지키기 위해서는 중대한 결심을 하지 않을 수 없게 되었다.

황제 헨리는 교황이 아우스부르그에 이르기 전에 그를 만나 사죄를 받고 사면을 받아야 했다. 그는 한 겨울에 알프스 산맥을 넘어 교황이 독일로 오는 길을 찾아 북이태리에 이르렀다. 그리고 교황이 아우스부르그로 오는 길에 그의 열렬한 지지자 여백작 마틸다(Matilda)의 소유인 카노사(Canossa) 성에 머물고 있음을 알게 되었다. 그는 눈 내리는 겨울 성문 앞에서 사흘 밤낮 동안 맨 머리, 맨 발로 서서 참회자의 모습

카노사의 바위

을 보이며 교황에게 사면을 호소했다. 교황은 사면을 해 주지 않을 수 없었다. 1077년 1월 28일에 황제 헨리는 교황으로부터 사면을 얻는데 성공했다. 이로써 황제는 아우스부르그에서 교황의 주재 아래 모이게 될 운명적 회의를 막을 수 있었다. 황제의 제거를 목적했던 교황의 계획은 어긋나고 말았다. 이 사건은 중세 시대에 교권 앞에서 속권의 큰 수욕으로 언제나 기억되어 왔다.

그러나 이후 황제 헨리는 곧 그의 세를 회복할 기회를 얻게 되었다. 이때 교황 그레고리는 1080년 3월 로마에서 회의를 열고 황제 헨리를 다시 출교하고 폐위를 선언했다. 하지만 정치적 무기로 사용된 교회의 징계가 다시 전과 같은 효과를 나타낼 수 없었다. 황제는 같은 6월에 감독회의를 소집하여 교황을 폐위함으로 맞서게 되었다. 이때 황제 헨리는 제국 내 적대 세력을 평정하고 무적의 강자로 등장하게 되었던 것이다. 1081년에 그는 이태리를 침공하고, 3년 후에는 로마를 점령하게 되었고 이후 로마의 시민들과 추기경들의 상당수가 황제의 편에 서버렸다. 결국 1084년에 황제는 그가 선호하는 대감독 비베르트(Wibert)를 교황의 자리에 오르게 하고, 이 교황은 헨리 황제에게 제관을 씌워 주었다. 그레고리는 끝까지 버티었으나 결국 망명자가 되어 1년 후인 1085년에 살레르노(Salerno)에서 세상을 떠났다. 주께서 일찍이 유대 지도자들의 정치적 질문에 "가이사의 것은 가이사에게 하나님의 것은 하나님께 바치라(마 22:21)"고 하심으로 이미 정교분리의 원칙을 가르치셨지만 중세 교회는 교권과 권력에 집착하여 이 교훈을 외면함으로 하나님의 영광을 크게 훼손시켰다.

26. 제1차 십자군

| 주후 1095년 |

십자군이란 중세적 정신의 전형적인 산물이다. 이슬람이 점령한 성지를 되찾는 것이 그리스도를 위한 일인 줄 알고 칼과 창으로 그 땅을 정복하기 위해 나선 것이다. 이를 위해 자원한 전사들이 모두 갑옷에 십자가 기장을 달았었기 때문에 이들에게 십자군(crusade)이라는 이름이 붙여졌다.

십자군을 일으킨 배경에 관해서는 여러 가지 설명이 있어왔다. 거의 백 년 동안 대부분의 유럽 지역을 휩쓴 거듭된 흉년으로 고통과 불안이 가득하여 많은 사람들이 변화를 요구했다. 고통이 가득한 세상을 살아온 많은 사람들은 하늘의 복락을 추구하며 다른 세계에 대한 강한 열망을 갖게 되었다. 그리고 그 시대에 경건한 생활을 하기 원하는 사람들은 성유물과 순례에 큰 관심을 가지고 있었다. 콘스탄틴 시대 이후 기독교인들에게 예수님이 사시고 죽으시고 부활하신 유대 땅은 언제나 가장 귀한 순례지였다. 638년 이슬람이 유대 땅을 점령한 이후에도 예루살렘을 순례하는 데 큰 방해를 받지 않았다. 그런데 1071년 셀주크 투르크족이 소아시아와 예루살렘을 정복한 후부터 순례는 불가능하게 되었다.

이러한 상황에서 로마의 교황들은 콘스탄티노플의 황제로부터 셀주크 투르크족을 격퇴하는 일을 위해 도와 달라는 요청을 받

안디옥의 포위

게 되었다. 교황 그레고리 7세도 이미 황제 미가엘 7세(Michael)로부터 도움 요청을 받았었다. 야심에 찬 그는 이것이 분열된 동방 교회에 영향을 끼칠 수 있는 좋은 기회로 알고 1074년에 5,000명의 군사 동원이 가능한 독일 황제 헨리 4세에게 이를 알렸다. 그러나 그의 계획은 성직 수여권을 둘러싸고 그와 심한 충돌을 하게 됨으로써 아무런 결과를 가져오지 못했다.

그 후 1088년에 프랑스 출신 우르반 2세(Urban)가 교황이 되었다. 이때 동방 제국의 황제 알렉시우스 1세(Alexius)가 제국을 위협하는 이슬람 터키족의 위협에 대처하는데 어려움을 느끼고 교황 우르반 2세에게 도움을 요청했다. 이때 교황은 그의 요청을 받아들임으로 얻게 될 몇 가지 큰 이익을 생각하게 되었다. 첫째, 1054년 동서 분열 이후 동서 교회의 교제가 단절되어 있는 상황에서 이 기회를 통해 동방교회에 영향을 미쳐 가까이 이끌 수 있는 가능성을 내다보았다. 둘째, 하찮은 일로 서로 다투고 있는 군주들의 관심을 모두 여기에 집중시킴으로써 서로 연합할 수 있는 기회를 삼을 수 있을 것이라 보았다.

교황은 황제가 보낸 특사들에게 도움을 줄 것을 약속하고 1095년 11월 동 프랑스에 있는 끌레어몽(Clermont)에서 공의회를 소집하여 십자군 원정의 필요성을 역설하였다. 그는 이방인들로 말미암아 성지가 파괴되고 신성이 모독을 당하고 있다고 하며, 성지를 탈환하기 위해 가는 군대를 그리스도께서 친히 인도해 주실 것이라고 설교했다. 나아가 십자군에 참여하는 모든 용사들에게는 세금을 면제해 주고, 완전한 죄의 사면을 선포하며, 그들에게 영생의 면류관이 있음을 약속했다. 또 제왕들에게 대내적인 다툼을 그치고 악한 종족들을 성지에서 추방하기 위해 연합할 것을 촉구했다. 그의 설교가 끝났을 때 청중들은 "하나님이 그것을 원하신다!(Deus Vult! Deus Vult!)"고 한 목소리로 외쳤다. 교황은 이것을 십자군의 표어로 삼았다.

교황의 특사들이 유럽을 가로질러 여행하면서 성지 탈환을 위한 지원자들을 모집하였다. 이때 특히 프랑스와 이태리의 전사들이 열광적 반응을 보여 곧 세 개의 큰 군대 집단이 형성되었다. 기사들을 포함한 귀족들과 많은 농민들이 이에 가담했다. 그런데 십자군으로 모인 사람들의 목적이 동일하지는 않았다. 성지를 탈환하고자 하는 단순한 종교적 목적을 가진 사람들이 있는가 하면, 어떤 이들은 경제적인 이득을 얻기 위해 가담하기도 했다. 세 십자군 집단은 집합 장소를 콘스탄티노플로 정하고 1096년 8월에 출발하였다. 1096년에서 1097년 사이 겨울과 봄에 저들은 철갑옷으로 무장하고 콘스탄티노플에 도착하였다. 황제 알렉시우스는 비록 도움을 요청한 형편이었지만 위협을 느끼기도 했다. 저들은 황제의 도움을 받아 5월에 니케아를 점령하고, 남진하여 10월 안디옥에 도착하였다. 이슬람 터키족과 어려운 접전을 한 후 1098년 6월이 되어서야 안디옥을 점령할 수 있었다. 1099년 6월에는 예루살렘에

도착하였고, 7월 15일에 그 곳에서 대학살을 감행하며 그 성을 점령하게 되었다. 당시 십자군들이 사용한 전략은 '포로로 잡지 말라'는 것이었다. 이는 곧 적군은 다 살해하라는 것을 의미했다. 그 참상을 본 어떤 사람은 "군대들은 그들의 말 고삐까지 피로 물들이며 달렸다."고 썼다. 8월 12일 이집트의 원군까지 격파하며 제1차 십자군은 큰 성공을 거두었다.

저들은 예루살렘을 점령하고 예루살렘 라틴 왕국을 건설한 후 십자군의 영웅 갓프리(Godfrey of Bouillon)를 통치자로 세웠다. 그리고 대적으로부터 성을 보호하기 위해 새로운 성도 쌓았다. 이때 쌓은 성의 일부가 지금도 남아 있다. 뒤이어 군사적 수도사 종단이 생겨 그 곳을 지켰다. 이후 12, 13세기에 걸쳐 적어도 7, 8회의 십자군 동원이 이어졌으나 제1차 십자군 외에는 별다른 성공을 거두지 못했다. 1244년에 예루살렘은 다시 이슬람의 장중에 들어가게 되고, 이후 예루살렘은 기독교 도시로 회복되지 못했다.

250여 년 계속된 십자군 전쟁은 교회, 사회, 문화, 경제에 큰 영향을 미쳤다. 그러나 교회적이고 신앙적인 입장에서 관찰할 때 실패였음이 틀림없다. 전쟁은 국가의 소관이고 교회의 영역이 아닌데도 교회가 주도를 하게 된 것이다. 전쟁은 공의를 위한 것이고 신앙을 위한 것이 아닌데도 신앙을 앞세웠던 것이다. 십자군 전쟁은 교황의 지위를 강화하여 서부 유럽의 최고 통치자로 군림하게 만들었다. 나아가 교황은 이슬람에 대해서 뿐 아니라, 교회 내의 이단자에 대해 십자군에 의한 정벌을 선언하고 종교 재판까지 도입하였다. 성경의 가르침을 벗어나 교회가 칼을 사용한 일은 중세교회를 더욱 어두운 시대로 인도하게 된 것이다.

27. 파리대학과 옥스퍼드 대학의 설립

| 주후 1200?년 |

12세기 이전 유럽에는 아직 오늘날의 대학과 같은 형식을 갖춘 학자를 길러내는 고등교육 기관이 없었다. 고등교육은 대성당이나 수도원 안에 있는 학교에서 하게 되었다. 이런 학교 교육은 12세기에 가장 번성했다. 스승들의 수가 점점 많아지고 그들에게 많은 학생들이 모여들었다. 파리에는 '로테르담' 대성당의 학교가 잘 알려져 있었다. 안셀무스, 아벨라르드, 성 빅토의 휴고 등이 그 시대에 활동한 가장 탁월한 스승들이었다. 학생들이 유럽 각지에서 모여들었다. 신학에 있어서 프랑스 파리와 영국 옥스퍼드가 가장 유명했다. 확실한 연대를 추정하기는 어렵지만 이런 환경 가운데서 대학이 나타나고 발전하게 되었다. 이것이 큰 변화였기는 하지만 이전에 전혀 없었던 교육을 시작하는 것은 아니었다.

당시의 상공업계의 동업조합 (guild)의 방식을 따라 학생과 스승이 한 집단을 이루어 만들었던 조합형식의 조직이 대학의 효시를 이루었던 것이다. 이는 교육의 바람직한 질서뿐 아니라, 효과적인 운영을 위해서

옥스퍼드 중심의 대학들

도 필요했었다. 일반적으로 오늘 영어로 'university'를 종합 대학교로, 'college'를 단과 대학으로 이해하게 된다. 그러나 이때 중세의 라틴어 단어 'universitas'는 일반적으로 '동업조합'이라는 의미를 가지고 있었다. 그래서 파리 대학은 처음 '교사들과 학생들의 동업조합(universitas magistrorum et scholarium)'으로 알려졌었다. 이런 조직의 시작은 1200년 경이었다고 생각된다.

유럽 대륙에서 이태리의 볼로냐(Bologna)와 파리 어느 곳에서 먼저 'universitas'를 시작하게 되었는지에 대하여는 논란이 있다. 볼로냐는 1088년에 이르네리우스가 법률학교를 세웠고, 1158년에 황제 프레드릭 바르바롯사가 이를 허가했다고 주장한다. 현재 볼로냐 대학의 기장에는 '1088'이라는 연대가 새겨져 있다.

대학을 의미하는 'universitas'란 이름은 파리로부터 왔다. 중세 파리에는 모든 상업분야가 잘 조직화 되어 있었다. 파리의 로테르담 대성당 학교는 일찍부터 이름난 교사들이 많은 학생들을 끌어모아 그곳에서부터 대학이 자라게 되었다. 교사들과 학생들이 세느(Seine) 강을 따라 총장(chancellor)의 권위 아래 동업조합의 일종인 협회를 조직하였다. 총

장은 파리 감독의 책임 아래 가르치는 인허를 해주는 책임을 맡았었다. 1200년에 프랑스 왕 필립 2세가 이 대학을 공식적으로 인정했다. 그래서 교사와 학생들은 그 시대에 사제가 누리는 것과 같은 사회적 특권을 누리게 되었다. 1211년에는 교황 이노센트 3세가 대학의 공식 입장을 확인해 주었다.

1229년에서 1231년 사이에는 대학의 전 직원이 교육과정의 통제 문제로 감독들과 충돌하게 되어 대학의 기능이 일시 정지되기도 했다. 그러나 교황 그레고리 9세가 대학의 자치를 약속함으로 이 문제는 해결되었다. 이제 파리 대학은 유럽의 알프스 산맥 이북 지역에서 학문의 중심이 되었다. 교사와 학생들은 언어와 민족의 배경을 따라 프랑스, 영국, 독일, 노르망디, 저 지역(오늘날 네덜란드, 벨기에) 나라들의 네 집단으로 이루어져 있었다. 민족적인 구별에 따라 학생들에게 숙소가 제공되었다. 이것이 대학 속에 칼리지(colleges) 체제가 이루어지게 된 배경이다. 즉 당시의 칼리지의 개념은 오늘날의 그것과는 전혀 다른 것이다. 현재도 유럽의 전통이 살아 있는 나라들에서는 기숙사 이름을 칼리지라고 부르고 있다.

파리 대학에는 인문학, 의학, 법학, 신학의 네 학부가 있었다. 인문학은 가장 낮은 학부로 이것을 마치게 될 때에 다른 세 높은 학부에서 연구를 계속할 수 있었다. 교육 방법은 강의와 토론이었다. 이로써 학생들이 가진 지식과 재능이 드러나게 되었다. 기본적 학위는 '학사(Bachelor)'인데 이는 학문적인 협회(guild)에 들어오기 위한 도제 과정으로 볼 수 있다. 둘째 학위인 석사 혹은 박사 학위는 숙련공의 자격을 받는 것과 비슷하여 기회가 주어질 때 가르칠 수 있는 자격을 얻는 것이었다. 당시 학문을 위한 유일한 공통언어는 라틴어였다. 그러므로 이름난 대학은 유럽 전 지역으로부터 학생을 끌 수 있었다.

유럽 대륙과는 항상 독립적인 길을 걷는 영국에도 이미 11세기 말에 대학 설립의 분위기가 조성되었다. 옥스퍼드가 그 중심에 있었다. 유럽 대륙으로부터 온 교사들과 다른 여러 학자들이 그곳에 정착을 하고, 1096년에 이미 강의를 시작한 것으로 알려졌다. 1167년 파리는 외국인들을 추방하게 되었다. 이때 많은 학자들이 영국으로 와서 옥스퍼드에 정착했다. 잘 알려진 최초의 외국 학자로는 1190년 독일 서북지역인 프리스란드에서 온 에모(Emo)였다. 1201년으로부터 옥스퍼드 대학의 수장이 챈슬러(chancellor)로 불려졌다. 1231년에 교사들의 조합(universitas)이 인정되었다. 학생들은 지역을 기반으로 연합하여 집단을 이루며 생활했다. 스코틀랜드를 포함하는 북부지역과 아일랜드, 웨일즈를 포괄하는 남쪽 지역을 대표하는 두 집단이 있었던 것이다. 이런 제도는 지속되어 각 집단이 합숙하는 곳을 '칼리지' 혹은 '홀(Hall)'이라 부르게 되었는데 이런 전통은 영국계 나라에서 지금까지 내려오고 있다.

13세기는 학문의 전성기였다. 파리, 옥스퍼드, 볼로냐 대학들이 신학, 철학, 과학의 중심지가 되었다. 이런 전통이 오늘날까지도 전해 오고 있다. 이 대학들은 14세기 이후 문예부흥과 종교 개혁을 초래하게 하는 중심 기관이 되었다.

28. 어둠 속의 빛 왈도파(Waldenses)

| 주후 1170년 |

> "빛이 어둠에 비취다."
> (왈도파의 표지)

중세는 어두운 시대였다. 중세를 '암흑시대(saeculum obsculum)'라 처음 부른 사람은 16세기의 저명한 로마 카톨릭 교회 사학자 바로니우스(Caesar Baronius)였다. 어떤 역사가들은 9, 10세기를 신정정치(theocracy)가 아닌 호색정치 시대(pornocracy)라고도 했다. 교황의 권위가 땅에 떨어지고 교회 생활이 여지없이 세속화되었기 때문이다. 어떤 교황은 그의 친척이 휘두른 망치에 맞아 죽고, 어떤 교황은 죽은 후 무덤에서 들려나와 죽은 채로 심판받기도 했다. 교황이 8년 동안(896-904) 열 번이나 바뀐 일도 있었다. 이 시절 교황은 한 달 만에 혹은 20일 만에 바뀌기도 했다. 심지어 여인 데오도라와 그의 두 딸이 몸을 팔면서 로마와 로마교회를 지배하는 일도 있었다. 이 중 한 여인은 교황과 부정한 관계를 가져 사생아를 낳게 되고 이 아이가 뒤에 교황이 되기도 했다.

11, 12세기에는 십자군 원정과 함께 교황의 자리가 확고해지고 그 권세가 절정에 이르렀었다. 특히 이노센트 3세(Innocent, 1198-1216)는 자신을 그리스도의 대리자(Vicar of Christ)라고 부른 최초의 교황이었다. 그는 그리스도가 베드로와 그의 후계자들에게 교회의 통치뿐 아니라 세상의 통치도 맡겼다고 선언했다.

이런 어두운 시대에 한 평범한 신자가 빛으로 등장했다. 그가 피터 왈도(Peter Waldo)이다. 왈도는 교황권이 절정에 이른 그 시대 교회에 의도적으로 반기를 들고 나타난 것은 아니었다. 그는 원래 프랑스 리용(Lyons)에 사는 부유한 상인이요 평범한 신자였다. 그는 어느 날 떠도는 음유시인의 노래에 감명을 받은 후 한 사제에게 하나님께 나아가는 최선의 길이 무엇이냐고 물어 보았다. 사제는 금욕생활에 대한 본문인 "네가 온전하고자 할진대 가서 네 소유를 팔아 가난한 자들에게 주라. 그리하면 하늘에서 보화가 네게 있으리라. 그리고 와서 나를 좇으라."는 예수님의 말씀으로 답을 하였다. 왈도는 이 말을 문자적으로 받아들여 실천에 옮겼다. 그의 많은 소유 중에 얼마를 그의 아내와 두 딸들에게 주고, 나머지 모든 재산을 가난한 자들에게 나누어 주었다.

왈도는 두 사람의 협력을 얻어 신약 성경을 프랑스어로 번역하고, 긴 장절들을 외웠다. 이제 그는 그리스도께서 사도들에게 명하신 말씀을 따라 살기로 결심하고 두 벌 옷을 갖지 않고 맨발로 걸으며 주는 대로 믹으면시 복음 전파에 나섰다. 7가 성과 촌을 다니며 설교한 결과 많은 사람들이 그를 따랐다. 저들이 모두 왈도의 생활의 본을 따랐기 때문에 그 무리는 '리용의 가난한 사람들'로 불렸다. 저들은 둘씩 짝을 지어 다니며 복음을 전했다.

기존 교회와 대조적인 저들의 전도 활동을 지켜 본 리용의 대감독은 저들에게 설교 금지령을 내렸다. 그러나 왈도는 "사람보다 하나님을 순종하는 것이 마땅하니라(행 5:29)"는 말씀에 따라 금령에도 아랑곳하지 않고 설교하고 다니는 일을 계속했다. 왈도와 그의 친구들은 설교 허락을 얻고자 1179년 교황 알렉산더 3세를 찾아갔으나 거절당했다. 이에 왈도는 교황의 금령을 하나님의 음성을 거스르는 인간의 음성이라고 단정하고 설교를 계속했다.

결국 이들은 모두 1184년 교황 루키우스 3세(Lucius)에 의해 출교를 당하게 되었다. 그런데 왈도파는 교회로부터 출교를 당한 후 흩어지고 사라진 것이 아니라 더욱 힘을 얻게 되었다. 프랑스와 이태리에서 속화된 교회에 실망한 많은 기독교인들이 저들을 따르게 되었다. 또 밀란 주변에서 베네딕트 수도원의 규칙을 따라 금욕과 참회로 공동 생활을 해 온 한 경건한 종단(humiliati)도 이들에게 합류하게 되었다.

교황 이노센트 3세(Innocent, 1198-1216)는 다시 이들을 로마 교회로 돌이키기 위해 노력했다. 그 결과 일부는 로마교회로 돌아갔지만 상당수는 그대로 남아 있었다. 이때 교황은 1208년 이단에 대한 십자군 정벌을 선포했다. 이 십자군은 처음에 주로 남프랑스에 자리를 잡은 카타리 이단(Cathrai = Algigenses)을 겨냥한 것이었지만, 왈도파도 그들과 같은 정벌 대상이 되어 무서운 박해를 받게 되었다. 이 이단 정벌에 나선 십자군은 "모두 죽여라. 하나님은 자기의 것을 아신다."는 구호 아래 한 마을에 사는 모든 사람들을 몰살하기도 했다. 이어 조직적 종교 재판(Inquisition)이 도입되고 이단자들은 무서운 형을 받게 되었다. 스트라스부르크에서는 한꺼번에 50명이 화형을 당하였다. 결국 왈도파는 이태리와 프랑스 접경 지역인 알프스 산록으로 피해 가서 살게 되었다.

왈도와 그의 추종자들은 이단이 전혀 아니었다. 그들은 사도적인 가르침을 받아 검소한 생활을 하고 성경을 모국어로 읽고 전하기를 원하는 그 시대의 정통 신앙인들이었다. 저들은 만인 제사장직을 믿고, 죽은 자들을 위한 기도, 연옥 교리, 라틴어 기도, 고해성사의 의무 등을 부정하며 성자 숭배, 성상 숭배, 유물 숭배에도 반대했다. 세례와 성찬 외의 다른 성례를 인정하지 않았다. 물론 당시 저들의 복음에 대한 이해의 깊이는 매우 얕고 율법적인 면이 있었다. 복음을 하나님이 은혜로 주시는 기쁜 소식으로 알기보다는 순종을 요구하는 새로운 율법으로 보았다. 하지만 그럼에도 불구하고 저들은 그 시대의 어둠을 밝힌 빛이었다. 그들이 세운 교회의 표지는 "빛이 어두움에 비취니(요 1:5)"라는 말씀과 함께 타는 횃불이었다. 십자군이나 종교재판에 의한 박해와 학살이 그 횃불을 끌 수는 없었다. 카타리파와 같은 이단은 십자군, 종교재판 등의 박해로 사라졌으나 왈도파 교회는 종교 개혁 때까지 지속되어 왔다. 이 왈도파는 현재도 로마 교황청 가까운 위치에 신학교를 가지고 있으며 이태리를 중심으로 세계에 70여 교회를 가진 소규모 공동체로 교회의 역사를 이어가고 있다.

29. 제4차 라테란 공의회와 화체교리

| 주후 1215년 |

7세기에서 18세기까지 로마 바티칸시의 라테란(Lateran) 궁에서는 총 14번의 공의회가 있었다. 라테란 궁은 로마의 교황이 거주하는 곳이다. 이 궁은 원래 콘스탄틴 대제가 로마의 감독이 거할 공식적인 주택으로 제공하고 그 옆에 대 성전(basilica)을 지어 주었다고 한다. 여기에서 열린 14번의 공의회 중 세계성을 띤 공의회는 다섯 번으로 보는데 이를 라테란 공의회라 부른다. 다섯 번의 라테란 공의회 중에서도 제4차(제14차 에큐메니컬 공의회)가 가장 중요한 것으로 여겨지고 있다.

중세사에서 이노센트(Innocent, 1160-1216)는 강력한 지도력을 가진 교황으로 인정받고 있다. 그는 교회의 법과 질서를 개혁하며 중앙 집권을 공고히 하였고, 동시에 그 시대의 정치에도 큰 관심을 보였다. 교회와 국가 모두를 지배하기 원한 것이다. 그래서 그는 그리스도께서 교회뿐 아니라 국가의 통치도 베드로와 그 후계자들에게 맡겼다고 주장했다. 결국 그는 여러 왕들을 자신에게 복종하게 만들고, 종교 재판을 도입했으며 제4차 십자군전쟁을 일으키기도 했다. 1204년 십자군 원정 시에 비록 예루살렘을 되찾는 목표를 이루지는 못했지만 콘스탄티노플을 점령하여 그 곳에 첫 번째의 라틴계 정부와 총 주교를 잠시 세우기도 했었다. 그리고 그는 교황권을 크게 강화했다. 이전의 교황들도 일찍부터 베드로의 후계자요 대리자임을 자처했었다. 그런데 이노센트는 더나아가 '그리스도의 대리자(Vicar of Christ)'로서의 교황의 권리를 주장하고, 교황을 신의 위치의 반쯤(semi-divine)의 자리에 올려놓았다. 그래서 그는 교황을 "하나님과 인간의 중간에 선 중재자요, 하나님보다 낮으나 인간보다는 높다."고 했다. 그 결과 그는 제왕들을 파문하기도 하고 이단을 척결하기도 했다.

교황 이노센트 통치의 절정은 1215년에 제4차 라테란 공의회를 소집하고 자기의 이념을 현실화한 데 있다. 이 공의회는 350년 후 반 종교개혁을 위해 모인 트렌트 공의회(Trent, 1545-1563) 때까지 대등한 공의회를 찾아 볼 수 없을 만큼 중요하고 큰 것이었다. 모든 지방에서 자리를 지키는 두 명의 감독을 제외한 모든 감독들과 800여 명의 수도원장들과 제왕들의 특사들이 참석했다. 이 공의회는 이노센트가 품고 있던 생각을 그대로 수용하였다. 공의회는 온 교회의 통일된 생활을 위해 모든 신자들이 매년 한 번씩 의무적으로 사제에게 나아가 죄를 고백하고(고해성사), 성찬에 참여할 의무를 법으로 정했다. 나아가 공의회는 영적 진리의 보존자인 교회는 하나 밖에 없다는 것을 강조함으로써 교황의 권위를 한껏 높였다. 로마 교회와 일치하지 않는 모든 교리는 이단으로 간주한 것이다. 이단은 자기 영혼과 다른 사람의 영혼을 위험에 빠뜨리게 되므로 모든 국가 권력은 이단을 형벌하고 그들의 재산을 몰수해야 한다고 했다. 이를 위해 종교재판을 도입했다. 이단 제거를 원하지 않는 관리는 파문하도록 했다. 그리고 성직 임명권과 면직권은 세상의 통치자에게 있지 않고, 오직 교황에게만 있음을 다시 한 번 밝혔다. 더 나아가 성직자 생활에 대한 규율을 마련하고 애첩과 사는 사제들을 정직시켰다. 유대인이나 이슬람과의 혼합 결혼이나 상거래를 금하고 비기독교인들은 구별된 옷을 입거나 표를 달고 지나도록 했다. 이런 조처가 유대인이 거주하는 소위 게토지역(ghetto)을 생겨나게 했다.

이 공의회가 결의한 것 중 가장 중요한 것은 화체설(transubstantiation) 교리로서 이것을 교회의 공식 교리로 받아들인 일이다. 성 만찬 시 떡과 포도주가 실제 그리스도의 살과 피라는 주장은 오랫동안 있어 왔지만 교회가 이를 공식적으로 받아들이지는 않고 있었다. 샤를마뉴 대제 때 신학자들은 이런 주장을 이단으로 보고 정죄했었다. 그런데 라테란 제4차 공의회가 이것을 공식적인 교회의 교리로 받아들인 것이다. 이 교리는 성찬예식 때 사제가 성별하는 순간 떡과 포도주는 본질적으로 그리스도의 희생의 살과 피로 바뀌게 된다는 것이다. 그러니 성별함으로 떡을 그리스도의 성체로 변화시키는 사제는 신비한 이적을 행하는 자로 초인적 권위를 인정받게 되어 있다.

로마 교회는 이제 성찬식의 떡이 그리스도의 성체임으로 성찬 시 사용한 떡과 포도주는 도적과 해충으로부터 안전하게 보호되어야 한다고 했다. 도적맞은 성찬식의 성체(떡)는 피를 흘림으로 보복하기도 한다고 생각했다. 유대인들이 가끔 이런 죄를 범하는 것으로 혐의를 받기도 했는데 실제 다음과 같은 사건이 전해진다. 1370년에 브뤼셀의 성 구들러 교회(Church of Sainte-Gudule)의 성체(떡)에서 피가 흐르는 것이 발견되었다는 것이다. 이때 유대인들이 창으로 찔러 피를 흘렸다는 소문이 퍼지게 되었다. 이 때문에 그 주변 유대인 상당수가 아무런 법적인 재판을 받지 못한 채 추방을 당하고 화형에 처해진다. 이후 교회는 해마다 성체에서 피가 흐른 사건을 기념해 오게 되었다. 그런데 1870년에 교황이 500년 째 희년 축제를 취소하였는데, 그 이유는 과학자들에 의해 빵에 나타난 붉은 것은 피가 아니라 간상세균(bacillus)때문에 생긴 점이라는 것이 밝혀졌기 때문이다. 현재도 로마 교회에는 이와 같은 미신이 여전히 자리 잡고 있다.

그런데도 16세기에 종교개혁자들의 가르침을 반대하기 위해 모인 트렌트 공의회(1562)가 이 화체교리를 그대로 유지했고, 20세기에 열린 제2차 바티칸 공의회(1962-1965)도 이를 재확인하였다. 동방 그리스교회는 이 교리를 인정하지 않는다. 개혁교회는 이 교리를 우상숭배로 본다. 상당수 로마 카톨릭 신학자들도 이 교리의 타당성에 관하여 의혹을 가지고 있다. 그렇지만 로마 카톨릭 교회는 아직도 이것을 공식적인 교리로 삼고 있다.

30. 로마 교회의 교사 토마스 아퀴나스
(Thomas Aquinas)

| 주후 1225-1274년 |

중세 시대는 스콜라 철학에 의해 하나님의 말씀이 가려진 시대였다. 초대 교회의 기독교인들은 하나님의 언약의 말씀을 그대로 믿고 고백하며 생명까지도 바쳤다. 그러나 중세 교회는 하나님의 언약의 말씀에 대한 신뢰를 져버리고 성경을 여러 가지 진리를 포함하고 있는 책으로만 보았다. 어떤 진리는 하나님의 권위를 근거로 하여 받기 보다는 인간 이성의 추리를 통해 받게 되었다. 인간이 자기의 지적 능력으로 철학적 논리를 사용하여 진리를 발견할 수 있다고 본 것이다. 그래서 이 시대에는 단순하게 하나님의 말씀을 신뢰하는 사람들보다 현명한 철학자들을 탁월한 자들로 보았다. 중세 철학자들 중 가장 큰 영향을 행사한 사람은 바로 토마스 아퀴나스였다.

토마스 아퀴나스(1225-1274)는 프랑스 왕실과 관계를 가진 백작(Landulf of Aquino)의 막내 아들로 태어났다. 다섯 살 때 몬테카시노에 있는 베네딕트 수도회 학교에 들어 갔는데 그의 부모는 앞으로 그가 수도원장이 되기를 바랐다. 15세가 되던 1240년에는 교양과목 공부를 마치기 위해 나폴리로 갔다. 그는 그 곳에 있는 동안 창설된 지 얼마되지 않은 도미니크 수도단에 매혹되어 거기 가담할 마음을 가졌다. 그의 가족은 이를 강하게 반대하고 그를 15개월 동안이나 집안에 가두었다. 그러나 그의 뜻을 꺾을 수는 없었다.

결국 그는 19살이 되던 1244년 5월에 도미니크 수도회에 들어가게 되었다. 그 후 파리에 가서 3년 동안 알베르투스 마그누스(Albertus Magnus)의 가르침을 받고, 아리스토텔레스의 철학을 소개 받았다. 1248년에 그는 알베르투스의 동반자가 되어 콜론에서 가르치게 되었다. 이때가 그에게 있어서 급속한 지적 성장의 기간이었다. 그는 파리에서 교수하기를 바랐지만 이 일은 탁발 수도회원들의 질투로 오랫동안 이루어지지 않았다. 그러나 1257년에 기회가 주어져 파리의 도미니크 수도원에서 강의를 할 수 있었다. 그 후 그는 몇 년 동안은 이태리에서, 다음에 다시 파리에서, 마지막으로 나폴리에서 가르쳤다. 그가 이태리에 있는 동안에는 교황청 안에서 지냈다. 이때 나폴리의 대감독의 자리가 주어졌지만 그는 학자요 교사라는 이유로 이를 거절했다. 그는 연구와 저술 활동에 몰두했다. 그는 키가 크고 몸집도 컸지만 허약한 편이었다. 1274년 리용의 공의회에 가는 도중 테라시나에 있는 시토 수도회의 수도원에서 세상을 떠났다. 이때 그는 49세였다.

아퀴나스는 생애 동안 60권의 책과 많은 주석 그리고 찬가를 지었다. 그의 작품 중 두 가지가 대작으로 불리는데 하나는 회교권의 선교사들을 위해 쓴 『이방인과 대결하는 원리(Summan Congra Gentiles)』이고, 다른 하나는 그의 신학 사상의 완성이자 이후 로마 카톨릭 교회의 교리적 기반이 된 『신학 대전(Summa Thelogiae)』이다. 후자는 9년 동안 작업해 온 것으로 이를 완성하지 못하고 세상을 떠났다. 이 저서는 하나님, 창조, 인간의 운명, 하나님께 이르는 길인 그리스도, 성례, 말세에 대한 주제를 다루었다.

아퀴나스에 의하면 모든 신학 연구의 목적은 하나님과 인간의 기원과 운명에 대한 지식을 제공하는 것이다. 그런데 이런 지식은 부분적으로 이성으로부터 오는 것이라고 한다. 그래서 자연신학을 수용한다. 그러나 이성의 성취로는 불충분하기 때문에 계시가 필요하다고 한다. 계시는 성경에 포함되어 있는데, 이것이 유일한 권위를 갖게 된다. 그러나 이 성경은 공의회와 교부들의 해석에 의해 이해되어야 한다고 했다. 이로써 그는 교황무오라는 교리의 터를 놓았다.

그에 의하면 계시의 진리는 이성으로 도달할 수는 없지만 이성에 반대되는 것은 아니다. 그래서 그는 철학과 신학 모두가 하나님으로부터 나왔기 때문에 양자 간에는 모순이 없다고 주장했다. 아퀴나스에 의하면 두 가지 종류의 진리가 구별 된다. 그 하나는 논리적으로 증명할 수 있는 지적 진리요, 다른 하나는 논리적으로 증명할 수 없고 하나님의 권위의 의해서만 받아들여져야 하는 진리다. 전자의 진리는 하나님의 존재 같은 것이고, 후자는 삼위일체 교리 같은 것이다.

이로써 아퀴나스는 로마 카톨릭 교회의 세계관과 생활관에 대한 논리적 체계를 개발했다. 그는 세계를 하층과 상층 구조로 구별했다. 하층은 자연적인 것으로 그 자체는 선하다. 이 자연 생활은 제왕에 의해 통제되는 국가에서 최고의 수준을 들어낸다. 그러나 교회만이 궁극적인 하늘의 것에 접근할 수 있다. 제왕, 국가, 지상의 것, 평신도, 자연, 일반인들이 하층 구조에 속하고, 교회, 성례, 하늘의 것, 사제, 은혜는 상층세계에 속하게 된다.

아퀴나스에 의하면 타락은 인간의 전적부패를 가져오지 않았다. 인간은 타락으로 자연적인 능력에 덧붙여 주신 은사인 의를 잃었을 뿐이다. 타락된 상태에서 인간은 하나님을 기쁘시게 할 수 없다. 비록 타락된 인간이 하나님을 뵐 수 는 없지만 분별력, 정의, 용기, 극기 등의 덕을 실현할 능력은 가지고 있다. 이러한 인간의 회복은 하나님의 은혜로만 가능하다. 이 은혜로 잃어버린 은사가 회복되고, 죄가 사함을 받게 되는 것이다. 하지만 인간의 어떠한 행위로도 이 은혜를 얻을 수 없다. 여기에서 그리스도의 십자가 희생에 대한 아퀴나스의 특수한 교리가 나타난다.

그에 의하면 하나님은 그리스도의 희생이 없이도 인간의 죄를 사하고 은혜를 주실 수 있었다. 그럼에도 불구하고 그리스도의 사역은 하나님이 취하신 가장 현명하고 효과적인 방법이었다. 인간의 전 구속은 이에 기초하고 있다. 그리스도의 사역은 인간의 죄에 대한 속죄를 의미했다. 그리스도는 보상에 합당한 공로를 이룬 것이다. 그리스도의 속죄는 인간의 죄 값을 갚고도 남는 것이다. 하나님이신 그리스도는 자신이 아무 것도 필요로 하지 않기 때문에 그가 개인적으로 받을 수 있는 보상이 그의 인간 형제들의 유익으로 돌아가게 된 것이다. 여기서 그리스도인이 행할 선행의 본을 찾을 수 있다.

하나님의 은혜가 구속받은 사람에게는 보상받을 수 있는 선행을 할 수 있게 한다. 그래서 신자는 공덕을 쌓는 일을 할 수 있다. 공덕은 자신을 천국에 들어갈 수 있게 할 뿐 아니라, 그리스도와 성도들의 남아 넘치는 공덕에 보탤 수도 있게 하는 것이다. 이런 남아 넘치는 공덕은 교회의 권위로 다른 가련한 죄인들에게 전해질 수 있다고 한다. 그러므로 로마 카톨릭 교회에서는 '오직 은혜'의 교리를 찾을 수 없다.

그런데 은혜는 인간에게 무분별하게 오지 않고 성례를 통해 받을 수 있다고 하였다. 그리스도는 직접적으로 혹은 사도들을 통해 일곱 성례 곧 세례, 견신례, 성만찬, 고해성사, 종부성사, 성직수여, 혼례를 세웠다고 한다. 아퀴나스는 이 성례들을 통해 머리이신 그리스도로부터 그의 신비한 몸인 교회의 지체에까지 하나님의 은혜가 전달된다고 했다. 그래서 이 성례 외에는 그리스도와의 참된 연합이 없다고 했다. 일찍이 루터는 중세교회가 주께서 세우시지 않은 이 일곱 성례에 포로가 되었다고 했었다.

로마 카톨릭 교회는 아퀴나스의 가르침을 마침내 교회의 공식적인 교리로 받아들였다. 1567년에 교황 비오 5세는 아퀴나스를 '교회의 교사(Doctor of the Church)'로 선언하였고, 1879년 레오 13세는 그의 교서를 통해 모든 신학생들에게 아퀴나스를 연구할 것을 명령했다. 1880년에 이르러서 아퀴나스는 모든 카톨릭 대학교의 보호 성인이 되었고 1923년 비오 11세에 의해 교사로서의 그의 권위가 반복 선언되었다. 로마 카톨릭 교회는 법적으로 철학과 신학을 하는 모든 학생들에게 성 토마스의 연구를 의무화하고 있다. 칼빈이 개혁주의 교회에서 신학자로 갖는 위치보다 토마스 아퀴나스가 로마 카톨릭 교회에서 가지고 있는 교사로서의 위치가 더욱 크다는 사실을 이를 통해 알 수 있다.

31. 교회개혁의 샛별 위클리프(Wycliffe)

| 주후 1320-1384년 |

어두운 중세시대에 다시 빛이 나타났다. 12세기에 프랑스에 나타났던 왈도(Waldo)처럼 영국에 요한 위클리프(John Wycliffe, 1320-1384)가 하나님의 말씀을 들고 나타난 것이다. 그는 영국 요크샤이어(Yorkshire)에서 태어나 옥스퍼드 대학에서 공부하고 그곳에서 유능한 신학자로 등장했다. 신학적으로 어거스틴의 영향을 받은 그는 국왕 에드워드 3세(Edward)의 총애를 받고, 1374년에 루터워스(Lutterworth) 교구 목사로 지명이 되었다. 그리고 왕의 특사로 교황 그레고리 11세의 대표와 성직임명 논쟁 문제를 조정하기 위해 브뤼주(Bruges)에 파송되었나. 그는 당시 교황이 영국의 주교 임명권을 행사하는 것을 반대하는 편에 서 있었다. 이때 그는 왕의 넷째 아들인 랑케스타의 공작, 곤트의 존(John of Gaunt)과 친교를 가지고 그들의 큰 지원을 받았다.

위클리프

그런데 위클리프가 많은 사람의 주목을 받게 된 것은 그가 50대였던 1376년 부터였다. 그는 자신이 믿는 것을 솔직하게 말하는 대담한 성격의 소유자였다. 그래서 그는 설교에서 그 시대 성직자들의 교권 남용을 신랄하게 비판했다. 이어 그는 『종교적 지배권(On Divine Lordship)』과 『국가의 지배권(On Civil Lordship)』이란 논문에서 의로운 청지기직에 대한 견해를 밝혔다. 우리가 가진 모든 것은 하나님의 소유이고 우리는 단지 그의 청지기일 뿐이며 하나님은 자기의 것을 사람이 사용하도록 하시지만 지배권은 주시지 않는다고 했다. 또한 사용자가 자기가 맡은 것을 남용하면 보유할 권리를 잃는다고 말하면서 부도덕한 성직자는 직분의 권리를 잃게 되며, 국가는 자격이 없는 성직자의 재산을 회수하는 것이 마땅하다고 했다. 이는 하나님께서 영적인 것들에 대한 지배권을 교회에 준 것처럼, 국가 통치자에게 이 세상 물질에 대한 지배권을 주었기 때문이라는 것이다.

이런 그의 주장은 그의 친구 '곤트의 존'과 함께 자격이 없는 성직자와 부에 비판적이었던 많은 사람들로 부터 큰 찬동을 받게 되었다. 그러나 이 주장은 당시 고위 성직자들이나 재산을 많이 가진 수도단과 교황의 큰 반대를 받을 수밖에 없었다. 그래서 그는 1377년에 런던의 감독 앞에서 심문을 받기 위해 소환을 당하였다. 그런데 신문 장소에서 위클리프가 감독 앞에 선 채로 심문을 받아야 하는지 혹은 앉아서 심문을 받아야 하는지 하는 문제로 소란이 일어나 매우 위험한 자리가 되었다. 이때 그는 동행한 친구 백작 콘트 존과 귀족들의 보호를 받아 위기를 모면

하게 되고 심문은 실패로 끝나버렸다. 같은 해에 교황 그레고리 11세는 위클리프를 체포하고, 심문하라는 다섯 번째 칙령을 내렸지만 그는 황실과 많은 사람들의 도움으로 해를 입지 않았다. 당시 교황의 칙령에 포함된 위클리프의 18개 이단설에 관해서는 옥스퍼드와 신학자들의 회에서 아무 혐의가 없음을 밝혔다.

이 일이 있은 후에 위클리프는 라틴어와 영어로 수많은 논문을 발표하여 그의 뜻을 알리는데 박차를 가하게 되었다. 그는 바르다고 생각하는 것을 두려움 없이 말하고 행하는 사람이었다. 그는 성경만이 교회의 유일한 법이며 교회는 교황과 주교가 아니라 선택받은 자들의 모임이라고 했다. 또 교회의 유일한 머리는 그리스도라 했다. 그러나 교황직을 전적으로 부정하지는 않았다. 사도 베드로와 같은 사람이 있다면 교회가 마땅히 그를 지상의 지도자로 모실 수 있지만, 교황은 선택을 받은 자가 아닐 수 있다고 했다. 속권을 쥐고 조세의 부담을 지우는 교황은 선택받은 자가 아닐 뿐 아니라 적그리스도(antichrist)에 불과하다고 말했다.

성경이 하나님의 법이란 것을 확신한 그는 이제 모든 신자들이 모국어인 영어로 된 성경을 가져야 한다고 생각하고, 1382년에 라틴어 (Vulgate, 벌게이트) 성경 번역에 착수해 2년 만에 영어성경을 내 놓았다. 물론 다른 학자들의 협력이 있었지만 일반적으로 신약성경은 위클리프가 번역한 것으로 인정되고 있다. 그는 이제 사람들에게 영어로 복음을 전하기 위해 전도자들을 각 성과 촌으로 보내기를 시작했다. 저들은 사도적 빈곤의 본을 따라 벗은 발과 긴 겉옷을 입고 지팡이를 들고 200년 전의 왈도파 형제들처럼 둘씩 짝을 지어 나아가 성과 촌으로 다니며 복음을 전했다. 저들은 참으로 '가난한 전도자들' 이었다. 이런 위클리프를 따르는 자들은 후일 롤라즈(Lollards)라 불려졌다. 이는 저들이 다닐 때 중얼중얼한다는 일종의 조소의 뜻에서 온 것으로 여겨진다.

위클리프는 로마 교회가 속권을 쥐고 부를 쌓는 일을 반대했을 뿐 아니라, 성경이 가르치지 않는 면죄부 판매와 유물 숭배 등의 교리에 반대했다. 그런데 그가 저들을 가장 자극한 것은 제4차 라테란 공의회가 결의한 '화체설' 교리를 공격한 데 있었다. 사제가 성별을 통해 떡을 예수님의 살로 변화시킨다고 하는 것은 잘못된 제사장적 주장이라고 했다. 그는 떡에 임한 예수님의 임재는 믿었으나 화체설 교리는 반대했다. 화체설 교리에 대한 그의 공격은 중세 후기에 일반적으로 수용된 교리를 부인한 것이었다. 이로써 그는 그를 따르던 상당수의 사람들을 잃고 로마 교회의 큰 적이 되었다. 저들은 그와 전혀 상관이 없는 1381년의 농민 반란을 그의 탓으로 돌리기도 했다.

1382년 캔터베리 대 감독은 런던에 공의회를 열고 교회 전통주의자들과 합세하여 위클리프가 발표한 24가지 의견을 정죄했다. 이로써 그는 더이상 옥스퍼드에서 강의를 할 수 없게 되었고, 복음을 전하던 그의 제자들은 체포되기도 했다. 그러나 일반 민중과 황실의 지지가 강했기 때문에 개인적으로 큰 해는 입지 않고 지내다가 1384년 끝날에 별세했다. 그렇지만 31년 후 콘스탄츠 공의회(The Council of Constanz)는 그를 이단으로 정죄하여 출교하고, 1428년에는 그의 뼈를 발굴하여 태워 강에 뿌렸다. 그럼에도 불구하고 그의 개혁 사상은 순식간에 유럽 대륙으로 빠르게 확산되어 많은 사람들이 그의 뒤를 따르게 되고, 그는 '종교개혁의 샛별(Morning Star in Reformation)'이라는 아름다운 이름을 얻게 되었다.

32. 교회개혁의 선구자
존 후스(John Hus)

| 주후 1369-1415년 |

영국의 존 위클리프에 이어 유럽의 중심 보헤미아에서도 개혁의 샛별이 나타났다. 그는 위클리프의 글을 읽고 영향을 받은 존 후스(John Huss, 1369-1415)였다. 그의 성 후스는 체코어로는 거위를 의미했다. 그가 이단으로 정죄를 받아 화형에 처해지게 되었을 때 그의 원수들은 "우리는 오늘 거위를 요리할 것이다."라고 했었다.

존 후스는 보헤미아(오늘의 체코)에서 농사를 짓는 부모에게서 태어났다. 그는 프라하 대학에서 공부하여 1401년에 사제가 되었고, 그 다음 해에는 대학교 총장이 되었다. 동시에 프라하에 있는 베들레헴 교회의 설교자로 임명을 받았다. 1382년 보헤미아 왕(Wenceslaus)의 여동생 앤(Anne)이 영국 왕 리차드 2세(Richard)와 결혼을 한 후에 양국의 교

후스

류가 잦아졌다. 특히 1401년 경에는 위클리프의 신학 논문들이 보헤미아에 들어오게 되었는데 후스도 이때 이것들을 읽고 큰 감동을 받았다. 그는 영향력 있는 베들레헴 교회에서 설교를 하면서 당시 교회 사제직에 대해 신랄한 공격을 하게 되었다.

당시 베들레헴 교회당의 벽에는 교황과 그리스도를 비교하는 그림이 걸려 있었다. 교황은 말을 타고 가는데 그리스도는 맨발로 걷는 그림과, 그리스도는 제자들의 발을 씻기는데 교황은 자기 발에 입맞춤을 받고 있는 그림이었다. 후스는 사제들의 부도덕한 생활과 사치에 큰 자극을 받고 이를 공격하며 개인적인 경건 생활과 삶에서의 순결을 강조했다. 그는 프라하 베들레헴 교회에서 체코어로 설교하면서 성경적인 설교의 중요성을 보여주었다. 그의 설교와 가르침은 왕후와 귀족들을 포함한 많은 사람들의 큰 관심을 끌었다. 대학에서 그가 미치는 영향이 커짐에 따라 위클리프가 쓴 책들의 인기도 높아졌다. 이에 프라하의 대감독은 후스의 가르침에 거부감을 가지고 그에게 설교를 금하며, 위클리프의 저서들을 다 불사르라고 지시했다. 후스가 이 명을 거절함으로 대감독은 그를 정죄했다.

프라하에서는 1411년에 면죄부에 대한 논쟁이 일어났다. 면죄부 설교자들은 면죄부를 선전하고 다니며 팔았다. 후스는 위클리프의 본을 따라 대담하게 이를 정죄하고 나섰다. 죄사함은 참된 회개로 얻게 되는 것이지 돈으로 얻는 것이 아니라고 했다. 면죄부를 파는 자들이 설교를 할 때 이에 반발한 하층민 세 사람이 잡혀 목이 베이는 일이 벌어졌는데 저들은 후스를 따르던 무리의 첫 번째 순교자들이었다. 교황 요한(John) 23세는 프라하 전 도시에 성직 금지 제재(Interdict)를 내렸다. 이것은 전 도시를 파문하는 것을 의미하며 그 도시에서는 아무도 성례를 집행할 수 없도록 선언한 것이었다.

후스는 프라하 도시를 돕기 위해 잠시 그곳을 떠나 있었다. 그러나 그가 다른 곳에서 설교할 때도 많은 사람이 모여들었다. 후스는 이어 교황을 포함하는 사제들의 부도덕하고 사치스런 생활을 공격할 뿐 아니라, 그리스도만이 교회의 머리라고 주장함으로써 로마교회의 교권으로부터 강한 반대를 초래했다. 그의 책 『교회(De ecclesia)』에서 당시 일반인이 이해하는 것처럼 교회는 사제들(교권세계)이 아니라, 영원으로부터 구원을 위해 예정된 사람들의 전체라고 했다. 나아가 그는 교황이나 감독이 성경에 배치되는 교리를 제정할 수 없고, 사제의 지시가 잘못된 것이면 신자들은 순종할 필요가 없다고 했다. 이 때문에 후스는 이단자로 몰리게 되었다.

1414년 11월 1일에 콘스탄츠(Constanz)에서 공의회가 소집되었다. 신성 로마제국 황제 지기스문트(Sigismund)와 보헤미아의 통치자는 이 공의회가 이단의 입을 막고 문제가 해결되기를 바랐다. 후스는 안전한 여행을 약속받고 11월 3일에 그 곳에 도착했다. 그러나 그가 도피하게 될 것이라는 소문이 돌자 바로 두옥되어 밤낮으로 묶여 지내게 되었다. 1415년 6월 5일에 첫 번째 심문을 받고 프란시스칸 수도원 옥에서 그의 생에서의 마지막 주간들을 보내게 되었다. 그는 심문 중에 그가 교회에 관해 쓴 그의 글을 인정하고 그 내용이 잘못되었음이 증명되면 취소하겠다고 했다. 그러나 그의 잘못을 증명하는 자는 아무도 없었다. 6월 8일 마지막 심문이 있었다. 그가 쓴 글들에서 뽑은 39개의 문장들을 그 앞에 제시했다. 공의회에는 속권에 관한 그의 가르침의 위험을 지적함으로 황제의 마음을 자극하기 위한 노력을 했다. 후스는 계속해서 그의 주장에 잘못됨이 확실하게 밝혀지면 취소하겠다고 선언했다. 그러나 공의회는 지금까지 주장한 것이 무조건 잘못된 것임을 고백하고 인정하라는 요구만을 했다. 후스는 이 요구를 거절했다.

황제는 정치적인 이유를 들어 후스가 그의 나라로 안전하게 돌려보내지는 것이 위험하다고 생각했다. 7월 6일 공의회에서 후스의 정죄가 최종 선언되었다. 그 곳에서 미사가 집행된 후에 그는 교회로 인도되었다. 한 감독이 이단을 근절할 의무에 대해 연설했다. 이어서 후스와 위클리프의 주장과 그의 정죄에 대한 내용이 낭독되었다. 그는 부당한 정죄에 큰 소리로 항의했다. 그리스도의 말씀에 호소했으나 이것은 거절을 당했다. 이때 후스는 "오 주 하나님. 지금 공의회는 당신의 법까지도 이단으로 정죄하고 있습니다."라고 외쳤다.

공의회는 그에게서 모든 사제의 권리가 박탈되었음을 선언하고, 사형 집행을 위해 그를 속권에 넘겼다. 그는 무장한 사람들에 의해 사형 집행장소로 끌려갔다. 이때 그는 양손을 높이 펴고 크게 기도했다. 그는 나무에 묶였다. 최후의 순간 제국의 사형 집행관은 지금이라도 모든 주장을 철회하고 구원을 받도록 하라고 했다. 그러나 후스는 이를 거절하며 "하나님이 나의 증인이시다. 나에 대한 고발은 모두 거짓이다. 내가 쓰고, 가르치고, 전한 복음의 진리 안에서 나는 오늘 기쁘게 죽기를 원한다."라고 했다. 곧 화형을 위한 불이 붙여졌다. 후스는 높은 소리로 "동정녀 마리아에게 나신 살아계신 하나님의 아들 그리스도여 저에게 자비를 베푸소서."라고 세 번 찬양하고 순교했다. 그의 육신의 한 줌 재는 강에 뿌려졌다.

후스의 순교는 보헤미아와 모라비아인들에게 로마교회의 교권과 신성로마 제국에 대한 큰 적개심을 불러 일으켰다. 그를 사형에 처한 것은 보헤미아인들에 대한 수욕이요 범죄 행위로 간주되었다. 후스를 따르는 이들은 로마 카톨릭 교회와 독일인 중심의 제국에 반기를 들었다. 이를 진압하기 위한 교황과 제국의 노력에도 불구하고 후스의 개혁 노선을 따르는 신자들의 열은 식어지지 않았다. 저들은 '형제들의 연합체(Unitas Fratrum)'를 구성하고 로마 교회와 관계가 없는 독립된 신앙생활을 하게 되었다. 후스는 16세기 종교개혁의 위대한 선구자였다.

33. 구텐베르크의 활자발명과 성경인쇄

| 주후 1456년 |

오늘날은 성경을 포함해 읽고 싶은 어떤 종류의 책도 쉽게 사서 읽을 수 있다. 그러나 중세 시대에 책을 구하여 읽는다는 것은 매우 어려운 일이었다. 보통 사람들은 성경은 물론이고 어떤 종류의 책도 가질 수 없었다. 그 때에는 수도원에 있는 수도사들이 성경을 파피루스나 종이나 양피지에 손으로 베꼈다. 그러니 성경 한 벌을 베끼는 데는 엄청난 시간과 재료가 들었다. 이런 환경에서 개인이 성경을 갖는 다는 것을 상상할 수 없었다.

물론 그 당시 사람들은 자기 언어로 된 성경을 구할 수도 없었다. 성경을 포함한 대부분의 책들은 일반인들이 이해하지 못하는 라틴어로 쓰여 있었기 때문이다. 그래서 일반인들이 성경의 내용을 알기 위해서는 사제들에게 듣거나, 성화나 조각의 수단을 이용할 수 밖에 없었다. 오늘날 사람들이 유럽의 문화 유적을 찾을 때면 중세 시대에 건축한 대 교회당을 가 보게 된다. 이 대 교회당 출입구 외벽이나 내벽에 성경에 나오는 내용을 소재로 한 수많은 조각이 새겨진 것을 보게 된다. 이것은 단순한 예술품이 아니라, 당시 교회를 찾는 신자들을 위한 시각적 교육자료였다. 이따금 시골의 사제들은 라틴어 교육을 거의 받지 못했고, 성경에 대한 지식도 매우 제한되어 있었다. 일찍부터 신학자들이 성경을 연구하고, 성경 주석 책을 썼지만 이것들은 일반 신자들에게는 멀기만 한 것이었다.

그런데 15세기에 나타난 큰 변화 중 하나가 이 문제에 큰 영향을 미치게 되었다. 그것은 요한 구텐베르크(Johann Gutenberg)에 의한 금속활자 발명이었다. 그는 원래 독일 마인츠에서 출생한 금 세공가였다. 그가 1430년에 스트라스부르크에 갔다가 1448년 마인츠로 돌아오게 되었을 때 개별 글자로 주조되어 짜 맞출 수 있는 금속활자를 발명하고 조판을 하게 되었다. 이렇게 함으로 그는 손수 베끼는 것에 비해 아주 적은 비용으로 많은 책을 베낄 수 있음을 발견하게 된 것이다. 1456년에 그는 42줄로 된 200권의 라틴어 성경(Jerom's Vulgate Bible)을 인쇄했다. 그리고 1457년에 처음으로 날짜가 들어간 책인 아름다운 시편을 출간했다. 이것은 모두 요한 푸스트(Johann Fust)의 경제적인 원조로 가능했다. 그 후 구텐베르크는 푸스트에게서 독립하여 36줄로 된 성경을 인쇄해 냈다.

당시 일반인은 아직 하나님의 말씀을 이해할 수 없었다. 그러나 이 성경 인쇄가 놀라운 문화적 혁명의 밑 거름이 되었다. 곧 구텐베르크가 발명한 인쇄술은 차츰 마인츠 밖에도 널리 보급되었다. 마르틴 루터가 출생한 해인 1483년에 이르러서는 유럽에 있는 모든 큰 나라에는 적어도 한 곳 이상의 인쇄소가 생겼다. 구텐베르크가 첫 번째로 라틴어 성경을 인쇄한 후 50년 이내에 수도사들이 수작업을 통해 성경을 베끼는 일은 끝나게 되었다. 이제 성경은 여러 언어로 보급이 되었고, 글을 쓰고 읽을 수 있는 사람들도 증가하게 되었다.

구텐베르크의 활자 발견으로 인한 인쇄술은 그 후 종교개혁 사상의 확산에 놀라운 결과를 가져왔다. 인쇄술의 발명이 없었더라면 교회개혁의 목적을 달성하는데 오랜 시간이 걸렸을 것이다. 사제들만이 성경을 읽을 수 있고 그 내용을 교회의 가르침과 비교할 수 있었다면, 개혁이 일반 기독교인들에게 미치는 영향은 매우 제한되었을 것이다.

그런데 인쇄술의 발견으로 이제는 시골 젊은이와 아낙네들도 하나님의 말씀을 쉽게 접할 수 있게 된 것이다. 루터는 인쇄술을 바탕으로 성경을 일반 사람들이 읽을 수 있도록 독일어로 번역하여 출판하였다. 더 이상 사제나 교황이나 공의회가 신자가 성경의 내용을 아는 일에 끼어들지 않게 되었다. 이제 많은 일반 신자들이 하나님의 말씀을 자기의 가슴에 품고 즐길 수 있게 되었다. 이로써 사제(목사)와 신자간의 벽이 무너지게 되었고, 신자들은 "내가 사제 앞에서 무엇을 고해성사해야 할 것인가?"를 염려하는 대신 "나의 삶이 하나님의 말씀에 일치한가?"를 묻게 되었다. 인쇄술이라는 환한 빛이 비취자 유럽을 비롯한 전세계에 복음이 널리 퍼지게 되고 글을 읽고 쓰는 사람들이 증가하게 된 것이다.

34. 스페인의 종교재판

| 주후 1478년 |

교회에는 처음부터 죄에 대한 시벌이 있었다. 교회가 가하는 시벌은 영적인 것이었고 육체적인 것이 아니었다. 영적인 것 중 가장 엄격한 것이 출교였다(마 18:15-18). 교회가 벌을 주기 어려운 문제는 언제나 윤리에 관계된 것 보다는 이단과 관련된 것이었다. 초대 교회시대에 이단에 대한 벌은 출교뿐이었다. 초대 교부들은 일반적으로 육체적 형벌을 인정하지 않았다. 그러나 기독교가 제국의 공식적인 종교가 된 후에는 제왕들이 이단을 국가에 대한 범죄로 보고 재산을 몰수하거나 사형에 넘기는 일까지 있게 되었다.

이런 일들은 특히 12세기에 이르러 많이 나타났다. 프랑스 남쪽 시역에 나타난 이단 카타리(Cathari)파 때문에 교회에 혼란이 일어났었다. 이때 저들에게 잔인한 형벌이 가해졌다. 1145년 콜론(Cologne)에서 여러 카타리파 사람들이 화형을 당했다. 1119년에 교황 이노센트 3세는

종교재판소에서의 갈릴레오

이단을 사형에 처할만한 죄로 선언하였다. 그래서 카타리 이단뿐 아니라, 당시 성경대로 살고자 하던 왈도파에 대해서도 십자군에게 정벌을 명하였고 이것은 1244년까지 계속되었다. 1215년 라테란 공의회는 이단에 대한 세속적인 형벌과 재산 몰수를 결의했다. 속권을 가진 관리들이 이를 이행하지 않은 경우에 저들은 출교로 위협을 받았다. 1224년에 황제 프레더릭(Frederic) 2세는 이단을 화형에 처할 것을 명령하고 교황 그레고리 9세는 이것을 인정했다.

교회에 이단 심문소(종교재판소)를 공식적으로 설치한 사람은 그레고리 9세였다. 그가 조직적인 이단 심문에 관련된 법을 마련하고 이 법을 집행할 권한을 도미니칸 교단(Dominicans)에게 주었다. 도미니칸 교단은 교황의 권위에만 절대 복종함으로 로마의 교권 체제 속에서 강력한 권력을 행사했다. 이단 심문자의 안내서에는 이단 심문자는 일반 법을 떠나 교황에게만 복종해야 하며, 피의자에게는 변호인이 있을 수 없고 고소자를 아는 것이 허락되지 않는다고 했다. 피의자가 죄를 고백하면 사형에서 종신형으로 벌이 줄여질 수 있지만, 교회를 거스르는 말을 한 죄 때문에 혀는 잃게 된다고 했다. 또 피의자를 위해서 증거하는 것은 이단을 부추기는 죄가 된다고도 했다. 1229년의 툴루즈(Toulouse) 회의는 이 모든 것을 합법화했다. 그리고 라틴어 성경 외에 자기 나라 말로 성경을 번역하는 일을 정죄하고, 이런 성경을 갖는 것을 금지했다.

1252년에 교황 이노센트 4세는 칙령을 통해 이단 심문 과정에서 정보를 얻고 이단을 고백하게 하는 수단으로 고문하는 것을 허락했다. 이단자에 대해 최종 선고를 할 때에는 공적 의식을 거행했는데 그 지역의 신자들이 의식에 참석하도록 명령했다. 이렇게 하는 것은 교회에 대한 충성도를 높이고 이단에 대한 추종을 경고하기 위함이었다. 가벼운 죄는 금식과 순례 등으로 사죄를 받게 되나, 중한 죄는 파문, 유배, 재산 몰수, 투옥 등이 따르게 되었다. 그러나 끝까지 돌이키지 않는 사람은 사형에 처해졌다.

교황 이노센트 4세는 이단이란 몸의 지체 중 썩어가는 지체와 같으므로 온 몸이 상하지 않도록 일찍 절단해야 한다고 했다. 교회는 전통을 지키기 위해서라면 이단에게 행해지는 잔혹한 형벌은 마땅히 지불해야 할 희생정도로 여겼다. 그렇지만 교회가 직접 피를 흘리게 하고 사형을 집행하는 일까지 할 수는 없으므로 교회는 모든 이단자들을 당국(국가)에 넘겨 사형을 집행하게 했다. 그 방법은 일반적으로 화형이었다. 이 이단 심문(종교재판)은 프랑스, 스페인, 이태리, 독일 등에서는 성공적으로 집행되었지만, 영국 스칸디나비아, 동유럽 등에서는 그다지 성공적으로 집행되지 못했다.

그런데 15세기 말의 스페인의 종교재판(이단심문)은 지난 날의 것과는 다른 것이었다. 당시 왕 페르디난드 5세(Ferdinand)와 왕후 이사벨라(Isabella)는 나라가 기독교 국가가 될 때만이 잘 될 것이라고 믿었다. 이런 로마 카톨릭 교회에 대한 충성 때문에 교황으로부터 '카톨릭 왕'이란 칭호까지 얻었다. 저들은 1478년에 교황에게 자신들을 심문자로 하는 종교재판소 설치를 요청하여 허락을 받았다.

다음 해에 도미니칸 수도사 토르쿠에마다(Tomas de Torquemada)를 최고 심문자로 하는 황실 중심의 종교재판소를 설치했다. 토르쿠에마다는 개인적 생활에 있어서는 절제와 헌신으로 모범을 보였지만 그의 지나친 열심은 공적 생활에서 극단적으로 나타났다. 그가 주도하는 종교재판으로 많은 사람들이 화형을 받게 되고 무거운 벌금을 받거나 치욕적인 속죄 행위를 해야 했다. 종교재판소는 정죄받은 자들의 재산을 몰수할 권리를 가졌었다. 그래서 박해를 계속하는데 금전적인 어려움은 없었다. 당시 스페인에 있는 많은 유대인들과 아랍인들이 억지로 기독교로 개종하게 되었다. 그렇기 때문에 저들이 남몰래 옛 신앙을 가지고 있지 않나 하는 의문이 생겼고, 그 결과 거의 모든 유대인들과 무슬림들이 추방을 당했다.

이 종교재판소는 유럽에서 종교 개혁이 일어났을 때 개신교 운동을 막기 위해 1542년에 다시 시행되어 종교개혁 운동과 연관된 책들을 다 거두어 불살랐다. 그리고 종교개혁 측에 동조하는 것으로 의심되는 모든 사람들은 이단으로 심문을 받게 되었다. 그 결과 스페인 지역에는 개신교가 유럽 다른 곳처럼 자리를 잡지 못하게 되었다. 개신교도들이 유럽이 다른 지역에서도 박해를 받았지만 스페인처럼 종교재판이 맹위를 떨친 곳은 없었다. 이 종교재판소는 로마 카톨릭 교회의 도구로 1834년까지 공식적으로 문을 닫지 않았다. 로마 교회는 약 700년 동안의 종교재판을 통한 잔인한 박해로 역사에 어두운 그림자를 길게 남겼다. 16세기 종교개혁을 통해서야 비로소 교회는 그리스도의 말씀의 통치 아래 사는 참된 교회의 모습을 되찾게 되었다.

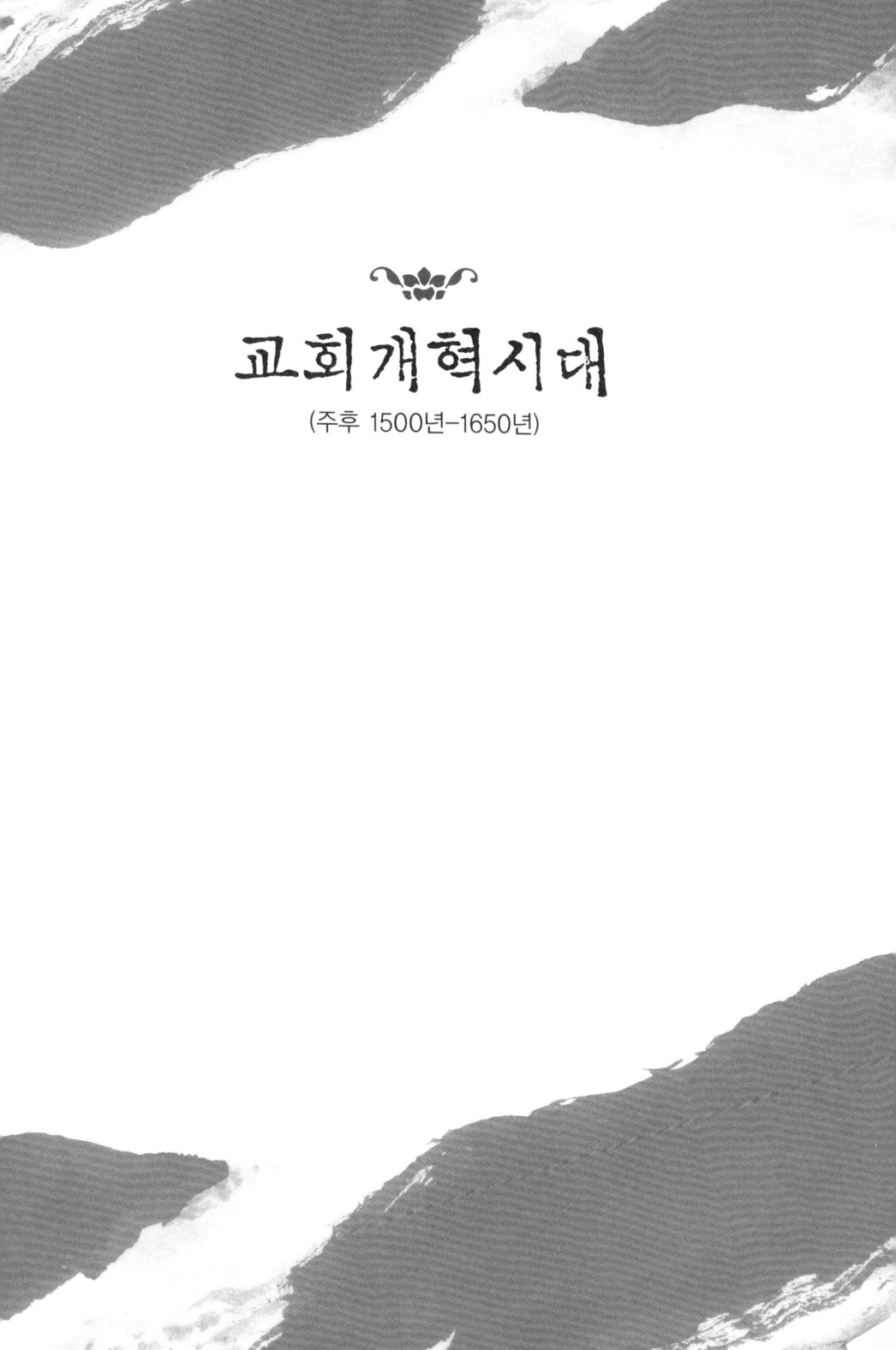

교회개혁시대
(주후 1500년-1650년)

35. 루터(Martin Luther)가 올린 교회개혁의 횃불

| 주후 1517년 |

> "여기 내가 서 있습니다.
> 달리 할 수 없습니다."
> (보름스 제국의회에서 루터)

1516년부터 도미니크회의 수도사 요한 테첼(Johann Tetzel)이 면죄부 행상으로 독일 땅을 돌며 능란한 말로 외쳤다. "헌금함에 돈이 떨어지는 소리가 나자마자 영혼이 연옥에서 낙원으로 옮겨집니다." 그는 로마에 새로운 큰 성당 건축 자금을 모으기 위한 특사로 면죄부를 팔고 다녔다.

면죄부는 12세기 십자군 원정 때 로마 교회가 자금을 확보하기 위해 공식적으로 도입하게 된 제도였다. 로마 교회는 신자가 믿음으로 죄사함은 받을시라도 그 죄에 대한 벌은 이 세상이나 연옥에서 받게 되는데, 선행, 헌금, 순례 등을 통해서 이 기간을 줄이거나 면제 받을 수 있다고 가르쳤다. 1095년에 교황 우르반 2세가 십자군 원정에 참여하는 자들에게 앞으로 받을 벌에 대한 완전 사면을 선언했다. 이제 이 면죄부는

루터

교회의 재정을 확보하는 수단이 되었다. 당시 교회의 부패는 심각했다. 교회의 직분 매매가 성행하여 부유한 귀족들이 교회의 직분을 사서 부와 권력을 확보하게 되는 일이 많았다.

알베르트(Albert of Brandenburg)는 마인츠(Mainz)의 대감독직으로의 승진과 할베르스타트(Halberstadt) 지방의 감독직을 모두 확보하기 위해 은행가 푸거스(Fuggers)로부터 큰 빚을 내었다. 그는 이 빚을 갚기 위해 도미니크회의 수도사 요한 테첼을 면죄부 판매자로 지명하였다. 교황은 그 수입의 반을 로마의 성 베드로 대성당 건축을 위한 자금으로 내줄 것을 조건으로 이를 허락했다. 대중적 연설가인 수도사 테첼은 면죄부 판매 특사가 되어 대감독 알베르트의 교구 내 모든 도시를 돌면서 면죄부를 팔며 "여러분들이 사랑하는 죽은 친척들과 친구들이 '우리를 불쌍히 여겨다오, 심한 고통 중에 있는 우리를 불쌍히 여겨다오. 적은 것으로 우리를 이 고통에서 건져 다오.' 라고 간절하게 외치는 소리를 듣고 있습니까? 적은 헌금으로 불쌍한 저들을 연옥에서 건져내기를 원하지 않습니까?"라고 외쳤다.

사제이자 비텐베르크 대학의 신학 교수인 루터는 이런 면죄부의 판매를 지켜 볼 수 없었다. 루터는 이미 죄인은 어떤 선행으로가 아니고 오직 믿음만으로 구원을 얻는다는 복음의 진리를 확신하고 있었기 때문이다. 테첼이 가까운 지역에 와서 면죄부를 선전하고 있던 1517년 10월 31일 면죄부에 대한 부당성을 지적하는 95개의 주장을 비텐베르크 성 교회 정문에 붙였다. 이는 대학의 예배실로도 사용되는 교회로 색소니의 선제후 프레더릭(Frederik)과 그의 선임자들에 의해 수집된 1만 8천개의 유물이 진열되어 있는 곳이기도 했다. 유물 중에는 성인들의 뼈, 성모 마리아의 허리띠 조각, 천사의 날개털, 예수님의 눈물 방울이라는 것들도 있었다. 이 유물들을 보기 위해 순례자들이 내는 헌금은 대학의 큰 수입원이었다.

그런데 루터는 1516년에 이미 이런 기만적인 유물에 대한 반대를 표명했었다. 이런 처신은 대학의 재원을 해치는 일이고, 그 대학의 교수인 자신의 입장을 위험하게 만드는 일이었다. 그러나 루터는 이제는 만연한 교회의 부패를 공적으로 드러내고 토론해야 할 때라고 생각한 것이다.

비텐베르크 교회 정문은 대학의 게시판으로도 사용되어 온 것이다. 그가 그 문에 95개의 주장을 붙인 것은 당시 학문 세계에서 논쟁이 될 만한 문제에 대해 토론을 청하는 의미를 가졌다. 그의 주장 가운데 몇 가지를 들면 면죄부 때문에 구원을 받는다고 생각하는 사람들은 이렇게 가르치는 스승과 함께 영원한 저주를 받게 될 것이라 하고(32), 교회의 참된 보화는 성도들의 공덕이 아니라 하나님의 영광과 은혜의 복음이라고 했다(62). 그리고 가장 큰 부자보다 더 많은 부를 가진 교황이 왜 가난한 신자들의 돈이 아닌 자기 돈으로 성 베드로 교회당을 건축하지 않는가라고 물었다(86). 이것은 카톨릭 교회의 부패의 핵심을 찌른 것이다.

루터는 광부의 아들로 태어났으며, 그의 아버지는 원래 그가 법률가가 되기를 원했다. 그러나 그는 자기 옆에 벼락이 떨어져 죽을 뻔한 위기를 겪고 난 후 생각을 바꾸어 어거스틴 수도원에 들어가 수도사가 되고, 후에 비텐베르크 대학의 신학 교수가 되었다. 그는 거룩하신 하나님 앞에서 자기의 죄를 생각할 때 하나님의 사랑을 기대할 수 없음을 알고 늘 영적 불안을 안고 살게 되었다. 선행과 순례를 통해 평안을 얻고자 했지만 얻을 수 없었다.

그러던 1515년 어느날 로마서를 가르치던 중에 그는 하나님의 의에 대한 바른 이해를 위해 밤낮 생각에 잠기게 되었다. 그는 마침내 성경이 말하는 하나님의 의는 죄인을 벌하시는 의가 아니라 하나님이 그의 은혜와 자비를 통해 믿음으로 우리를 의롭게 하시는 것이라는 진리를 깨닫게 되었다. 그는 이것을 깨달은 순간에 대하여 이렇게 기록했다. "그때 나는 거듭나게 되고, 열린 문을 통해 낙원에 들어가게 되는 것을 느꼈다. 모든 성경은 내게 새로운 의미를 갖게 되었다. 특히 오직 의인은 믿음으로 말미암아 살리라(롬 1:17)는 말씀은 내게 하늘의 문이 되었다."

모든 영적 불안에서 벗어나 믿음으로 자유를 얻은 루터는 이제 교회의 부패에 대하여 담대하게 말할 수 있는 용기를 얻었다. 그는 유물 숭배와 면죄부 판매를 비판하고 나섰다. 그가 제시한 95개 주장에 관하여 처음에 테첼과 토론이 있었다. 테첼과 도미니칸 수도사들은 교황의 최고 권위와 무오성을 주장하고 이를 부인하는 자들은 이단이라고만 주장했다. 1519년에는 라이프치히에서 신학자 존 에크(John Eck)와 토론했다. 그는 루터가 1세기 전 콘스탄츠 공의회에서 정죄를 받고 화형 당한 존 후스의 사상을 지지하는 이단이라고 했다. 루터는 공정한 판단을 바라며 교황 레오 10세에게 호소했으나 이것이 받아들여질 리 없었다.

교황은 1520년 6월 15일에 루터의 사상을 정죄하는 칙령(Exsurge Domie : 주여 일어나소서)을 발표하고, 그의 모든 저서를 불태우게 했다. 그해 12월 10일 루터는 비텐베르크 대학 학생들, 교수들과 시민들 앞에서 교황의 칙령을 "적그리스도의 저주 받을 칙령"이라 하고 정죄하며 태워버렸다.

　1521년 1월 3일에 교황은 루터에 대한 출교 명령을 내렸다. 루터를 속권에 넘겨 화형에 처하도록 하는 것이 로마 교회의 의도였다. 그러나 오히려 교회의 분열과 독일의 전쟁을 촉발하게 되었다. 그래서 황제 찰스 5세는 보름스(Worms)에서 제국의 의회를 소집하고 루터를 소환하여 협상을 시도했다. 그러나 루터는 그의 주장에 흔들리지 않고 진술했다. "나의 양심은 하나님의 말씀에 사로잡혀 있습니다. 나는 어떤 것도 취소하기를 원하지 않고, 취소할 수 없습니다. 양심을 거스르며 하는 것은 옳지도 안전하지도 않습니다. 여기 내가 서 있습니다. 달리할 수 없습니다. 하나님이여 저를 도우소서. 아멘."

　이로써 그는 부패한 중세 교회에 개혁의 횃불을 올리고, 독일 귀족들과 농민들에게 독립 정신을 불어넣은 독일 민족의 영웅이 되었다.

36. 스위스의 개혁자 츠빙글리(Ulrich Zwingli)의 등장

| 주후 1519년 |

독일에서 루터가 개혁의 횃불을 밝히자 뒤따라 스위스에서도 개혁의 횃불이 솟아올랐다. 이것은 루터와 같은 해에 스위스의 작은 마을 한 관리의 가정에서 태어난 츠빙글리(Uldrich Zwingli, 1484-1531)에 의해서였다. 그는 한 소교구의 사제인 그의 삼촌의 지도로 바젤과 베른에서 공부를 하고, 후에 비엔나와 바젤 대학에서 연구를 했다. 그는 특별히 어거스틴의 책들로부터 큰 영향을 받았고, 같은 시대의 인문주의자 에라스무스(Erasmus)의 저서들로부터도 영향을 받았다.

1506년에 그는 갈레루스(Galerus) 지역 교구의 사제로 임명되어 10년 동안 봉사했다. 이때 용병제도에 대한 비판적 설교를 하여 그 곳에서의 목회를 그만 두어야 했다. 당시 스위스의 상당 수 젊은이들이 모험심을 가지고 호재를 바라며 교황청과 프랑스의 용병으로 나가게 되었다. 츠빙글리 자신도 군목으로서 나가 용병 생활을 경험한 후에 이를 반대하게 되었던 것이다.

그후 그는 1516년 아인지델런(Einsiedelen)의 사제가 되었다. 이곳에는 마리아 상이 있는 성당이 있었는데, 치유의 이적이 나타난다 하여 많은 순례객들이 찾아 오는 곳이었다. 오늘날도 이런 미신을 믿는 로마교 신자들이 수없이 방문을 하고 있다. 그는 이를 우상 숭배라고 하며 신랄하게 비판하는 설교를 했다. 그는 당시 에라스무스의 그리스어 성경을 읽고 큰 감동을 받아 강력한 복음 설교자가 되었던 것이다. 이어 루터의 글을 접한 그는 루터의 견해에 전적으로 동의했다.

신학자로서 또 용병을 반대하는 강력한 복음 설교자로서의 그의 명성이 알려지자 그는 1519년 취리히(Zurich)시에 있는 큰 교회로 청빙을 받게 되었다. 취리히 교회로 옮기자마자 그는 로마 교회가 공식적으로 매주일 읽도록 정해 놓은 성경 본문대신 성경의 모든 책을 순서대로 해설해 나가겠다고 선언하고 마태복음부터 설교하기 시작했다. 비록 이것이 로마 교회와의 분리를 의도한 것은 아니었지만 결과적으로는 로마 교회에 대한 큰 도전이었다.

그 해에 취리히시에서는 전염병으로 시민의 3분의 1을 잃는 끔찍한 일이 일어났다. 츠빙글리도 병에 선염뇌어 3개월 간 사경을 헤맸다. 이때 그는 주께서 그를 살려주신다면 어떤 일을 만나더라도 전적으로 주님께 헌신하며 살겠다고 약속했다.

츠빙글리

여기에서 루터와 츠빙글리를 비교해 보게 된다. 루터는 극적으로 개종하여 사제가 되었으나 츠빙글리는 자연스럽게 사제의 길을 택해 걸었다. 루터는 죄와 의의 문제로 영적인 불안 속에 고민하던 중 믿음으로 의로워진다는 진리를 터득하게 되었으나 츠빙글리는 성경에서 하나님의 뜻을 지적으로 깨닫고 의지적으로 순종하게 되었다. 그러나 두 사람 다 오직 믿음(sola fidei), 오직 성경(sola scriptura)이라는 동일한 신학적 입장을 취했었다.

1520년에 츠빙글리는 자유로운 입장에서 그가 원하는 대로 설교를 하기 위해 교황으로부터 오는 생활 보조금을 사절했다. 교황보다 성경의 권위가 그에게는 점차 가장 중요한 것이 되었다. 1525년까지 그는 모든 신약 성경을 설교했다. 그는 로마 교회의 의식 및 교리와 다른 내용으로 설교하는 것을 개의치 않았다. 그가 사순절 동안의 금식과 규칙을 강력하게 비판하는 설교를 했다. 이 결과로 취리히시가 콘스탄츠의 감독의 교구에 속해 있었기 때문에 츠빙글리는 콘스탄츠 감독과 격돌하게 되었다. 감독은 츠빙글리에게 로마 교회의 전통에 대한 공격을 그치라고 지시했다. 그러나 시의회는 모든 교회의 관습은 하나님의 말씀에 기반을 두어야 한다고 하며 츠빙글리를 적극적으로 옹호했다.

1523년 1월에 취리히 시청 강당에서 첫 번째 공개토론이 열렸다. 이때 츠빙글리는 그의 유명한 67항목(Sixty-seven Articles)의 주장을 제시했다. 여기서 그는 교황의 권위를 성경의 권위로 대체해야 한다고 하고, 교황의 수장권, 성인의 예배, 선행의 공덕, 금식, 축제, 성지 참배, 수도회, 사제의 독신 생활, 사면, 면죄부, 고해성사, 연옥 교리 등을 공격했다. 그는 이 모든 것이 성경에 근거 없는 인간이 만든 것이라고 했다. 취리히시 정부는 츠빙글리의 견해를 지지하고 새로운 규정을 마련했다. 1523년 10월에는 교회 내의 성상 문제와 로마 교회의 미사 문제에 대해 토론하기 위해 두 번째 공개토론이 열렸다. 츠빙글리는 교회 안에 있는 모든 조상과 화상의 제거를 요구했다. 성만찬(미사)은 그리스도의 죽음을 기념하는 것이고 희생 제물이 아니라고 선언했다. 그 결과 로마 교회의 미사가 폐지되고, 1525년 4월 13일에 취리히 대 교회당에서 첫 번째의 복음적 성찬 예식이 거행되었다. 츠빙글리의 개혁은 로마 카톨릭 교회와의 완전한 단절을 가져왔고, 이 스위스의 개혁자는 새 교회를 세우는 길에 들어섰다. 그러나 그것은 쉬운 일이 아니었다.

먼저 개혁에는 동조하지만 그의 개혁이 근본적이지 못한 것에 불만을 가진 재세례파가 등장해 유아세례의 폐지를 주장했다. 그러나 그는 유아세례가 아이의 구원을 위해 필요한 것은 아니지만 하나님의 언약의 자녀임을 확인하는 방편으로써 필요하다고 했다.

다음으로 츠빙글리는 독일의 개혁자 루터와 몇 가지 점들에 있어 견해를 달리했다. 이 가운데 가장 큰 차이를 보인 것이 성만찬에 대한 이해에 관한 것이었다. 서로 간의 자이를 해소하기 위해 1529년 1월에 마르부르크에서 만남이 주선되었다(Marburg Colloquy). 열다섯 가지 쟁점 중 열넷에는 서로 합의에 이르렀으나, 성찬 예식에 대해서는 일치점을 찾을 수 없었다. 츠빙글리는 성찬을 영적인 내용으로 이해하여 떡은 예수님의 속죄 희생의 죽음을 기념하는 것이라고 하였고, 루터는 예수님이 "이것은 내 몸이니"라고 한 대로 떡은 그자체로 예수님의 몸이라고 주장했다. 결국 루터는 츠빙글리의 친구 부처(Buccer)에게 "우리는 분명히 같은 정신을 가지고 있지 않다."라고 하고, 신앙 일치의 증표로 나누는 악수를 거절했다. 이로써 독일과 스위스 개혁의 두 진영은 완전히 서로 나누어지고 말았다.

이후에도 츠빙글리는 스위스에 로마 카톨릭으로 남아 있는 지역 때문에 어려움을 겪었다. 그는 열 세개의 주가 모두 개혁에 동참하도록 모든 노력을 기울였다. 이에 격분한 로마 카톨릭에 남아 있는 5개 주의 동맹군이 1531년 10월 갑자기 취리히를 공격해 왔다. 이때 츠빙글리는 깃발을 들고 군목으로 출전하였다가 카펠(Kappel)에서 전사하였다. 현재 취리히 교회 정원에는 한 손에는 성경을, 다른 한 손에 칼을 들고 있는 츠빙글리의 동상이 있다. 불링거(Henry Bullinger)가 츠빙글리를 계승하여 교회 봉사를 계속했다. 그러나 그는 시민 전쟁 후 맺어진 로마 카톨릭과의 조약으로 자신의 주에 한정된 봉사만을 해야 했다. 그런데 그로부터 10년이 지나지 않아 츠빙글리가 시작했던 개혁 운동은 제네바에 위대한 개혁자 칼빈이 등장함으로 제네바 개혁에 합류되었을 뿐 아니라, 세계적인 성격을 띤 개혁 운동으로 놀랍게 확산되며 발전해 나갔다.

37. 재세례파 운동(Anabaptism)

| 주후 1525-년 |

루터와 츠빙글리의 개혁 운동이 급히 확산되고 있던 1520년과 1530년 사이에 세 번째로 색다른 운동이 일어나 상당수 따르는 사람들이 있게 되었다. 이를 일반적으로 재세례파 운동이라고 부른다. 이는 그 당시의 광신적인 신앙 운동과 관계가 있기도 했지만 실은 츠빙글리를 따르던 사람들 중 극단적인 생각을 가진 사람들로부터 나온 것이었다. 츠빙글리 이후 개혁자들은 로마 카톨릭 교회와 싸울 뿐 아니라 이 재세례파 운동과도 싸워야 했다.

취리히에서 츠빙글리를 추종하는 몇몇 젊은이들이 세례는 스스로 침된 신앙을 고백할 수 있는 장년들에게만 베풀어야 한다는 주장을 가지고 나타났다. 이들은 개인적인 신앙을 근거로 하지 않은 유아 세례와 장년 세례를 부인하였다. "이미 세례를 받은 사람이라도 본인의 신앙에 근거해 다시 세례를 받아야 한다고 함으로 재(再) 세례를 주장한 것"이다. 이들은 하나님의 언약적 은혜가 신앙에 앞선다는 사실을 잊고 있었다. 이것이 재세례파 운동의 특징이 되었다. 오늘의 침례교회도 유아세례를 반대한다는 측면에서는 이 재세례파의 원리를 따르고 있다고 볼 수 있다. 영어 아나뱁티스트(anabaptists)는 세례 반대자들을 뜻하는데 이는 특별히 믿음에 근거하지 않은 '유아세례를 반대' 한다는 뜻에서 온 말이다.

1525년 1월에 취리히 시의회는 재세례파 지도자들에게 논쟁에 대한 금령을 내렸다. 그러나 저들은 이를 영적 생활에 대한 통제로 보고, 눈이 내리는 겨울 밤 콘라드 그레벨(Conrad Grebel)의 인도로 가까운 마을에서 자기들끼리 모여 재세례를 베풀었다. 이 일을 알게 된 시의회는 더욱 강력한 조치를 취하게 되었다. 그러자 저들은 유럽 북쪽 프리스란드 해안으로부터 남쪽 알프스 지역에까지 이 운동을 확산시켰다. 이러한 재세례파 운동은 노동자들과 소시민들 사이에 널리 퍼져 대중적인 운동이 되어 갔다.

저들은 '거룩하고 흠이 없는 교회(엡 5:27)'를 원했다. 저들에 의하면 신약 교회는 참으로 중생한 신자들의 교제이고, 신앙은 성화로 나타나야 한다고 했다. 그러면서 세상과의 단절을 추구했다. 저들은 교회의 거룩성이 '물로 씻어 말씀으로 깨끗하게(세례와 설교)' 하시는 그리스도 사역의 결과라는 것을 잊은 것이다(엡 5:25-26). 더 나아가 저들은 군의 봉사나 정부의 공직이나 합법적인 서약을 거절하고, 국가와 교회의 완전한 분리를 주장했다. 교회 생활에서도 감독과 공의회 등의 교회 체제를 전적으로 부정하고 회중의 민주 체제를 옹호했다.

결과적으로 재세례파 운동은 교회의 개혁이 아니고 하나의 혁명으로 나타나게 되었다. 이에 더하여 저들 중에는 기록된 말씀을 떠나 새로운 계시를 주장하고 일부다처제 생활을 하는 자들도 생겨났다. 이와 같은 사실은 교회 개혁자들로부터 반대를 받았을 뿐 아니라 로마 카톨릭 교회 측에서도 박해에 나서게 되었다. 그 결과 많은 재세례파 추종자들이 박해를 받게 되고 사형을 받기도 했다. 그러나 이 운동은 저들의 열심있는 전도로 특별히 일반 평민가운데 널리 퍼져 새로운 추종자들을 얻게 되었다. 상당수 개신교 신자들도 저들의 순결과 열정적인 주장에 끌려 들어가게 되었다.

재세례파의 첫 지도자 중 한 사람은 독일 북서부 프리스란드에서 태어난 모피 상인 호프만(Melchior Hoffman, 1495-1543)이었다. 그는 상인으로 널리 여행을 하고 전도하면서 스트라스부르크(Strasbourg)에 이르러 하나님의 나라가 그 도시에 임할 것이라 주장했다. 그는 자신을 오리라 한 엘리야라고 불렀다. 그러나 그는 10년 후에 그곳 감옥에서 죽음으로 생을 마쳤다. 재세례파 운동은 곧 유럽 서북지역 특히 네덜란드 쪽으로 번졌다.

네덜란드의 할렘에서 제과업을 하는 얀 마태이즈(Jan Matthijsz)가 특별한 이상을 받았다고 주장하고, 스트라스부르크는 하나님의 나라가 임하는 데 합당치 않고 독일의 도시 뮌스터(Munster)가 '하나님의 시온'으로 선택되었다고 주장했다. 그는 따르는 무리들을 그 곳으로 모으고, 자기가 하나님과 동행한 둘째 에녹이라 자처하고, 이제 저항의 시대가 끝나고 추수의 때가 왔다고 선포하며, 무기를 들고 불경건한 자들을 대항해 싸울 때라고 설파했다. 그 결과 뮌스터는 광신적인 재세례파 추종자들의 보루가 되었다. 그러나 뮌스터 교구 감독의 군대가 도시를 공격해 오자 그는 죽임을 당하고 말았다.

이때 레이던(Leiden)에서 재봉사 일을 하던 얀 뷰컬스존(Jan Beukelszoon)이 그의 후계자로 등장하였다. 그는 예언을 빙자하고 자신이 뮌스터 뿐 아니라 전 세계의 왕임을 선언하고 등장하였다. 네덜란드와 다른 지역으로부터 수천 명이 이 재세례파의 환상에 매혹되어 저 '하늘의 예루살렘'으로 모여 들었다. 그는 둘째 다윗임을 자처하고 다윗이 한 것처럼 모두가 주의 전쟁을 위해 무기를 들고 나설 것을 촉구했으며 개인 소유권 제도를 폐지하고 다윗 왕도 여러 아내를 거느렸다고 하면서 일부다처제를 도입했다. 결국 그에 의한 도시의 순화작업은 무시무시했다. 한겨울에 부녀자들과 어린이들을 포함한 많은 비 재세례파 시민들이 바깥 어두운 곳으로 쫓겨나게 되었다.

드디어 1535년 뮌스터 감독의 군대가 그 도시를 재탈환하고 다시 로마 카톨릭 교회 통치를 회복했다. 그 보복은 비참했으며 재세례파 지도자들의 찢겨진 시신이 뮌스터 시 종탑에 전시되기까지 했다. "검을 가지는 자는 다 검으로 망하리라"하신 주의 말씀이 응하였다(마 26:52).

뮌스터 도시의 몰락은 재세례파의 극단적 형태의 혁명적 광신행위의 끝을 의미했다. 그러나 이 운동에 대한 근본적인 변화는 오지 못했다. 이제 네덜란드 서북지역의 프리스란드 사람인 메노 시몬스(Menno Simons, 1496-1561)가 이 운동의 지도자가 되었다. 그는 같은 프리스란드 출신인 사제 멜키오르 호프만의 영향을 받았지만 그처럼 광신적은 아니었다. 그가 이끈 온건한 재세례파는 이후 '메노나이트'파로 불려지게 되었다. 1560년대에 많은 메노나이트파 사람들이 북미 대륙으로 이민하게 되고, 후에 독일계 메노나이트파 사람들은 러시아로 이주를 했다. 오늘의 메노나이트파와 형제교회파(brethren churches)는 모두 본질적으로 재세례파의 전통을 이어 오고 있다.

16세기 개혁교회 신자들에게는 자신들이 재세례파와 분명하게 다르다는 것을 세상에 밝히 나타내는 일이 매우 중요하였다. 그래서 벨직 신앙고백 34, 35조 등은 재세례파의 재세례의 입장을 분명하게 정죄하고 있다. 16세기 재세례파의 역사는 객관적으로 계시된 언약의 말씀을 떠난 주관주의적 광신 신앙이 그리스도의 교회에 얼마나 큰 해를 가져 오는지를 잘 교훈해 주고 있다. 한국의 교회사에서도 지난날 박태선의 신앙촌을 위시한 여러 광신적 운동에서 재세례파의 역사와 유사한 흔적을 발견할 수 있다.

38. 영국의회의 "교회 수장령" 선언

| 주후 1534년 |

14세기에 '개혁의 샛별 위클리프(Wycliffe)'가 나타났던 영국은 16세기 초 유럽대륙의 루터와 츠빙글리의 교회개혁의 영향을 크게 받았었다. 루터의 저술들에 영향을 받은 캠브리지의 토마스 빌니(T. Bilney)가 1531년에 화형을 당했고, 뒤이어 래티머(Hugh Lamtimer)가 순교했다. 그렇지만 영국에도 차츰 교회의 개혁이 시작되었다. 그런데 영국의 개혁은 유럽 대륙처럼 신학적인 확신에서가 아닌 정치적인 동기에서 시작되었다. 그러다 보니 거기 참된 개혁주의 교회는 설 수 없었다.

영국교회의 개혁은 왕 헨리 8세(Henry Ⅷ, 1491-1547)로부터 시작되었다. 그는 일찍이 루터의 교리를 반대하여 로마 카톨릭 교회의 7성례를 옹호하는 글을 써서 교황으로부터 '신앙의 수호자'라는 칭호를 받기까지 했다. 그런데 그가 영국의 교회개혁을 위한 결정적인 원인을 제공했다는 사실은 기이한 일이었다. 실상 그의 개인적인 욕망이 교회개혁의 길을 터준 셈이었다. 그의 아버지 헨리 7세는 튜더(Tudor)가 가문의 첫 번째 왕으로서 정치적으로 약삭빠른 그는 그의 열 네 살 된 아들 아서(Arthur)와 스페인 페르디난트와 이사벨라에게서 난 열 여섯 살 된 딸 캐서린 (Catherine)과의 결혼을 주선했다. 그런데 6개월이 지나지 않아 그 아들이 죽었다. 헨리 7

헨리 8세

세는 스페인과 좋은 관계를 유지하기 위해 홀로된 그의 며느리와 둘째 아들 헨리와의 결혼 허락을 교황으로부터 받아냈다. 그 결과 왕자 헨리는 1509년에 캐서린과 결혼하고 헨리 8세로 왕위에 올랐다. 그런데 헨리 8세와 캐서린 사이에서 낳은 자녀 6명 중 딸인 메리(Mary) 한 명만 생존했다.

헨리 8세는 왕위를 이을 아들을 얻지 못한 것이 그의 형수와 결혼한 것에 대한 하나님의 진노였다고 생각했다. 그리고 그는 아름다운 여자 앤 볼린(Anne Boleyn)을 사랑하게 되었다. 그러나 앤은 왕비 문제가 해결되기 전에는 그의 사랑을 받아들일 수 없다고 하여 헨리 8세는 형수 캐서린과의 결혼이 불법이요 무효라는 선언을 교황으로부터 받아 내기를 원했다. 그러나 교황 글레멘드 7세(Clement)는 당시 신성로마 황제 찰스 5세가 페르디난트와 이사벨라의 손자요 캐서린의 조카이기 때문에 헨리의 요구를 들어줄 형편이 못되었다. 그렇다고 영국의 왕의 지지도 중요하기 때문에 헨리 8세의 요구를 들어주지 않는 것도 어려웠다.

그래서 헨리는 4년 이상 이 문제가 해결되지 않아 어찌 할 바를 알지 못해 궁지에 빠져 있었다.

이때 토마스 크랜머(Thomas Cranmer)가 왕 헨리에게 신학자들의 의견을 묻는 것이 좋겠다는 암시를 해 주었다. 옥스퍼드와 캠브리지 뿐 아니라 프랑스 대학교들의 신학자들이 헨리와 캐서린과의 결혼은 하나님의 법에 위배된 것이므로 무효라고 판단하여 헨리에게 유리한 결론을 내어 주었다. 그 결과 헨리는 교황의 특별 허락을 받을 필요없이 24년간 왕후였던 캐서린과의 결혼을 끝내고 1533년 앤과 결혼을 하게 되었다.

이에 교황이 헨리에게 출교로 위협을 가하였다. 그러자 헨리는 의회로 하여금 교회에 대한 왕의 최상권을 입법하도록 지시했다. 곧 영국 의회는 '종교에 관한 모든 사건들은 이제부터…로마의 교황좌로부터가 아니고…왕의 관할과 권위 안에서 최종적으로…논의되고 결정될 것이다.' 라는 입법을 선언하였다. 다음 해에 의회는 교황의 교직 임명권과 교황을 위한 헌금을 금하는 법을 공포했다. 1534년에 공포된 '수장령 (the Act of Supremacy)' 은 왕 헨리 8세를 '영국교회 최고의 머리' 로 확증했다. 그리고 캐서린의 딸 메리를 사생아로 선언하고 아직 유아인 앤의 딸 엘리자베스(1533. 9. 7. 생)를 왕위 계승자로 선언했다. 이에 교황 클레멘트는 캐서린과 헨리의 결혼의 정당성을 재확인하고, 영국의 왕 헨리 8세를 출교했다. 이로써 로마 카톨릭 교회와 영국교회와의 관계가 완전히 단절되었다.

헨리 8세는 이제 영국 국가의 머리일 뿐 아니라, 민족적 영국교회의 머리로 지배력을 행사했다. 그렇지만 그는 자기의 개인적인 정욕의 문제만은 지배하지 못했다. 부정이란 구실과 왕위를 이을 남아를 생산하지 못했다는 이유로 그렇게도 좋아했던 앤 볼린을 사형에 처하고, 이후에도 네 번이나 더 결혼을 하였다.

헨리 8세가 로마와 관계를 단절했으나 개신교 신학을 수용하지는 않았다. 그는 교리적인 면에 있어서 카톨릭 교회 입장에 굳게 서 있었으며, 루터의 가르침을 해로운 독으로 규정하고 박해를 가했다. 그가 의회를 통해 수용을 강행한 6개 조항(Six Articles)은 화체설 교리, 사제의 독신생활, 고해성사 의무 등 철저한 카톨릭적 교리를 담고 있었다. 그러나 그가 로마와 관계를 단절하고 교회의 독립을 선언한 민족주의적 의식 때문에 성경을 영어로 번역하고, 이를 모든 교회에 비치하도록 권장하게 된 것은 로마교적인 것보다 개신교적인 면이었다고 볼 수 있다.

헨리 8세는 끝까지 반 개신교적 입장에 있었다. 그러나 그가 캐서린과의 결혼을 무효로 이끌어 준 크랜머를 등용함으로 미래 영국교회 개혁의 길을 열어주게 되었다. 크랜머는 헨리의 결혼 무효를 설득키 위한 그의 대사로 1532년 황제 찰스 5세를 만나기 위해 유럽 대륙을 방문했다. 이때 그는 대륙의 루터 신학에 영향을 받게 되고, 독일의 개혁자 오시안더(Osiander)의 질녀와 결혼을 하였다. 이로써 그는 헨리와 입장을 달리했다. 그러나 왕 헨리는 캐서린과의 결혼의 무효와 로마와의 관계 단설을 위한 그의 공헌 때문에 1533년에 그를 캔터베리 대감독으로 임명을 하였다. 이 후 크랜머는 1547년 헨리가 세상을 떠날 때에도 그 곁에 있게 되었다.

헨리 8세가 별세하고 그의 셋째 아내 제인(Jane Seymour)에게서 난 9살 된 에드워드 4세(Edward)가 1547년에 왕위를 계승했으나 15살인 1553년 죽었다. 그러나 에드워드 통치 6년 반 동안 영국은 개신교를 향한 강력한 도약을 하게 되었다. 이는 왕 에드워드가 신중하고 신앙있는 소년이기도 했지만, 그의 통치는 그의 아버지가 지명하여 세운 섭정회의 큰 영향을 받았기 때문이었다. 섭정회의는 크랜머와 왕의 삼촌인 에드워드 시모어(Edward Seymour)가 주동이었다. 새로운 왕정의 첫 번째 의회는 철저한 로마교적 6개 조항을 폐기하였다. 이어 의회는 크랜머 주도하에 작성된 개혁주의적 성격을 띤 '공동기도서(1549)'와 '42 신앙항목(1553)'을 수용하게 되었고, 이것이 영국교회의 교리적 기반이 되어졌다.

그러나 영국 교회(the Anglican Church)가 로마 교회와의 관계를 단절했지만 종래 참된 개혁교회가 되지 못했다. 이 교회는 강력한 교권체제와 펠라기안적 교리와 감독정치를 가진 고교회(High Church)와 개신교적 교리인 '39개 조항'과 '공동기도서'를 가진 저교회(Low Church) 두 파벌로 나누어진 유사 개신교회가 되어 오늘날까지 내려오고 있다. 영국 교회의 역사가 우리에게 주는 교훈은 처음부터 어떤 터 위에 교회를 세우느냐 하는 것이 미래의 교회에 매우 중요하다는 것을 알려주고 있다.

39. 제네바의 개혁자 요한 칼빈

| 주후 1509-1564년 |

> "주님, 주님을 위해
> 바로 저의 심장을 드립니다."
> 〈칼빈〉

많은 사람들은 칼빈을 강직하고 법적인 인물로 여긴다. 그래서 그의 신학 역시 기쁨과 위로가 없는 딱딱한 것일 거라고 생각하는 사람들이 있다. 그러나 그는 "이 세상에 하나님이 우리에게 즐거움을 주시려고 고안되지 않은 풀잎 하나 색깔 하나도 없다."라고 함으로 온화한 감정을 가진 세미한 신학자임을 보여주었다.

그는 1509년에 프랑스 노용(Noyon)에서 태어났다. 이것은 1483년에 출생한 개혁자 루터와는 26년의 나이 차이가 있음을 말해 준다. 그래서 칼빈은 종교개혁의 세2세대에 해당되는 셈이다. 그는 이릴 때부터 귀족적인 교육을 받았다. 처음에는 사제가 되기 원했지만 그의 아버지와 교회당국과의 논쟁 문제 때문에 마음을 바꾸어 오르레앙(Orleans)과 부어지(Bourges)에서 법을 공부하게 되었다.

칼빈

그의 아버지가 별세한 후 그는 인문학에 관심을 갖게 되고 파리에서 그리스어와 히브리어를 공부했다. 파리에 있는 동안 개신교 비밀집회에 참석을 하게 되고, 루터의 글을 접하여 크게 영향을 받게 되었다. 그는 "하나님이 나의 마음을 정복하시고 복종하게 만들었다"고 시편 주석 서문에서 밝혔듯이 1533년경 그에게 큰 변화가 일어났다. 즉 복음 진리에 사로잡히게 된 것이다. 특별히 이 해에 왕실 의사의 아들이요 그의 신앙의 친구 니콜라스 콥(Nicholas Cop)이 파리 대학에서 총장 취임연설을 하게 되었는데 취임 연설내용에 루터의 사상이 짙게 깔려있어서 곧 동요가 일어나게 되었다. 그 결과 그와 칼빈은 파리에 머물지 못하고 망명의 길에 올라야 했는데 이는 그 연설문을 쓰는데 칼빈이 도움을 주었던 것으로 알려져 오고 있기 때문이다.

이제 그는 로마 교회와의 관계를 완전히 끊고, 그의 조국 프랑스를 떠나 떠도는 생활을 하게 되었다. 1534년에 『영혼의 영면(On the Sleep of the Soul)』이라는 첫 신학 작품을 내고, 『기독교 강요(Institutes of the Christian Religion)』의 저작에 착수하여 1536년 바젤에서 불후의 거작인 초판을 내게 되었다. 이때 그의 나이는 27세였다. 이 책은 사도신경을 근간으로 성부 하나님, 성자 예수 그리스도, 성령 하나님, 거룩한 공교회의 네 부분으로 이루어진 교의학(조직신학)이었다. 그는 초판이 나온 후 여러 번 보완하여 1559년 최종 라틴어 판을 내게 되었는데 거듭된 판에서 내용을 수정하지 않고 보완을 했다. 이렇게 수정하지 않고 보완을 한 것은 초판을 내게 되었을 때 그의 신학의 입장은 이미 확고하게 정리되어 있었다는 사실을 알려주고 있다. 이 책은 지난 500년 동안 개혁신학의 진수를 담고 있어 헤아릴 수 없는 많은 사람들에 의해 읽혀져 오고 있다.

칼빈은 1536년 7월 고국 프랑스를 들러 바젤로 가는 길에 스위스의 제네바에 들러 며칠을 보내게 되었다. 당시 제네바는 북유럽에 있는 엠던(Emden), 스트라스부르크(Strassbourg)와 함께 자유도시로서 유럽 각 지역으로 부터 개신교 피난민들이 많이 찾아와 머무는 곳이었다. 이 때 제네바에서 교회 개혁을 이끌고 있던 목사 파렐(Guillaume Farel)은 힘겨운 투쟁을 해 오는 중에 있었다. 그는 '기독교 강요의 저자' 칼빈이 그 도시에 머물고 있다는 소식을 듣자 곧 찾아와 제네바에 머물러 교회 개혁에 협조해 줄 것을 청원했다. 그러나 칼빈은 자신은 아직 너무 젊기 때문에 조용하게 계속 연구하기를 원한다는 뜻을 밝히며 그 청원을 겸손하게 거절했다. 이때 파렐은 그에게 벼락같은 엄한 소리로 "당신은 자신이 원하는 것을 따르고 있소. 당신이 이곳 주의 일에 우리를 돕지 않는다면 주님은 그의 이익보다 당신 자신의 이익을 구하기 때문에 당신을 벌하실 것임을 전능하신 하나님의 이름으로 선언하오."라고 도움을 거절하는 그에게 저주를 선언했던 것이다. 후일 칼빈은 그 때를 기억하며 이렇게 썼었다. "마치 하나님께서 나를 제지하시려 하늘에서 그 전능한 손으로 누르시는 것 같이 느꼈다. 그 저주로 나는 두려움에 부딪쳐 내가 계획했던 여행을 그만 두었다."

그 동안 나그네 생활을 해온 칼빈은 이제 제네바에 머물게 되었다. 이로써 외지 프랑스에서 온 칼빈은 제네바 성 피에르(St. Pierre) 대교회당의 교사와 목사로 봉사하기 시작했다. 그는 곧 자신이 성경에서 이해한 대로의 교회관을 따라 시의회로부터 교회의 독립성을 확보하고 교회의 권위를 세우려 노력했다. 이를 위해 그는 곧 '교회의 정치조례'를 마련했다. 여기엔 성만찬 참여에 대한 엄한 규칙과 모든 제네바 시민의 신앙고백 요구가 포함되어 있었다. 이에 대한 강한 저항이 있었지만 시민들은 이를 1538년까지 수용했으나 엄한 권징이 문제가 되었다. 칼빈은 교회의 권징은 당회의 의무라고 주장했다. 그러나 그동안 교회를 통제하며 권위를 행사해 오던 제네바 시의회는 그들의 권력을 이양하기를 거절함으로써 칼빈은 강력한 반대에 부딪치게 되었다. 칼빈은 그의 생명에 위협을 느낄 만큼 큰 저항을 받았다. 그 결과 그곳에 봉사를 시작한지 3년 만인 1538년 4월 그는 시의회에 의해 그의 동역자 파렐과 함께 제네바로부터 추방을 당하였다.

이후 그는 부처(Martin Buccer)의 초청으로 스트라스부르크(Strassbourg)에 가서 그 곳에 있는 작은 프랑스 개신교회 피난민들의 목사로 봉사하였다. 부처와 칼빈의 공동노력의 결과로 스트라스부르크는 교회 예배의식의 개혁과 갱신의 중심이 되었다. 여기서 칼빈은 시편 찬송을 예배에 도입하기 시작했다. 또 그는 어거스틴을 위시한 교부들에 대한 연구를 깊게 함으로 미래 교회 개혁의 봉사를 위한 더욱 튼튼한 터를 다졌다. 칼빈은 이곳에서 지낼 때가 가장 평화로운 때였다. 여기서 3년이 되던 1541년 자신을 추방한 제네바 시로부터 그는 다시 돌아와 달라는 간절한 초청을 받게 되었다. 이것을 받아들인다는 것은 인간적으로는 매우 어려운 일이었다. 그러나 그는 인간적인 뜻을 극복하고 주께 헌신을 다짐하며 이 초청을 받아들였다. 이때 그는 자신의 심정을 이렇게 표현했다. "주님, 주님의 일을 위해 즉시 저의 심장을 진심으로 바칩니다(Cor meum tibi offero domine prompte et sincere)."

그는 제네바에 돌아와 전에 아무 일도 일어나지 않았던 것처럼 큰 환영을 받고 그의 사역을 시작했다. 그는 즉시 목사들과 장로들로 구성된 치리회 조직을 도입하여 사도시대에 있었던 교회의 치리회를 처음으로 복원했다. 그러나 여러 가지 성공적인 개혁에도 불구하고 개혁에 반대하는 자유사상가들(Libertines)의 큰 저항이 있어서 거의 15년에 걸쳐 저들과 힘겨운 싸움을 해야 했다. 특히 부도덕한 생활에 젖어 즐겨 온 이들에게 성찬예식 참여를 금하는 권징을 시행했을 때 무서운 저항이 따랐다. 저들은 성찬참여를 하지 못하는 것을 큰 모욕으로 생각하고 공세를 취했기 때문이다. 그러나 칼빈은 "당신들이 나를 죽일 수 있다. 그러나 당신들이 불합당한 자들에게 하나님의 떡을 주도록 나를 강제할 수는 없다."고 하면서 성찬예식의 성별을 지켜냈다. 칼빈이 싸운 강력한 무기는 하나님의 말씀의 선포와 성실한 권징이었다. 1555년에 이르러서야 반대세력이 거의 무너지게 되어 안정을 얻게 되었다. 이로써 제네바는 경건생활이 지배하는 도시로서 세상을 비추는 빛이 되고 산위에 세운 성이 되었다.

스코틀랜드로부터 박해를 피해 1556년에 이곳에 온 낙스(John Knox)는 제네바 교회의 경건생활을 보고 '사도시대 이후 가장 완전한 그리스도의 학교'라고 하며 감탄했다. 칼빈은 1559년에 제네바 대학을 세웠으며 개교 시에 이미 여러 나라에서 온 900여 명의 학생들이 등록을 했다. 첫 번째의 학장으로 베자(Theodore Beza)가 되었다. 이 대학은 여러 나라 많은 사람들에게 영향을 끼쳤다. 이에 칼빈은 유럽 여러 나라 뿐 아니라, 스코틀랜드, 영국, 신대륙 미주까지 신속하게 영향을 끼쳐 그가 세계에 미친 영향은 루터보다 훨씬 크고 넓었다.

칼빈은 격렬한 신앙적 투쟁과 쉼 없는 봉사로 몸이 약하여 1564년 5월 27일 55세 나이로 별세했다. 칼빈이 별세하기 5년 전에 그의 아내는 이미 세상을 떠나고 없었다. 그는 마지막 병석에서 그의 장례를 일반인들과 똑같이 소박하게 치러 줄 것을 부탁했다. 그래서 몇 년 후 그의 무덤을 찾아간 사람들이 그의 무덤 위치를 거의 찾을 수가 없었다. 현재도 제네바 공동묘지 안에 그의 묘라고 소개된 곳에는 적은 돌에 JC라는 그의 이름의 약자 두 글자만 새겨져 있을 뿐이다. 하나님의 영광만(Soli Dei Gloria)이 드러나고 그의 이름이 드러나는 것을 원하지 않았던 그의 아름다운 삶의 흔적을 거기서도 보게 된다. 이 모습에서도 칼빈과 칼빈주의자들의 아름다운 정신을 볼 수 있다.

40. 스코틀랜드의 개혁자 존 낙스(John Knox)

| 주후 1513-1572년 |

> "여기 세상에 어떤 사람과도 맞서기를
> 두려워하지 않은 분이 잠들어 있다."
> (존 낙스 무덤의 비명)

존 낙스는 불같은 정열을 가지고 복음 진리와 기독교의 개혁을 위해 세상의 권력과 맞서 싸운 스코틀랜드의 개혁자였다. 16세기는 작고 가난한 스코틀랜드 땅이 전쟁으로 분열까지 있게 된 혼란의 시대였다. 권력을 가진 귀족들이 영국 혹은 프랑스를 지지하고 나서므로 내분되고, 이런 내적인 투쟁과 외적인 위협이 정치적인 혼란을 가져와 정치적·교회적 개혁이 요구되었다. 그 당시 교회의 개혁 세력은 크게 억압을 당하고 있었다.

1525년에 스코틀랜드에 루터의 저서들이 유입되어 돌게 되고, 1527년에는 영어성경이 소개되었다. 한때 독일 비텐베르크에서 공부를 한 패트릭 해밀턴(Patrick Hamilton)이 거리와 성 앤드루 대학에서 루터의 복음 진리를 설교하였다. 이 때문에 그는 1528년에 화형을 당했다. 이때 존 낙스는 성 앤드루 대학의 학생으로 이 사건에 큰 충격을 받았다. 그렇지만 그는 1540년에 사제가 되었다. 1546년에 다른 개혁의 옹호자인 조지 위시하트(George Wishhart)가 화형을 받게 되었다. 이때 존 낙스는 신학적으로 그의 입장을 옹호했다. 몇 주 후 위시하트를 정죄한 성 앤드루의 대감독 비튼(Beaton)이 위시하트의 제자들에 의해 살해되었다. 저들은 성 앤드루 성을 요새로 삼고 방어를 했다. 존 낙스는 1547년에 저들에게 합류하고 앤드루성 교회의 목사가 되었다. 당시 그는 강력한 설교와 성경 강해를 함으로써 널리 알려지게 되었다.

그러나 낙스는 곧 비튼 대감독의 살해 때문에 파송되어 온 프랑스 군대에 의해 그 성이 함락 당하자 프랑스로 붙잡혀 가서 19개월간 배의 노를 젓는 노예생활을 하였다. 그가 노예생활을 하는 중 한 번은 스코틀랜드 해안을 따라 노를 저어 가는 길에 성 앤드루 교회를 바라보며 지나게 되었다. 이때 그는 그의 동료 노예에게 "내가 어느 날 저 교회에서 다시 설교하게 될 것이다."라고 말했다. 노예 생활 3년 만에 풀려난 1549년에 영국으로 갔다가 여왕 메리의 개신교 박해가 시작되자 몇몇 신앙 동지들과 다시 유럽대륙으로 건너갔다. 그는 1556년에 제네바에 있는 영국 피난민 교회의 초청을 받고 그 곳 목사가 되어 3년을 봉사했다. 이때 제네바에는 칼빈의 영향이 최고조에 다다르고 있었다. 그는 제네바의 교회생활을 보고 '세상에 있는 최고의 기독교인들의 학교'라고 극찬을 했다. 거기 있는 동안 그는 칼빈의 가장 친근한 제자 중 한 사람이 되었고 개혁신학에 흠뻑 젖게 되었다.

낙스가 떠나있는 동안 스코틀랜드는 여왕 메리 스튜어트(Mary Stuart)와 프랑스 왕좌를 계승하게 될 프란시스 2세(Francis)와의 결혼으로 프랑스와 매우 밀접한 관계가 되었다. 많은 스코틀랜드 사들은 카톨릭계인 프랑스의 통치를 크게 두려워했다. 당시 스코틀랜드는 민족주의와 종교적인 불만이 연관되어 개혁을 위한 좋은 환경이 이루어져 있었다.

이때 존 낙스가 1559년에 제네바에서 스코틀랜드로 돌아왔다. 그는 개혁편의 지도자가 되어, 개혁적인 설교를 하며 영국으로 부터 금전적 군사적 도움을 얻게 되었다. 스코틀랜드의 개신교와 독립이 얼마 동안 프랑스 왕실과의 결혼 관계로 완전히 잃게 될 위기에 있었다. 메리가 프랑스에 있는 동안 그의 어머니 '로레인의 메리(Mary of Loraine)'가 섭정이 되어 개혁 설교를 금지했다. 이로 인해 시민전쟁이 일어나 프랑스 군대는 메리를 지지하고, 엘리자베스 여왕이 보낸 영국군은 개신교도들을 도왔다. 그런데 1560년에 섭정인 로레인의 메리가 별세하므로써 프랑스 군대는 떠나게 되었다. 드디어 존 낙스는 스코틀랜드 왕국에 교회 개혁의 성공을 가져올 기회를 잡게 된 것이다. 그리하여 1560년에 스코틀랜드 의회는 낙스의 주도로 초안된 칼빈주의 신앙고백과 장로교 체제를 수용하는 교회법(The Book of Discipline)을 받아들여 교황의 통치를 폐지하고, 장로교 정치 체제를 따라 교회의 총회를 열게 되었다.

스코틀랜드 여왕은 그녀의 남편인 프란시스 2세가 1560년 12월에 죽음으로 인하여 1561년에 스코틀랜드로 돌아오게 되었다. 미모를 가진 매력있는 젊은 과부인 여왕(Mary of Stuart)은 국민들로부터 큰 동정을 얻고, 낙스의 지지자들인 귀족들 세계에 분열을 가져왔다. 로마 카톨릭에 광신적인 그녀는 왕실 예배처소에서 미사를 집행하게 하였다. 그리고 로마 카톨릭 교회에 속한 그의 사촌 단리(Darnley)와 재혼하고, 영국 엘리자베스 여왕의 왕좌를 취하려 했다. 이로 인하여 낙스와 여왕은 빈번하게 충돌하게 되었다. 카톨릭 여왕의 조정은 도덕적으로 매우 느슨해 있었으며, 1567년에 낙스는 매일 에든버러의 가일 교회 강단에서 두려움 없이 여왕을 공개적으로 힐책했다. 많은 매력을 가진 여왕 메리는 재혼자인 단리가 많은 의혹을 남기고 죽었듯이 정치적 개인적인 행위에 있어서 지혜롭게 처신하지 못했다. 그 후 그녀는 서둘러 보스웰의 백작(earl of Bothwell)에게 세 번째 결혼을 하였고 이런 일로 인해 그 동안 그녀를 지지해온 로마 카톨릭 교회 지지자들까지도 그녀에게서 등을 돌리게 되었다.

여왕 메리는 음모, 살인 등의 혐의 때문에 스코틀랜드 귀족들로부터 퇴위를 강요당하게 되어, 스코틀랜드 교회 개혁의 길이 열려지게 되었다. 그녀가 강제 퇴위 당한 후 그의 어린 아들 제임스 6세(James VI)가 왕위에 올랐다. 그는 로마 카톨릭이 아니었으며 1567년 그의 대관식에 낙스가 설교를 하였다. 그는 영국왕 헨리 7세의 증손자였기 때문에 영국의 엘리자베스 여왕이 죽은 후 영국의 왕위를 이었다. 그가 영국 왕 제임스 1세(James)가 되었다.

제임스 왕의 어머니 메리는 1568년에 최종 영국으로 쫓겨나게 되고, 엘리자베스 여왕을 살해하기 위해 모의를 했다는 죄로 1587년 사형을 받게 되었다. 그 결과 존 낙스는 그가 살아 있는 동안 바라던 두 가지, 곧 스코틀랜드의 개혁의 성공(장로교회 설립)과 스코틀랜드 독립을 보게 되었다. 낙스는 스코틀랜드 교회를 개혁하는데 사용된 하나님의 큰 사역자였다. 그는 '가루 서말 속에 갖다 넣어 전부 부풀게 한 누룩(마 13:33)' 과 같았다. 그를 통한 칼빈주의 개혁 운동은 온 스코틀랜드 뿐 아니라 영국에도 큰 영향을 주어 청교도 운동이 일어나게 되고, 신대륙 미주와 온 세계에 큰 영향을 미치게 되었다.

41. 트렌트 공의회(The Council of Trent): 로마의 반 개혁공의회

| 주후 1545-1563년 |

16세기에 들어 독일과 스위스에서 일어난 교회개혁운동은 온 유럽 대륙을 휩쓸며 번져 나아갔다. 근본적인 교리 문제와 교회의 도덕성이 개혁의 중요한 과제였다. 이제 개혁자들의 개혁운동은 로마 교회에 더이상 간과할 수 없는 것이 되었다. 로마 카톨릭 내부에서도 개혁을 위한 호소의 소리가 점점 커져 갔다. 그러나 쾌락을 즐기는 교황 레오 10세(1513-1521 재위)는 이 호소를 무시했다.

교황 바울 3세(1534-1549 재위)가 황실의 압력을 받고 교회 개혁에 관심을 가지기 시작했다. 그는 1537년에 교회 현실을 파악하기 위해 대주교들로 이루어진 한 특별 위원회를 임명했다. 이 위원회가 살펴 제출한 보고서를 통해 그는 성직자들이 성직을 매매하고 애첩을 두고 있는 비윤리적 교회현실을 파악하게 되었다. 그리고 거룩한 도시로 생각해

온 로마에 수많은 창녀들이 거주하고 있음도 알려지게 되었다. 이 보고서가 로마 교회 자체 개혁의 필요성을 깨닫게 한 단서가 되었다.

이 외에 로마 교회의 개혁이 절실히 요구되는 요인이 더 해졌다. 영국의 왕 헨리 8세가 영국교회의 수장권을 선언함으로 로마의 교권에서 벗어나게 된 것이다(1534). 이제 개신교회의 개혁운동은 더이상 사소한 사건으로 볼 수 없게 되었다. 로마 카톨릭 교회는 차츰 모든 지역에서 터를 잃어가고 있음이 분명했다. 이에 로마 교회지도자들은 역사적인 신성로마 제국과 로마 카톨릭 교회의 몰락에 대한 위협을 느끼고, 개신교 운동 측에서 주장하는 교리문제를 살피고, 교회의 도덕적 부패 문제를 정리할 공의회 소집의 필요성을 절실하게 느끼게 되었다.

드디어 교황 바울 3세가 공의회를 소집하게 되었는데 이것이 트렌트 공의회로 로마 교회에서는 개혁공의회라고 부른다. 그러나 개신교회 측에서는 이 공의회를 종교개혁을 저지하기 위해 회집된 '반 종교개혁 회의'로 본다. 이 공의회는 1545년 12월 13일 개회되어 18년 동안 25회기를 갖고 1563년 12월 4일에 폐회했다. 그런데 18년 회기 중 10년 동안은 찰스 5세 황제에 대한 왕자들의 반란 등 어려운 일로 회의가 모이지 못하였으니 실제 회의 기간은 8년이 걸린 셈이다. 여기에 개신교회 지도자들도 초청이 되었지만 극소수만 참석했고 이들에게는 참관만 허락되었을뿐 결의권은 주어지지 않았다. 루터는 만일 교황이 회의를 지배하지 않고, 성경을 최종 권위로 받아들여진다면 자신도 그 공의회에 참석할 것이라고 말했었다. 그러나 이런 조건이 수용될 리 없었다. 이 공의회는 처음부터 투표는 개인적인 기반에서 하기로 했다. 지난 콘스탄츠 공의회(1414)에서는 민족 단위로 투표권을 행사했으나 이번은 교황

편에 서 있는 이탈리아 감독들을 고려한 조치였다.

이 공의회가 취급한 문제는 교회 사제들의 도덕적 권징문제가 포함되었지만 이것은 매우 부수적인 것이었다. 공의회가 한 일의 대부분은 개혁자들이 주장한 교리문제를 반박하고 정죄하는 것이었다. 그러기에 이 공의회는 교회의 개혁을 거부하는 '반 개혁적'인 것이었고, 전통적인 로마 카톨릭 교회의 교리를 재확인하고 강화하는 것이었다. 이로써 트렌트 공의회는 로마 카톨릭 교회와 개혁에 들어선 개신 교회와의 결정적인 분열을 가져오게 한 것이다.

트렌트 공의회는 개혁자들의 '오직 성경(sola scriptura)'이라는 주장에 반대하여 성경 외에 '전통(traditions)'에도 성경과 같은 권위와 가치를 돌렸다. 실제 저들은 전통을 성경보다 더 권위 있는 것으로 받아들였다. 성경과 전통이 서로 충돌될 때 이를 판단하는 궁극적인 권위를 교황에게 돌렸다. 개혁자들의 '오직 믿음(sola fidei)'의 주장에 반대하여 사랑과 선행이 수반되지 않는 한 믿음만으로 구원 받을 수 없다고 함으로 믿음과 선행의 협동의 원리를 분명히 했다. 개혁자들 편의 '오직 은혜(sola gratia)'의 주장을 거절하고 선행의 공덕을 강조했다. 개혁자들이 세례와 성만찬 만을 성례로 보고 로마 카톨릭 교회의 일곱 성례를 부정한데 대해, 트렌트 공의회는 하나님의 은혜가 일곱 성례(세례, 성찬, 견진성사, 고해성사, 종부성사, 서계식, 결혼식)를 통해 주어진다고 선언했다.

공의회는 개혁자들이 주장한 교리에 대해 로마 카톨릭 교회의 전통적 교리를 재확인한 후 교회의 도덕적 개혁을 논의했다. 공의회는 교회안의 무절제와 부패로 기독교가 해를 입고 있음을 알고 변화의 필요성을 인정했다. 그러나 이에 대한 공의회의 접근은 매우 피상적이었고 상징적인 것에 그쳤다. 루터의 교회개혁을 촉발했던 면죄부에 관해서는 지나친 남용을 금하였을 뿐이었고, 공의회는 감독들에게 소박하게 살고 교회의 재산을 이용하여 자신과 친족이 치부하는 일이 없도록 자문하는 정도였다. 이런 정도의 생활 개혁은 개혁자들에게 전혀 만족을 줄 수 없었다.

교황은 전통적으로 그리스도의 대리자요 지상에서 신적 권위를 가진 최종 발언자로 인정되어 왔다. 이에 따라 1564년에 교황 피오 4세(Pius IV)는 트렌트회의의 결정을 승인하고 '트렌트 신앙(Tridentine Faith)'으로 알려진 그의 교리 개요를 발표했다. 이 내용에는 트렌트 공의회가 결의한 종규(canons)에 개혁자들의 교리적 주장을 들고 그 항목마다 '아나데마(=저주를 받을지어다. 고전 16:22; 갈 1:8)'를 선언하고 있다. 예를 들면, 종규 8에 '누가 새 율법의 성례로 말미암아 예전 자체에 의해 은혜가 주어지지 않고, 하나님의 약속으로 신앙만이 은혜를 받기에 충분하다고 말하면 그에게 저주가 있을지어다' 라고 한다. 이런 아나데마는 오늘날까지 취소되지 않고 있다.

트렌트 공의회에서 정리되고 확인된 교리는 이후 500년 동안의 로마 카톨릭 교회의 방향을 결정지어 왔다. 1870년 제1차 바티칸 회의는 트렌트 공의회에서 성경과 전통(traditions)의 최후의 해석자로 인정한 교황에 대한 교리를 교황의 무오 교리로 확정하여 선포하게 되었다. 이로써 로마 카톨릭 교회는 일찍이 칼빈이 언급한 대로 참교회가 아닌 거짓된 한 종파로 전락하게 되었다.

42. 프랑스 위그노(Huguenots) 대학살

| 주후 1572년 |

종교개혁이 시작된 후 얼마 안 되어 북유럽 지역들(독일, 스칸디나비아)에는 루터파가 국교회로 자리를 잡았으나 남 유럽 지역(이태리, 스페인 등)에서는 로마 카톨릭 교회 세력이 계속 지배하였다. 그리고 프랑스 같은 유럽 중부지역은 개혁자들과 반 개혁자들 사이의 투쟁이 매우 심각했다. 당시 반 종교개혁을 주도한 정치 지도자는 찰스 5세의 아들이요 스페인의 왕인 필립 2세였다.

그런데 프랑스에는 1555년 이래 칼빈의 개혁신앙이 크게 영향을 미치게 되고 칼빈수의자들의 수가 급속도로 증가했다. 이 칼빈주의 신앙인들을 위그노(Huguenots)라 불렀다. 프랑스의 왕 프란시스 1세(1515-1547)는 일찍부터 루터의 영향으로 증가해 가는 개신교도들에게 심한 박해를 가했다. 그래서 칼빈은 그의 기독교 강요 초판(1536)을 당시 프랑스의 왕인 프란시스 1세에게 헌정함으로 개혁 진영의 신앙이 이단이 아니고 성경적 신앙임을 밝히기도 했다. 이후 칼빈의 신학의 영향이 프랑스 지역에 크게 확장되어 갔다. 1559년까지 프랑스에는 칼빈의 영향을 받은 42개 위그노 교회가 세워졌다. 이 해에 파리에서 전국 총회가 비밀리에 열렸으며 이 총회에서 전국적인 조직이 갖추어지고 칼빈주의적 신앙고백(Galicana Confesssion)과 프랑스 교회법을 받게 되었다. 이 후 프랑스 개혁 교회가 2년 후에는 전국에 2,150개 교회로 급성장을 보였다. 당시 프랑스 인구의 약 4분의 1이 되는 40만 명이 위그노에 속했으며, 이들 중 약 75퍼센트가 교육을 받은 중류 사회에 속한 사람들이었다.

이때 프랑스에 개혁과 반개혁의 충돌이 두 상류 가문을 중심으로 첨예하게 대립되어 나타났다. 로마 카톨릭은 기즈(Guise)가문의 지지를 받았고, 위그노는 부르봉(Bourbon)가와 콜리니가(De Coligny)가 중심 역할을 했었다. 곧 카톨릭과 위그노 간에 전쟁이 시작되었는데 이 전쟁은 카톨릭 측에서 촉발한 것이었다. 1562년 3월 1일 카톨릭계의 기즈 공이 군대를 이끌고 파리로 가는 도중 바시(Vassy) 마을을 지나다 시편을 노래하며 예배하는 위그노 교회를 발견하고 위그노들의 학살을 명함으로 전쟁이 시작되었다. 이에 위그노들은 무기를 쥐고 일어나 리용 등 주변 지역을 정복함으로 보복에 나섰다. 이 소식을 들은 칼빈은 위그노들에게 무력으로 대응하는 일을 강력하게 경고했다. 그러나 이 전쟁은 단기간 몇 번 멈춘 적이 있었지만 1562년에서 1570년까지 계속되었다.

이 시민 전쟁으로 많은 사람들이 피를 흘리게 되고, 농사일을 그르치고, 재산의 몰수도 당하게 되었다. 이 전쟁이 1570년에 평화협약으로 끝나게 되고 위그노들이 파리와 몇 지역을 제외한 거의 모든 지역에서 회집하는 자유를 얻게 되었다. 그러나 곧 모든 것은 카톨릭 측의 무서운 사기적 책략으로 드러났다. 당시 메디치가의 황후 캐서린(Catherine)이 그의 대적들끼리 서로 싸우게 만듦으로써 그녀의 어린 아들의 왕위를 굳건히 하기를 원했던 것이다. 캐서린은 위그노계에 속한 부르봉(Bourbon)가에 맞서 카톨릭 측 가문인 기즈(Guise)가와 연합하였다. 이는 정치와 종교가 융합된 것이었다. 왜냐하면 위그노측 귀족들은 공화정체를 지지하고, 반 제왕주의, 반 교황주의 입장을 취했기 때문이다.

이때 황후 캐서린은 이중 놀음을 했다. 한편으로 프랑스에서 대치된 두 세력 간의 화해를 보이기 위한 결혼을 주선했다. 위그노 편에 있는 부르봉가의 나바르의 헨리(Henry of Navarre)와 카톨릭 편에 있는 왕 찰스 9세의 어머니요 메디치가에 속한 캐서린의 딸 마거릿(Marguerite)이 1572년 8월 18일에 결혼식을 올리도록 했다. 10여 년 동안 서로 싸워 왔던 개혁교회측과 카톨릭측의 귀족들이 현란한 결혼식을 위해 함께 나타났었다.

캐서린은 이 기회에 위그노 지도자인 콜리니(Coligny)를 암살하고 위그노들의 세력을 제거하기 위한 음모를 꾸몄었다. 그녀는 어린 아들의 섭정으로서 아들인 왕 찰스 9세에 대한 콜리니의 영향을 특별히 두려워했는데 이는 콜리니가 위그노에 속한 인기있는 전쟁영웅이기 때문이었다. 당시 어린 왕은 이 영웅을 경청하는 형편에 있있다. 특별히 콜리니는 스페인과 싸우고 있는 네덜란드 측을 도울 것을 제의했는데 이것은 카톨릭 측의 캐서린이 강열하게 반대하는 정책이었다. 8월 22일에 그를 살해 하려던 시도가 대실패로 끝났다.

결혼식에 이어 드러난 이런 이중 음모는 왕가를 당황하게 했다. 당시 왕은 "콜리니를 죽이려면 왜 프랑스에 있는 모든 위그노들을 죽여 나를 미워할 자가 한 사람도 남지 않도록 하지 않느냐?"고 말했다고 한다. 당황해진 섭정 캐서린은 파리에 있는 모든 개신교도 지도자들의 대학살을 명하는 일이 일어나게 되었다. 1572년 8월 24일 성 바돌로메 날(St. Bartholomew's Day) 새벽 4시에 경보가 울렸다. 곧 콜리니가 그의 방에서 살해를 당하고 폭도들이 위그노 지도자들을 추격하여 거리를 누볐다. 대부분의 위그노들은 중산층에 속했기 때문에 하층계 사람들로 이루어진 악당들과 카톨릭 교도들은 중산층에 있는 위그노들을 미워함으로 학살에 동참하게 되었다.

이제 종교적 정화의 이름을 띠고 무서운 학살이 진행되었다. 수백 명의 시신들이 거리에 쌓이고 많은 사람들이 세느 강에 던져졌다. 그들의 잔악행위는 말로 표현키 어려웠다. 한 제본업자는 일곱 자녀들과 함께 그의 책더미에 붙인 불에 태워 죽임을 당하기도 했다. 파리에서만 8천 명 이상이 학살을 당했다. 이런 학살은 여러 주간 파리 뿐 아니라 지방에까지 확산되었다. 캐서린은 콜리니를 살해하게 된 이유는 그가 개신교인이기 때문이 아니라 그의 모의 때문이었다고 변명함으로 파리에서의 학살은 멈췄으나 지방에서의 학살 행위는 계속 되었다. 그래서 프랑스 전 지역에서 학살을 당한 위그노들이 파리에서 학살을 당한 수의 여러 배가 되었다.

그러나 이 대학살이 프랑스에 위그노의 불을 완전히 끄지는 못했다. 이 후 개혁교인들과 카톨릭 사이에 다섯 번의 전쟁이 더 있었다. 이후 전에 결혼식을 올린 헨리(Henry of Navarre)가 1589년에 왕이 되었다.

그러나 그는 정치적 고려로 개신교를 떠났었다. 그렇지만 그는 위그노들에게 상당한 종교자유를 주고 달래기 위해 1598년에 낭트칙령(The Edict of Nantes)을 내려 위그노들에게 제한적 자유를 주었다. 위그노들은 잠시 동안의 평화로운 때를 누렸지만, 1685년에 루이 14세(Louis XIV)가 낭트칙령을 철회하고 로마 카톨릭 교회를 다시 국교회로 회복시켰다.

이때 수백만 위그노 피난민들이 프랑스를 떠나게 되고, 그중 많은 위그노들이 네덜란드로 피난하여 안전한 자리를 얻었다. 이로써 프랑스는 중산층의 많은 지식인들과 신실한 애국자들을 잃게 되었다. 그 후 1789년 프랑스 혁명으로 프랑스 왕가는 몰락하게 되었다. 이는 또한 프랑스에서 극단적 인본주의에 의한 로마 카톨릭 교회의 몰락을 의미하기도 했다. 참된 믿음을 배반한 프랑스는 이후 완전한 인본주의 세계가 되어버렸다.

43. 도르트 회의(The Synod of Dordt) 네덜란드 개혁교회 총회

| 주후 1618-1619년 |

네덜란드는 일찍부터 바다보다 낮은 땅의 나라로 알려진 유럽 서북부에 있는 작은 나라이다. 그런데 이 나라는 북부 유럽 국가들 가운데 일찍부터 루터보다 칼빈의 영향을 크게 받아 개혁교회가 서게 된 특수한 나라이다. 개혁교회가 확고한 자리를 잡기까지는 로마교에 속한 스페인의 필립 2세의 심한 박해를 이겨내야 했다.

1561년에 이미 프랑스 개혁교회 신앙고백(1559)을 닮은 신앙고백서가 기도 드 브레(Guido De Bres)에 의해 작성되어 나타났고, 1962년에 개혁교회 신자들의 수가 10만 명에 달했었다. 1566년에 덴 하그에서 공개적인 개혁주의 설교가 시작되었다. 이 후 개혁신앙의 지지자들은 로마교에 속한 스페인의 왕 필립 2세의 박해를 받아 외지로 흩어지게 되었다. 그러나 피난 중에서도 교회들의 대표들은 1568년에 독일 서북방에 있는 바이절(Weizel)에 모여 개혁 교회 연대를 모색하고 교회법을 수용했다. 3년 후인 1571년에는 같은 외지인 엠던(Emden)에서 교회들의 총대들이 모여 첫 번째의 네덜란드 개혁교회 총회를 개최했다.

도르트 회의(1729년 회의 장면)

1573년에는 오렌지 공(William of Orange)이 개혁교회에 가담함으로 네덜란드의 정치적 종교적 환경은 급변하게 되었다. 그의 강력한 지도력과 투쟁으로 차츰 네덜란드는 필립 2세의 전제적 멍에를 벗고 북부지역에 연합주를 형성하고 독립된 국가와 개혁교회를 건설해 가게 되었다. 1575년에는 레이던(Leiden)에 대학교를 세우게 되었는데 이 학교는 곧 개혁주의 신학과 학문을 위한 세계적 요람이 되었다.

그런데 네덜란드 개혁 교회는 곧 큰 시련을 만나게 되었다. 레이던 대학 설립 후 20여년 만에 이 대학을 중심으로 개혁교리에 대한 심각한 논쟁이 일어나게 된 것이다. 이 논쟁은 결국 "도르트 총회"라는 국제적 성격을 띤 모임에 대한 동기를 제공했고, 개혁교회는 이를 통해 성경적인 개혁 신앙고백을 작성하고 너욱 확고히 하는 계기를 갖게 되었다.

개혁 교회 신앙고백 내용에 이의를 제기하고 나선 분은 아르미니우스(Jacobus Arminius, 1560-1609)였다. 그는 레이든 대학에서 신학을 공부하고, 암스테르담 상인조합이 제공한 장학금으로 제네바에 가서 베자 아래서 6년간 연구를 했다. 1588년에 암스테르담 교회의 목사로 부름을 받아 봉사하다 모교인 레이덴 대학의 신학교수로 임명을 받았다. 그는 1589년에 자유사상가인 코른헤르트를 비평하고, 델푸트의 두 목사의 교리적 의견을 비판하고 선택 교리를 옹호하는 글을 쓰도록 위촉을 받았다. 그러나 그는 연구 중에 오히려 개혁교회 신앙고백에 나타난 무조건적 선택에 대한 의심을 갖게 되었다. 교수로서 예정론을 강의하면서 개혁교회 신앙고백에 비판을 가하게 되자 동역자 교수요 무조건적 선택을 믿는 고마루스(Gomarus, 1563-1641) 사이에 충돌이 생기게 되었다. 이로 인해 대학 내에 학생들이 양분되고, 전국 목사들 사이에도 논쟁이 일어나고 의견이 나뉘게 되었다.

1609년에 아르미누스가 세상을 떠났으나 논쟁은 계속되었다. 그의 친구이자 교수인 에피스코피우스(Simon Episcopius, 1583-1643)가 그를 이어 그의 견해를 변호했다. 1610년에 자유주의 사상가요 정치가인 올덴바르너펠트가 아르미니우스의 견해를 지지하는 분들에게 자신들의 견해를 문서로 작성하여 의회에 제출할 것을 요구했다. 레이든 대학의 두 교수와 41명의 목사들이 서명한 항의 형식(Remonstrance)으로 된 문서를 그 해 7월에 제출했다. 이 문서에 의해 저들의 별명이 "아르미니안주의자들" 보다는 "항의자들"(혹은 항론파Remonstrants)로 불리게 되었다.

예정론이 칼빈주의의 핵심 교리 가운데 하나이지만 저들은 이를 부인하였다. 다섯 항목으로 된 항의문서에는 첫째 하나님의 무조건적 선택이 아닌 예지에 의한 선택, 둘째 예수님의 속죄적 죽음이 선택자만을 위한 것이 아니고 모든 사람들을 위한 것, 셋째 인간이 전적으로 부패한 것이 아니고 자유의지가 있으며, 넷째 사람이 하나님의 은혜를 저항할 수 있으며, 다섯째 성도들이 견인의 은혜를 잃을 수 있다고 함으로 구원의 확실성을 부인하였다.

칼빈주의 신앙을 옹호하는 고백주의자들은 곧 이 견해들을 정죄하는 반 항의서를 내어 놓게 되었으며, 이로 인해 전국의 교회가 혼란에 휩싸이게 되었다. 이때 칼빈주의 편에 굳게 선 마우리스 공(Maurits)이 논쟁 해결을 위한 전국적인 총회를 소집하게 했다.

이 회의는 1618년 11월 13일에 네덜란드의 로테르담 가까운 도르트레히트(Dodtrecht) 에서 1618년 11월 13일에 개회하여 1619년 5월 9일에 폐회되었다. 이 총회는 네덜란드 지방교회의 35명의 총대 목사들과 장로들 그리고 의회가 파송한 6명의 대의원으로 구성되었고, 신학기관으로부터 고마루스를 위시한 몇 분 신학자들이 참석했다. 항의파 측에서는 16명의 목사와 에피스코피우스 교수가 대표로 참석했다. 그런데 이 총회는 외국의 개혁주의 입장의 교회 대표들을 초청함으로 국제적인 모임의 성격을 띠었다. 영국, 팔츠, 헤세, 브레멘, 스위스의 대표들이 참석했다. 프랑스 개혁교회는 4명의 대의원을 파송하려 했지만 루이 13세의 금령으로 참석을 못했다. 이 총회는 약 20년 후에 영국 런던에 모여 개혁주의 장로교회의 터를 놓은 웨스트민스터 회의(1643)에 비견되는 큰 회의였다.

이 총회의 의장은 보허만(Jan Bogerman) 목사였다. 이 총회에서 항의자들은 자기들의 의견을 진술하고 변호만 할 기회를 갖게 하고 판단은 총회가 하도록 결의를 했다. 총회는 저들의 신앙고백 내용에 대한 반대 의견을 문서로 제출하게 했다. 회의는 그들의 반대 의견에 답을 함으로 화해를 시도했으나 저들은 거절했다. 1619년 1월 18일 최종으로 총회에 순종을 요구했지만 이를 거부했다. 이 때 의장은 "당신들은 거짓으로 시작하여 거짓으로 마치고 있다."라는 열정적인 연설로 저들을 책했다.

이제 총회는 항의 내용에 대한 총회의 뜻을 공식화하기 위해 오전에 그룹으로 나누어 모여 논의하고 오후에 함께 모여 토론했다. 제 125차 회의에서 항의자들의 5개 조항이 개혁교회의 교리에 위배된다는 사실과 저들의 주장이 성경에 배치된다는 사실을 표결하여 통과를 보았다. 5개 조항에 연관된 명확한 신경 작성을 위한 위원들을 지명하고, 이들에 의해 작성된 신경(The Cannons of Dordt)이 4월 23일 136차 회의에서 받아들여지고 서명되었다. 이로써 칼빈주의 예정 교리가 재확인 되었다. 이것이 개혁교회 신자이면 누구나 기억하는 TULIP으로 표현된 칼빈주의 5대 교리이다(인간의 전적부패, 무조건적 선택, 제한된 구속, 저항할수 없는 은혜, 성도의 견인; Total depravity, Unconditional election, Limited atonement, Irresistible grace, Perseverance of Saints).

1619년 5월 6일에 모든 회원들이 도르트 대 교회당에 줄지어 들어가 모임을 갖고, 의장이 라틴어로 설교하고 서기가 항의자들의 견해와 전적으로 상반되는 "도르트 신경"을 낭독했다. 3일 후에는 도르트 시 당국이 마련한 외국 대표들에 대한 작별 잔치가 베풀어졌다. 네덜란드 총대들은 다시 5월 13-29일에 모여 교회적인 다른 여러 문제를 다루었다. 하이델 베르그 교리문답을 매주일 교회에서 설교하도록 결의했다. 그리고 기존의 교회법을 수정하여 받은바 이것이 오늘날까지 개혁교회에서 사용되어 오는 "도르트레히트 교회법"(Kerkenordening van Dordtrecht)이다. 도르트 총회의 결의는 이후 네덜란드 개혁교회의 터가 되었다.

이 총회의 결의로 항의파에 속한 목사들 약 200명이 면직을 당했다. 그러나 저들은 1619년에 안트베르펜(Antwerp)에 모여 "항의자 개혁 형제(Remonstrants Reformed Brotherhood)"라는 다른 공동체를 조직했다. 그러나 이 조직체는 오랫동안 공적인 인정을 받지 못했고 일반적으로 수용되지 않았다. 이들의 지속적인 주장은 신앙의 자유와 관용이었다. 그런데 아르미니우스의 사상은 구라파 대륙이 아닌 영국과 미국에 너그럽게 수용되었다. 18세기 영국의 웨슬리(John Wesley, 1703-1791)의 부흥운동과 그의 정서적 경건의 강조는 아르미니안적 사상의 기류에 속한다. 이 아르미니안 사상은 감리교회 뿐 아니라, 침례교회 등 여러 교회에도 큰 영향을 미쳐오고 있다. 순수하게 아르미니우스를 좇는 "항의자 개혁 형제 교회"는 2008년 현재 네덜란드에 47교회가 있고 그 중 제일 큰 교회가 로테르담에 있으며 네덜란드 밖에는 독일에 한 교회가 있을 뿐이다. 도르트 총회의 역사는 이단에 대한 교회의 선명한 판단과 단호한 조처가 미래의 참된 기독교 건설에 필수적이라는 교훈을 주고 있다.

44. 청교도들의 항해와 메이플라워호 맹약(Mayflower Compact)

| 주후 1620년 |

16세기 유럽에는 종교개혁으로 기독교 세계에 새로운 지평이 열렸다. 이때 세계는 이미 미주라는 새 대륙이 발견됨으로 지리적인 지평도 넓어져 있었다. 콜럼버스(Columbus)가 대서양을 넘어 신대륙을 발견했을 때(1492) 루터는 아홉 살 된 소년이었다(1483년 생). 하나님은 미래의 개신교회가 자유롭게 뻗어 나갈 새로운 세계를 미리 마련하신 것이다. 새 대륙 발견 후 포르투갈과 스페인 등이 남미 여러 지역에 식민을 하게 되고, 이어 프랑스가 북미 퀘벡 지역에 식민지를 개척하게 되었다. 신대륙 발견 후 영국도 탐험대를 보내고 1607년부터 새 대륙 북미의 해안을 따라 식민지를 개척하기 시작했다. 영국인들은 오늘의 캐롤라이나, 플로리다, 버지니아, 뉴욕, 뉴저지주 등을 개척하고 교회를 세웠다. 이 개척된 식민지에 있는 교회들은 초기에 영국 국교회의 감독과 통제 아래 있었다.

북미 대륙에 와서 정착하게 된 두 번째 개신교 공동체는 청교도 집단이었다(Pilgrim's fathers). 영국 교회에는 일찍부터 칼빈주의 영향이 상당히 컸지만, 교회의 수장권을 행사하는 왕권과 감독제라는 기

메이플라워호

존 국교회 제도의 한계를 벗어나기 어려웠다. 제임스 1세(1603-1625)가 일찍이 스코틀랜드에서 장로교의 교육적 영향을 받았었다. 그러나 영국의 왕이 되자 "감독이 없으면 왕도 없다(no bishop, no king)."라고 주장함으로써 영국국교회제도를 강화시켜갔다. 이로써 영국에 청교도 운동과 국교회로부터의 분리 운동이 큰 진전을 보게 되었다. 청교들은 주로 칼빈주의 신학을 따르는 신자들로서 생활의 순결과 주일성수를 강조했다. 그런데 당시 왕은 1618년에 그의 유명한 "오락의 규정(The Book of Sports)"을 발표함으로 주일에 게임과 댄스하는 일을 장려했다. 나아가 교회법에 대한 청교도들의 순종을 강요하였다. 이로 인해 상당수 청교도들이 박해를 받고 투옥을 당했다.

국교회의 압력을 받게 된 분리주의자들과 청교도들은 자유로운 신앙생활의 터전을 찾아 유랑하게 되었다. 1608년에 한 무리의 분리주의자들은 네덜란드의 레이던과 암스테르담으로 이주를 했다. 이들 중 상당수는 서 있는 동안 믿고 고백하는 자들만의 세례를 강조하고 유아세례를 부정함으로 재세례파의 길을 따르게 되고, 당시 네덜란드에 논란되고 있던 아르미니우스의 사상을 받아들임으로 뒤에 영국 침례교회의 터를 놓게 되었다.

같은 때에 영국에 새로운 청교도 운동이 야콥(Henry Jacob), 신학자들인 에임스(William Ames)와 브래드쇼(William Bradshaw)에 의해 일어나게 되었다. 야콥은 네덜란드에 체재했을 때 레이던 교회의 회원이 되기도 했었다. 이들은 국교회에서 분리되지 않은 회중교회(Congregational Church - 독립교회)를 선언하고, 국교회로부터의 분리를 피하면서 회중교회의 전국적 조직을 이룩하기 위해 노력했다. 이 첫 회중교회가 야콥에 의해 1616년에 영국 사우스와크에 세워졌다.

레이던에 있는 교회에서 일어난 중요한 사건은 그 곳 교회의 소수 청교도들이 새로운 미 대륙으로 이주하게 된 일이었다. 레이던에는 학구적이고 온화한 인격의 소유자인 로빈슨(John Robinson)의 지도아래 이주하여 1609년에 그 곳에 정착한 청교도들의 회중교회가 세워졌었다. 로빈손은 철저한 칼빈주의자였다. 그의 철저한 칼빈주의 사상은 1624년에 펴낸 그의 저서 "도르트 총회에 의해 해설된 교리의 옹호"에 의해 잘 알려져 있다.

당시 네덜란드가 신앙의 자유가 있는 나라였지만 이 교회는 차츰 그들 자녀들의 미래와 속화를 염려하게 되었다. 그리고 당시 레이던은 그 곳 대학을 중심으로 알미니안 주의에 대한 논쟁의 중심지가 되어 있었기 때문에 철저한 칼빈주의자인 그에게는 불안한 곳이기도 했다. 그래서 네덜란드가 청교도들이 바라던 "약속의 땅"은 아니라고 생각하게 되었다. 그 결과 로빈슨은 다른 약속의 땅을 바라보게 되고, 1617년부터 그 곳 교회 공동체를 미주로 이주시키는 계획을 세웠다. 그는 자신이 메이플라워호를 타고 동행할 형편이 못되었지만 이 일을 돕고 격려하였다.

레이던 회중교회에 속한 작은 집단이 1620년 7월에 네덜란드에서 스피드웰(Speedwell)호로 출항하여 일단 영국으로 돌아갔다. 영국에서 그들과 같은 청교도 집단에 속한 다른 분들이 동행하게 되어 모두 함께 9월 16일 메이플라워호(Mayflower, 오월화)라는 배로 플리머스 항구를 떠나 새 대륙을 향해 떠나게 되었다. 승선한 분들은 101명의 청교도들과 48명의 선원들이었다. 청교도들 101명 중에 35명이 레이던으로 부터 왔었고 나머지 66명은 런던과 사우스햄턴에서 모집되어 가담한 분들이었다. 그리고 이들 중 56명이 성인, 31명이 어린이, 14명이 종들과 고용된 공예가들이었다. 그들이 원래 목표한 곳은 버지니아였다.

그런데 이들은 폭풍 때문에 길을 벗어나 11월에 현 메사추세츠 코드곶 만(Cape Cod Bay)에 도착하게 되었다. 65일간의 항해 중에 한 사람이 죽었고, 두 아기가 태어났다. 당시의 역사적 상황을 브래드포드는 이렇게 적고 있다. "좋은 항구에 이르고 안전하게 상륙하게 되어 그들은 무릎을 꿇고 크고 험한 바다를 건너오게 하시고 모든 위험에서 구원해 주신 하늘의 하나님을 송축했다…그러나 그들에게는 그들을 환영해 주는 친구가 없었으며, 비 바람에 찌든 몸이 쉴 여관도 집도 없었고, 도움을 청할 집도 마을도 없었다…철은 겨울이라 폭풍우는 잔인하고 격렬하였다…보이는 것은 단지 거친 짐승들과 거친 사람들이 가득한 으슥하고 거친 광야뿐이었다." 첫 겨울에 저들 가운데 반이 괴혈병, 과로 등으로 세상을 떠나게 되었다.

청교도들이 상륙 후 항구와 마을을 건설할 합당한 지역을 찾는 데는 거의 한 달이 걸렸다. 저들은 크리스마스에 이르러서야 겨우 자리를 정하고, 공동 창고 건물을 세우기 시작했다. 저들은 도착하기 전에 무질서

한 인간성과 방종을 두려워하여 선내에서 "메이플라워호 맹약"(Mayflower Compact)을 작성하고 모두 서명하게 되었다. 이로써 저들은 하나님의 영광과 기독교의 번영을 위해 새 거류지를 세우는 일에 동의를 했다. 나아가 보편적 공익을 위한 법을 제정하고, 집단의 결속을 유지하며, 이기심을 버릴 것을 서약했다. 결과적으로 이 맹약은 국민의 자치 정부를 세우자는 것이었다. 저들은 왕의 왕 되시는 하나님을 떠나 다스리지 않았으며, 인간 왕의 통치를 허용하지 않았다. 왕 야곱 1세는 감독의 다스림을 거절하는 저들에 대한 소식을 듣고 놀랐을 것은 틀림없었다. 그러나 그는 왕국 내부 문제들 때문에 멀리 떨어져 있는 거기까지 간섭할 형편에 있지는 않았다.

플리머스 식민지의 청교도들은 북미 심장부에 안전한 자리를 확보했다. 개척 50년 동안은 매우 어려운 시기였다. 공립학교가 없었고 누구도 대학에 갈 수 없었다. 그 결과 이민자들을 그 곳으로 끌 수 없었다. 1629년까지 목사가 없었다. 그러니 처음 10년 동안 이 경건한 청교도들은 정상적인 교회를 갖지 못했으나, 저들의 신앙생활은 지속되었다. 1627년에 한 네덜란드 방문객이 이곳을 찾았을 때, 북을 치며 엄하게 줄지어 주일 예배에 나아가는 저들을 보았었다. 주일 예배에는 장로인 브루스터(W. Brewster)가 주일마다 능력있게 두 번 설교를 하는데 모든 청중이 만족하고 위로를 받았다고 한다.

1630년대에 이르러 찰스 1세와 대감독 로드(Laud)의 청교도에 대한 강력한 조치와 박해를 피해 수천 명이 이곳으로 이주 해 오게 되어 교회는 크게 번영해 가게 되었다. 1620년 청교도들의 메이플라워호에 의한 새 세계로의 영웅적 이주는 북미에 있어서 교회사적인 의미가 매우 크다. 유럽의 전통에서 벗어난 정치와 종교의 분리라는 새로운 문화와 신앙의 자유라는 새 세계의 전통은 이 청교도들의 정신에서 온 것이었다.

45. 웨스트민스터 신학자 대회
(The Westminster Assembly of Divines)

| 주후 1643-1649년 |

1643년 영국 런던 웨스트민스터 대 교회당(Westminster Abbey)에서 모인 대회는 25년 전 1618년에 네덜란드 도르트에서 모인 총회와 함께 개혁교회 역사상 가장 크고 중요한 모임이었다. 이 모임은 영국의회가 영국교회를 대륙 교회의 본을 따라 개혁하기로 하고 자문을 받기 위해 국내 주도적인 신학자들을 소집한 것이었다. 그래서 이 대회를 "웨스트민스터 신학자들의 대회"라고도 부르고 있다.

1625년에 야곱 1세가 세상을 떠나자 그의 아들 찰스 1세가 왕위를 이었다. 그는 왕권은 하나님께로 부터 직접 받은 것임을 강하게 주장하면서 의회를 무시하고 통치권을 행사해 갔다. 이를 위해 그는 그 시대의 강력한 교회 지도자 로드(Laud)의 도움을 받았다. 로드는 칼빈주의를 매우 싫어했고, "감독이 없이는 참된 교회가 없다."라고 주장했었다. 그는 영국 국교회 감독이면서 중심으로는 로마 카톨릭이었다. 로마 교회가 참 교회요, 영국 교회는 보편적 카톨릭 교회의 가장 순수한 부분이라는 것이었다. 그래서 그는 영국국교회 카톨릭파(Anglican-Catholic)의 개척자였다. 왕은 1633년에 그를 캔터베리 대감독으로 세우고, 결국 정치적 종교적 자문을 그로부터 받았다.

웨스트민스터 사원

당시 영국 의회의 중추를 이룬 의원들은 중류층에 속한 분들이었다. 그런데 이들 대 다수는 강한 칼빈주의적 경향을 가졌고, 왕의 전횡에 분개했다. 왕은 의회의 동의 없이 세금을 부과하고, 세금을 내지 않는 자들을 투옥했다. 나아가 칼빈주의 신앙의 확산을 막기 위해 1628년에는 영국교회의 39개 신조에 대한 토론을 금지하고 알미니안주의를 장려하였다. 세금문제와 종교문제로 의회와의 충돌이 생기자 왕은 1629년에 의회를 해산시키고 전제정치를 강행하였다. 그 결과 의회는 1640년까지 11년 동안 모일 수 없었다.

왕은 로드의 지지를 받으면서 교회의 예배, 생활 모든 면에서 국교회의 것을 따르도록 강요했다. 청교도들의 설교도 금지되었다. 이런 환경에서 이상 참을 수 없는 청교도들은 새 대륙 미주를 향해 수천 명씩 이주를 하게 되었다. 1640년까지 약 10년 동안 뉴잉글랜드를 향해 떠난 청교도들이 2만 명이 넘었다. 저들 대부분 청교도들은 성경을 교회 조직의 유일한 법으로 보고, 성경은 회중에 의한 정치를 가르친다고 생각했다.

1637년에 로드의 자문을 받은 왕은 영국 국교회의 예배의식을 받아들일 것을 왕의 통치아래 있는 영국, 스코틀랜드를 위시한 모든 지역에 명령했다. 1560년 이후 장로교회가 이미 정착되어 있던 스코틀랜드에서는 강력한 반대 운동이 일어났다. 1638년 스코틀랜드 장로교회 총회는 왕이 세운 감독과 교회체제를 다 폐기시켰다. 왕은 이를 반역으로 간주하고 제압하기 위해 군대를 일으켰다. 찰스왕은 미래의 전쟁비용을 위한 도움을 구하기 위해 11년간 해산 중에 있던 의회를 1640년 4월에 소집하게 되었다. 그런데 소집된 의회는 정치적 종교적 불만을 쏟아 냄으로 왕은 즉시 의회를 다시 해산시켜 버렸다. 그러나 단기간의 전쟁에서 스코틀랜드 군이 성공적으로 영령을 점령하여 들어오게 되어 찰스왕은 조약이 체결되기까지 스코틀랜드 점령군의 비용을 부담해야만 했다. 이 때문에 왕은 1640년 11월에 의회를 다시 소집해야 했고, 이제 소위 "장기간의 의회(Long Parliament)"가 시작되었다. 이 의회에는 청교도 장로교 세력이 다수를 차지했으며 로드 대감독이 투옥을 당하였다. 왕은 의회의 다섯 의원을 반역죄로 처벌하려 하였다. 이 때문에 1642년 정월에 왕당파와 의회당파 간의 시민전쟁이 일어나게 되었다.

이제 청교도적 장로교 지지자가 대 다수인 의회는 교회 개혁에 나서게 되었다. 의회는 1643년 일찍이 영국의 감독정치를 폐지하는 법을 통과시켜 감독정치를 대신할 새로운 교회법이 필요했고 기존의 신조도 수정해야 했다. 입법권을 가진 의회는 이에 대한 자문을 받기 위해 1643

년 7월 1일에 121명의 신학자들과 의회가 임명한 30명의 의원으로 구성된 대 회의를 웨스트민스터 대 교회당에 소집했다. 의회는 121명의 신학자들을 택하는데 있어서 교회 정치 체제 문제에 대한 서로 다른 견해를 가진 사람들을 고려함으로 신중성을 보였다. 신학자들은 주로 네 집단 곧 감독정치, 장로회정치, 회중정치, 국교회정치 지지집단들로 부터 선택되었다. 그런데 감독주의 자들은 왕에 대한 충성으로 이 회의에 거의 참석을 하지 않았다. 장로회 측이 지배적인 영향을 나타내었다. 1643년 9월에 의회는 스코틀랜드의 도움을 확보하기 위해 "신성 맹약(the Solemn League and Covenant, '엄숙동맹')"을 체결하게 되고, 스코틀랜드 장로교회로부터 5명의 신학자들과 3명의 위원들이 대회에 투표권이 없는 자문위원으로 참석하게 되었다. 그러나 이들은 장로교 정치와 신앙고백 작성에 큰 영향을 미쳤다.

이제 대회는 영국, 스코틀랜드, 아일랜드 세 지역을 위한 교회정치와 신앙고백을 작성하는 일에 착수하였다. 대회는 1644년 예배모범과 철저한 장로회정치 체제에 대한 안을 작성하여 의회에 제출했다. 정치체제를 위해서는 장로회정치 지지자들과 회중정치 지지자들 사이에 예리한 의견대립이 있었으나 결국 장로회 정치체제가 받아들여졌다. 대회는 27개월간 작업하여 1646년 12월 4일에 33장으로 된 "웨스트민스터 신앙고백서(The Westminster Confession of Faith)"를 의회에 제시했다. 이 신앙고백은 먼저 사람의 구원과 신앙과 생활에 필요한 모든 것이 하나님의 말씀인 성경에 다 계시되어 있다고 한다(제1장). 그리고 영국 교회가 언급하지 않은 예정 교리를 포함하여 "어떤 사람들과 천사들은 영생에 이르도록 예정하시고 그 나머지는 영원한 죽음에 이르도록 미리 작정하셨다"고 한다(제3장). 나아가 언약(행위언약과 은혜언약)을 통한 하나님과 그의 백성과의 관계를 강조했다(제7장). 안식일 성수는 청교도적 엄격한 성수 개념이 반영되어 오락이 금지되고 있다(제21장).

이어 대소 교리문답이 작성되어 1647년에 의회에 제출되고, 약간의 수정을 거쳐 1648년 9월 15일에 수용되었다. 대교리문답은 신앙고백서 내용을 평범하게 고쳐 설명한 것으로 볼 수 있다. 두 교리문답 중 일반적으로 소 교리 문답이 널리 환영을 받고 있는데, 첫 문답은 "사람의 첫째 되는 목적이 무엇입니까?" "사람의 첫째 되는 목적은 하나님을 영화롭게 하고 영원토록 그를 즐거워하는 것입니다."로 칼빈주의 인생관을 간명하게 나타내고 있다.

웨스트민스터 대회는 1643년 7월 1일 개회 이후 1649년 2월 22일까지 1163회기를 가졌었다. 이 대회의 공식적인 폐회의 기록은 없다. 이 대회가 작성하고 의회가 받은 신앙고백을 스코틀랜드 교회 총회는 1647년 8월 27일에 공식적으로 채용함으로 이후 오늘날까지 스코틀랜드 교회와 미국 등 다른 장로교회의 신경이 되어 있다.

그러나 이것이 작성된 영국의 형편은 달랐다. 그 동안 시민전쟁에서 청교도측 의회 편에서 군대를 지휘하여 왕의 편과 싸워 승리를 거둔 분이 있었다. 그는 크롬웰(Oliver Cromwell, 1599-1658)인데 열정적인 청교도 신앙인이었다. 그런데 그는 회중정치를 지지하는 편에 있었다. 그러나 그는 로마 교회와 감독제를 반대하는 한 어떤 류의 청교도들도 환영하였다. 찰스 1세가 반역죄로 정죄되어 사형되고 크롬웰이 호민관으로 통치자가 되었다. 그의 통치 아래서 장로회 체제가 받아들여질 리 없었다. 결과적으로 의회가 수용한 장로교 정치와 신앙고백은 영국에서는 잠시 부분적으로 수용되기는 했지만 일반적으로 받아드려지지 않았다.

1658년에 크롬웰이 세상을 떠나고 그의 아들 리처드가 통치권을 이어 받았다. 그러나 곧 찰스 1세의 아들 찰스 2세가 1660년에 유배에서 돌아와 영국의 왕좌를 회복하게 되고, 그로 인해 영국의 교회는 다시 국교회 감독제도로 되돌아가게 되었다. 하나님께서 이끌어 가시는 섭리의 역사는 신비스러울 뿐이다. 하나님의 말씀의 통치 아래 살기를 원하는 청교도들이 전제적 왕에 의해 박해를 받고 어려움을 당하게 되었을 때 하나님은 의회를 통해 왕의 전제를 꺾고 칼빈주의적 교회 정치와 신앙고백을 작성할 기회를 열어주셨다. 이로써 하나님은 미래의 세계 개혁주의 장로교회의 터를 놓아 주셨던 것이다. 오늘 미주와 한국을 위시한 장로교회들은 이 유산을 받아 유익을 누리며 살아가고 있다.

46. 퀘이커 파(the Quakers)의 등장

| 주후 1648년 |

퀘이커라는 말은 1650년에 판사 베네트(Bennett)가 조지 폭스에게 별명으로 준 이름이다. 폭스가 판사를 향해 하나님의 말씀을 두려워 떨라고(quake) 말했을 때, 판사가 그를 떠는 자로 불렀기 때문이다. 그러나 초대 퀘이커 교도들은 그 별명이 그들의 모임에서 영적으로 떨게 된 경험에서 온 것으로 설명을 했다.

찰스 1세가 영국을 다스리던 1640-1650년대는 정치적으로 교회적으로 혼란한 시대였다. 의회당파와 왕당파간의 시민전쟁이 일어나고 청교도 세력이 다수를 점한 의회는 영국교회의 개혁을 위해 웨스트민스터 신학자대회를 소집했었다. 그 동안 영국 국교회에 무조건 복종을 강요당해 온 청교도를 중심한 국교회 반대자들 세계에서는 신비주의적 성격을 띤 다양한 운동도 나타나게 되었다. 어떤 분들은 교회의 직분과 의식을 전적으로 부인하였다. 이런 운동의 대표적인 것이 조지 폭스(George Fox, 1624-1691)에 의해 창설된 "친우회(The Society of Friends)라 불리는 소위 퀘이커파이다.

섬유직공의 아들로 태어난 조지는 매우 진지하고 경건한 마음을 가지고 성장했다. 19세 때 기독교인들 몇 사람의 초청을 받아 음주 시합을 하는 주연에 참석한 일이 있었는데 거기서 신앙고백과 생활이 너무 다른 그들의 모습을 보고 큰 충격을 받았다. 이후 그는 외형적 기독교에 대한 큰 혐오감을 갖게 되었다. 당시 그에게는 국교회를 반대하는 장로교회 혹은 회중교회도 너무 형식에 매여 사는 것으로 보였다. 그는 루터 이후 지금까지의 개혁에 만족할 수 없어 영적인 평안을 얻기 위해 여러 사람들을 찾아다니며 자문을 구하였으나 아무런 도움을 얻을 수 없었다.

1647년 어느 날 그는 "너의 형편에 대해 말을 해 주실 분은 예수 그리스도 한 분 밖에 없다."라는 음성을 들었다고 한다. 이것이 조지에게 큰 변화를 가져왔다. 그는 모든 사람이 주께로 부터 어느 정도의 "빛"을 받고 있다는 확신을 가졌다. 이 "내적 빛(Inner Light)"을 따르게 되면 누구나 생명의 빛과 영적 진리로 인도함을 받을 수 있다고 생각하였다. 나아가, 그는 성경이 하나님의 말씀이지만 하나님의 계시는 기록된 성경에 한정되어 있지 않으며, 하나님의 영이 메시지를 우리들에게 직접 주신다고 주장했다. 모든 기독교인들은 예수의 "친구들(Friends)"로 하나님을 직접 만날 수 있다고 믿었다. 그래서 그는 이제 교회의 형식직인 직분을 부인하고 초대 기독교의 부흥을 주장하며 1647년에 자신의 신앙 메시지를 전하는 일에 나섰다. 5년 만에 25명의 추종자를 얻고, 7년이 되던 해에는 60명 이상의 추종자들을 얻게 되었다.

폭스의 단순하고 설득력 있는 메시지는 많은 사람들의 관심을 끌었다. 그를 좇은 사람들 가운데는 다양한 청교도 사상을 가진 사람들, 영국의 귀족들, 국교회의 사제들, 부와 학문을 가진 사람들도 많이 포함되어 있었다. 1652년에 영국 북부지방의 프레스톤 패트릭에 첫 번째의 퀘이커 집단이 생겨나게 되고, 2년 후에는 런던 밖의 여러 지역으로 확산되었다. 이들의 선교적 열정은 대단하여 8년 후에는 유럽지역의 네델란드, 독일, 오스트리아 등 뿐만 아니라 아시아와 아프리카 지역에까지 나아갔다.

객관적으로 주어진 하나님의 말씀만을 절대적인 신앙과 생활의 표준으로 삼지 않고, 영의 직접인도를 받는다고 주장하는 자들의 집단속에서는 여러 비정상적인 폐해들이 나타나기 마련이다. 이 때문에 1661년까지 폭스와 그의 추종자 수천 명이 수난을 겪고 투옥을 당했다. 폭스가 그의 집단의 믿음을 조롱한 판사 베네트 앞에 서게 되었을 때 하나님 말씀 앞에 떨라고 경고를 했다. 이때 판사는 "너희들은 떠는 자들, 퀘이커들이다(You are the tremblers, the quakers)."라고 했다. 이로부터 퀘이커 교도라는 이름이 생겨나게 되었다. 찰스 2세에 의해 왕정이 복고되고 국교가 회복되자 비국교도들 가운데 퀘이커들에 대한 박해가 특별히 심했다. 400여 명이 투옥되고 사형을 당했으며, 많은 사람들이 무거운 벌금형을 받고 파산을 당하기도 했다.

이런 시기에 퀘이커들의 대 약진의 기회가 오게 되었다. 윌리암 펜(Sir William Penn) 제독의 아들인 윌리암 펜이 1666년에 열심있는 퀘이커 교도가 되고, 탁월한 설교자 중 한 분이 되어 퀘이커파 옹호에 나섰다. 그는 퀘이커 교도들을 받아들이지 않는 영국을 떠나 새 대륙 미주로 이주하여 자유롭게 살기를 원했다. 그는 1677-78년에 약 800명의 퀘이커 교도들을 도와 북미 뉴저지로 보냈다. 1681년에 왕실이 펜의 아버지에게 진 빚을 생각하고 찰스 2세가 펜실베이니아를 그에게 증여함으로 넓은 땅을 얻게 되었다. 그 결과 1682년에 펜에 의해 펜실베이니아 거류지가 생기고, 많은 퀘이커 교도들이 거기 와서 정착할 수 있었다. 1690년 미주 식민지에 1만 명이, 1702년에는 펜실베이니아와 뉴저지에 2만 명의 퀘이커 교도들이 이민하여 정착하게 되었다.

그런데 이 퀘이커파는 박해의 시대가 지나자 공격적인 신앙생활에서 차츰 벗어나게 되고 개종자들도 줄어들게 되었다. 이제 저들은 그리스도인의 덕을 실천하는 일과 자선사업에 주력하기 시작했다. 19세기에 이르러 조직적인 선교 사업에 나섰다. 그 결과 영국과 새 대륙에 사는 퀘이커 교도들은 남미, 아프리카와 동양의 일본 중국 등까지 선교기지를 두어 교세 확장을 위해 노력했다.

퀘이커파의 가장 큰 특징은 성령의 직접적 감화와 예배에 있어서 성령의 직접 인도를 바라는 것이었다. 이것이 주관적 경험을 추구하는 신비주의적 경향을 갖게 했다. 영적인 세례와 삼위 하나님과의 교제를 믿었지만 실질적인 세례와 성만찬 제도를 부인하였다. 하나님의 직접 부름을 받은 자는 남녀노소 구별 없이 누구나 설교할 수 있으며, 높은 인간적 학문이나 신학적 지식이 설교자의 자격을 갖추는 데 필요가 없다고 여겼다. 그래서 퀘이커파에서는 신학의 방향이 없고, 각종 신비주의적 합리주의적 체험 중심의 사상이 자리를 잡게 되어버렸다. 이들의 예배는 성령의 직접적인 감화를 강조함으로 어떤 분이 설교나 기도를 하도록 부름을 받은 것으로 느끼지 않는 한 침묵 속에 진행되었다. 그리고 이들에게 전쟁은 불법이고 노예제도는 증오의 대상이었다.

한국에도 퀘이커파의 영향이 일본을 통해 들어와 무교회주의로 영향을 나타내었다. 1920년대 일본에 유학 갔던 김교신이 일본의 무교회주의자 우찌무라 간조의 영향을 받고 돌아와 한국에 이를 전하게 되었고, 함석헌 같은 분이 영향을 받아 그 사상을 퍼뜨렸다. 장로교회의 장로이자 부산 복음병원 초대 원장이며 한국의 슈바이처라 불렸던 의사 장기려도 함석헌의 영향을 받고 말년에 교회를 떠나 무교회주의자로 살다가 별세를 했다. 성경에 계시된 객관적 진리만을 절대적 진리로 믿지 않고, 개인의 주관적 체험에서 신비한 진리를 찾는 자들의 위험을 이 퀘이커파의 역사에서 보게 된다.

47. 개혁교회의 화가 렘브란트(Rembrandt)

| 주후 1606-1669년 |

개혁교회 신앙의 배경에서 나온 첫 번째의 유명한 화가는 17세기 초반에 나타난 네덜란드의 렘브란트(Rembrandt Harmenszoon van Rijn, 1606-1669)였다. 그는 탕자가 아버지 집에 돌아오는 모습을 거의 완벽하게 그림으로 그려냈다. 이 그림은 탕자의 뜻을 잘 이해하고 사람이 얼마나 구원을 필요로 하는지를 잘 나타내 주었다. 그의 대부분의 그림은 신앙과 예술이 아름다운 조화를 이룬 것들이었다.

그는 레이던에 있는 방앗간 주인으로 경건한 개혁신앙을 가진 가정에서 태어났다. 그의 부모는 그가 학자가 되어 주기를 바랐지만, 그는 예술의 재능을 가지고 있어 이 길을 택했다. 그는 그 시대의 관습을 따라 화가 아래서 도제생활을 하고 성경의 이야기를 그림으로 그리고, 그리

렘브란트

스와 로마의 역사적 사건과 신화의 내용을 그리는 방법을 배웠다. 그는 25세의 나이에 네덜란드에서 가장 유명한 초상화 화가로 나타났다. 1631년 암스테르담으로 옮긴 후 세상을 떠날 때까지 거기서 화가의 생활을 했다.

렘브란트는 개혁신앙을 가진 사람으로 자기의 개인적인 독특한 화풍을 발전시켰다. 당시 다른 개신교회 화가들은 그들의 종교적인 그림을 성경의 이야기를 나타내는 데 한정하고, 로마 카톨릭 화가들은 예수님이나 성자들의 성화를 그렸다. 그러나 렘브란트는 모든 그림에서 믿음을 보이게 했다. 그는 성경이 신앙을 위한 유일한 표준이기 때문에, 종교적 예술을 위한 표준도 성경이 되어야 한다고 생각했다. 그 시대에 화가들이 성경을 배경으로 화면을 통해 나타내는 인물들은 일반 사람과는 전혀 다른 초인적이고, 신들에 가까운 탁월한 영웅처럼 보였다. 그런데 렘브란트의 그림에 나타나는 인물들은 그렇지 않았다. 그는 실제 있는 그대로의 인간을 보여주었다. 그가 그린 인간의 모습은 허물과 죄로 상해 있는 구원이 필요한 인물이었다. 그의 아내와 아들을 포함한 남녀와 거리의 사람들을 있는 그대로 그의 작품에 나타냈다.

렘브란트는 또 자기 자신을 모델로 사용하기도 했다. 예수를 못 박은 십자가를 일으켜 세우는 그림에서 자신이 그리스도를 십자가에 못 박는 일을 돕고 있음을 보여준다. 비록 그가 그림을 그리고 있지만, 예술인인 그 자신도 개인적 구원이 절실함을 잘 보여주고 있는 것이다. 절묘한 빛과 그림자 명암법의 사용은 렘브란트의 작품의 각인이라고 할 수 있다. 이로써 그의 작품의 테마에서 육체적인 깊은 어두움이 이따금 내적인 영적 빛을 분명하게 들어내게도 하고, 시공간을 초월한 세계를 보여주기도 한다.

그렇지만 렘브란트의 중요 목적은 그림으로 복음을 전하는 것은 아니었다. 그는 세속적인 작품과 성경적인 작품으로 생활을 했다. 그러나 종교적인 면을 나타내려 의도하지 않은 작품이라도 세상과 인간이라는 그의 예술관은 동반되어 나타났다. 하나님이 창조하신 자연의 아름다움을 보고, 그 앞에 있는 인간의 얼굴에서 아름다움과 죄로 상한 두 모습을 보여 주었다.

그는 분명히 개혁신앙의 확신을 가진 예술가였다. 그러나 그가 무흠한 개인적인 생활을 갖지는 못했다. 1642년에 그의 아름다운 아내 사스키아가 세상을 떠났고 이와 함께 경제적인 어려움이 겹쳐 파산 당하게 되었다. 1654년에는 그의 시녀인 헨드리켜에게서 아이를 갖게 되어 암스테르담 개혁교회에서 권징으로 어려움을 겪기도 하였다. 이런 슬픔과 어려움이 그를 더욱 고독하게 만들었다. 이런 일들이 그에게 자신의 예술을 더욱 깊게 만들고 영적으로 더욱 성숙하게 하며 그리스도의 수난에 대한 이해를 더 깊게 하는데 도움을 주었다. 이때 그리스도의 수난과 연관된 화제의 그림이 거의 90점에 이르렀다. 성만찬의 초자연적인 분위기, 엠마오의 제자들, 신적인 위엄으로 제자들을 축복하시고 병자를 고치시는 그리스도의 얼굴에 나타나는 구속적 사랑의 표현은 기독교 예술의 극치이다.

그의 최후의 작품 중에 유명한 "탕자의 돌아 옴"(1668, 피터스 박물관 소장)이 있다. 빈 털털이 아들을 무한한 사랑으로 받아들이는 아버지의 얼굴과 손에 표현된 하나님의 선하심에 대한 화면은 바로 그림에 담긴 신앙고백이라 할 수 있다. 이는 성경 진리의 영원성을 우리들에게 알려 주고 있다. 개혁 교회 신자인 렘브란트의 그림은 로마 카톨릭계 화가들의 성화와는 전혀 다른 것이었다. 네덜란드에는 그의 그림을 사이사이에 넣은 "렘브란트 성경"이 일찍이 출간되어 많은 사람들의 사랑을 받아 왔다.

근세, 현대 교회
(주후 1650~)

48. 경건주의 운동가 야곱 스페너
(Philip Jacob Spener)

| 주후 1635-1705년 |

종교개혁이 일어난 후 얼마 동안 독일 개신교(루터파 교회)는 개인적인 믿음과 체험을 강조함으로 로마교의 형식주의에 대한 혁명을 가져왔었다. 그런데 1세기가 지나자 개신교회 내에도 차츰 형식주의가 자리를 잡고 교회생활이 건조하게 되어 갔다. 성경의 진리 내용을 이해만하고, 성경을 기록하게 한 성령을 알지 못한다면 무슨 유익이 있겠느냐는 불만의 소리가 나오게 되었다. 그래서 교회 안에 중생, 개인적 신앙, 영적 체험을 강조하는 영적인 경건 운동이 일어났다.

이 영적 경건 운동의 큰 주도자가 스페너(Philip Jacob Spener, 1635-1705)였다. 그는 매우 열심 있는 개신교회 부모에게서 태어났다. 목사가 되기 위해 스트라스부르크 대학에서 공부하던 중 성경언어와 교리와 역사에 큰 관심을 가졌었다. 그런데 그의 교수들은 그에게 영적 중생과 기독교 윤리에 관심을 갖게 했다. 스페너는 신학과 개인적인 체험 간의 불가분의 관계에 큰 관심을 가지게 되었다. 사람이 거듭나지 않는 한 형식상의 믿음은 아무런 결과도 가져오지 못한다는 것을 믿었기 때문이다.

그가 프랑크푸르트에서 목사로 봉사할 때 교회는 각종 교리 논쟁에 휩싸여 있었고, 30년 전쟁의 결과 교회 내외에는 부도덕이 만연하였다. 그는 설교에서 각종 세속적인 카드놀이, 댄스, 의식 생활의 절제를 강조하며 회중에게 개인적인 믿음을 강조하였다. 이때 루터파 교회의 목사들이 스페너의 설교의 개인주의적 경향에 대한 위험을 지적하게 되고 스페너는 저들과 논쟁을 하게 되었다.

그러나 스페너는 루터 교회를 떠나지 않고 끝까지 그 교회의 목사로 지냈다. 그는 그의 가정에서 성경연구 및 기도와 설교에 대한 토론을 위한 모임을 시작하고, 이런 모임이 차츰 널리 확산되었는데, 이 모임이 뒤에 "경건 모임(collegia pietatis)"이라는 이름으로 알려지게 되었다. 이 모임이 독일 경건주의 운동의 기반을 이루게 되었다. 이 모임은 "교회 안에 교회(ecclesiolae in ecclesia)"라는 별명을 갖게도 되었다.

프랑크푸르트에서 행한 그의 설교와 지역적 모임만으로 만족하지 못한 스페너는 그의 개혁적인 생각을 글로 발표하기를 원했다. 그 결과 1675년에 "경건한 소원(Pia Desideria)"이라는 책을 펴냈다. 그는 이 책에서 루터파 교회의 개혁을 위한 여섯 가지를 제시했다. 이는 개인적인 신앙을 위한 깊은 성경연구, 만인 제사장직의 실제적인 표현, 사랑과 지성에 대한 같은 강조, 신학적인 논란의 승리보다 진리에 대한 탐색, 높은 도덕적 표준을 가진 대학의 재편성, 복음 설교의 부흥이었다. 2년 후에는 다른 소책자를 통해 모든 기독교인들이 성경을 공부하고 설교를 성경말씀으로 시험할 것을 촉구했다.

스페너는 교회가 신자들의 만인제사장직 개념을 심각하게 받아들이고 "경건한 모임"에서 일반신자들에게 책임을 지울 것도 제시했다. 목사가 중요하지만, 목사가 영적 양육에 대한 전 책임을 지지 않아야 한다고 그는 생각한 것이다. 개인주의에 대한 두려움을 물리치고, 교회가 개인적인 경험을 강조해야 한다고 했다. 교리만의 강조는 죽은 신앙의 결과를 가져 온다고 보았던 것이다.

스페너는 30년 전쟁으로부터 종교적 논쟁의 위험을 의식하고 가능한 한 신학적 충돌을 피하려 하였다. 충돌이 불가피하다면 사랑의 정신으로 논쟁해야 할 것이라고 하고, 사소한 문제를 떠나 신앙의 본질문제에 중심을 두어야 한다고 했다. 목사는 성경과 신학을 연구할 뿐 아니라, 일반신자들을 어떻게 다룰 것인지도 익혀야 한다고 했다. 그리고 헌신적인 사랑의 생활을 보여주지 못하는 목사는 회중을 그런 방향으로 이끌어갈 수 없다고 했다. 그는 또한 목사들이 성경의 진리를 생활에 적용하는 설교를 하게 하고, 단순한 강의 대신 하나님의 백성에게 감동을 주어야 한다고 했다.

17세기 루터파 교회지도자들은 그의 이런 생각을 이상하고 위험하게 생각하였다. 이로 말미암아 그는 루터파 교회 안에서 큰 비판을 받게 되었고 교회 안에 분열을 일으키는 자로 큰 공격을 받게 되었다. 스페너는

1686년에 프랑크푸르트를 떠나 드레스덴에서 왕실 설교자가 되었는데, 거기서 그는 라이프치히와 비텐베르크 대학으로부터 큰 반대를 받았다. 1691년 베를린으로 옮기게 되었을 때 뜨거운 환영을 받았다. 그러나 그는 1695년 거기서 경건주의를 선호하여 교회를 소홀히 하였다는 이유로 비텐베르크 대학 신학부에 의해 공적인 고발을 당하기도 했다.

이런 어려움 속에서도 그는 그의 친구요 제자인 프랑케(August Herman Francke, 1633-1727)에 의해 큰 힘을 얻었다. 1694년에 스페너의 영향과 브란덴부르크의 선제후의 재정보증으로 할레 대학이 서게 되었다. 라이프치히 대학에서 스페너와 유사한 경건운동을 일으킨 프랑케가 거기서 저항을 받다가 할레로 와서 자리를 잡게 되었다. 그는 새로 설립된 할레대학의 교수가 되고 이후 30년 동안 할레대학을 경건주의 운동의 중심지로 만들었다. 이제 할레는 프랑케의 지도 아래 전도와 선교의 중심이 되었다. 개신교의 세계선교는 동양언어 연구와 성경 번역이 중심이 된 이 할레(Halle)에서 시작이 되었으며 이는 로마 카톨릭이 아시아와 미 대륙에 선교를 시작한 여러 해 후였다.

당시 독일의 루터교 세계는 스페너의 개혁 프로그램을 교회생활에 대한 큰 위협으로 생각했지만 일반 신자세계는 큰 기쁨으로 받아들였다. 그의 가르침을 수용한 교회에서는 가족생활이 개선되고, 도덕 생활이 향상되었으며, 기독교 신앙이란 단지 교리를 수용하는 것 이상이란 것을 알게 되었다. 소그룹 모임은 교회 안에서 가족적인 친근감을 갖게 했고, 성경이 신자들의 가슴에 살아있는 말씀으로 와 닿게 했다.

많은 교회들이 경건주의의 열정에 큰 영향을 받고 성경공부와 그룹

기도회와 전도 활동을 발전시켜갔다. 경건주의의 실제적인 면인 감정과 전도에 대한 강조는 후일 미국 기독교회와 세계 교회에 큰 영향은 끼쳤다. 이 경건주의 운동은 굳어진 형식주의와 스콜라 학풍에 대한 반동으로 개인의 신앙과 생활에 활력을 불어 넣은 귀한 결과를 가져왔다. 그러나 이런 운동이 지나친 개인주의에 빠지고, 교회의 모든 형식(성례)등을 무시하는 광신주의로 흐르게 될 때 교회에 큰 위협이 될 수 있다. 스페너의 제자들 가운데서도 프랑크푸르트에서 교회의 공예배와 성례를 무시하고 폐지함으로 큰 혼란을 가져와 강력한 반대에 부딪친 일이 있었다. 교회의 바른 생활과 발전은 언제나 지성과 영성이 균형을 이루는 데 있는 것이다.

49. 같은 해에 태어난 두 교회 음악가: 바흐와 헨델

| 주후 1685년 |

1685년에 교회음악에 중대한 영향을 끼친 두 음악가가 태어났다. 루터의 나라 독일에서 바흐(Johan Sebastian Bach)와 헨델(George Frederic Handel)이 태어난 것이다. 이들이 각기 태어난 곳은 서로 백마일쯤 떨어진 다른 곳들이었다. 그런데 이 두 음악가는 평생 서로 마주 본적도 만난 적도 없었다. 그러나 저들은 세계 교회가 크게 즐기는 불멸의 걸작들을 남겨 놓았다.

바흐가 태어난 아이제나흐에 있는 그의 가문에는 이미 많은 음악인들이 나타났다. 그래서 그가 작곡가가 된 것은 놀랄 일이 아니었다. 그는 그의 아버지와 형으로 부터 음악 교육을 받았다. 1703년 18세가 되었을 때 그는 이미 바이마르 황실 교회 오케스트라의 바이올린 주자가 되었다. 그러나 곧 교회 오르간 연주자가 되기 위해 그 자리를 떠나게 되었다. 이어 그는 뛰어난 성악가인 마리아(Maria)와 결혼을 하여 일곱 자녀를 얻었다. 마리아는 그의 사촌 누이 동생이었다. 마리아가 세상을 떠난 후 그는 다시 성악가 안나(Anna)와 재혼을 했다. 그는 둘째 아내로 부터 13 자녀를 얻게 되어 모두 20 자녀의 아버지가 된 것이다. 그의 자녀 가운데 여럿이 그를 이어 유명한 작곡가들이 되었다. 오늘 그의 후손들이 구미 여러 나라에 흩어져 살고 있다. 바흐는 놀랄 만큼 많은 작품을 냈다. 그는 자녀 생산에 있어서 다산의 인물이었을 뿐 아니라, 음악 작품에 있어서도 다작의 인물이었다. 스무 자녀들을 돌보면서 그는 작곡하고 연주를 했을 뿐 아니라 음악을 가르치기도 했다. 그는 198 칸타타를 내었고, 세속적 음악 작품도 내었다. 그의 작풍 중에 제일 잘 알려진 것은 마태의 수난곡, 브란덴부르크 협주곡, 크리스마스 오라토리오 등이다. 이 가운데 마태의 수난곡은 오늘날도 수난절이 이르면 거의 유럽 전역에서 연주를 하게 된다.

바흐는 매우 헌신적인 루터교 신자였다. 그는 그의 모든 작품에 예외 없이 "전능자의 뜻을 찬양하며"와 "하나님께만 영광"이란 말을 새겨 넣었다. 바흐는 까다로운 성격을 가져 종종 그의 고용주와 충돌함으로 어려움을 겪기도 했다. 그는 독일 여러 지역으로 자리를 옮겨가며 그의 생애를 보냈다. 그런데 바흐의 작품들은 상당 기간 큰 명성을 얻지 못했으나 19세기에 이르러 멘델스존(F. Mendelssohn)과 다른 낭만주의적 작곡가들이 그의 작품의 가치를 재발견하고 대중화시킴으로 그의 명성이 세계 여러 지역에 퍼지게 되었다. 바흐의 삭품의 대부분은 원래 독일 루터 교회의 예배를 위해 작곡되었지만, 그 종교적 음악의 깊이는 어느 한 교파에 제한되는 것이 아니었다. 그리고 그의 어떤 작품은 현재 교회 예배에서 거의 사용되지는 않고, 교회 예배와는 별도로 연주되

헨델

어지고 있다.

 조지 헨델은 할레에서 태어났다. 그의 부모는 경건주의적 성격을 가진 루터 교회에 속해 있었다. 그의 아버지는 그가 음악 공부하는 것을 싫어하고 막았다. 그래서 그는 밤에 다락방에 몰래 들어가 클라비코드(clavichord)를 연습했다고 한다. 그의 아버지는 조지가 법관이 되기를 원했다. 그러나 그는 결국 음악 공부를 허락하고 그 지역 오르간 연주자에게 음악을 배우게 했다. 베를린에 있는 왕실이 조지의 음악 교육을 도와주려고 했지만 조지의 아버지는 이를 거절했다. 그러나 그는 끝까지 그의 아들의 길을 막을 수 없었다. 조지는 아버지의 뜻을 따라 한 해 동안 법률을 공부하던 중 그의 아버지가 곧 세상을 떠났다. 그는 아버지가 세상을 떠나자 법률 공부하는 길을 포기하고 왕실 오케스트라에 바이올린 연주자로 들어갔다. 그는 또 이태리에 가서 얼마동안 머물면서 이태리어로 오페라를 쓰기 시작했다. 그러나 이태리의 오페라가 쇠퇴기를 맞게 되고, 그는 오페라 회사와 충돌을 하게 되었다. 1710년 그는 영국으로 건너가 여왕 앤(Anne)으로 부터 연봉 200파운드를 받고 오라트리오를 쓰기 시작했다. 이후 그는 영국에 머물기로 마음을 먹고, 1726년에 영국시민으로 귀화하였다.

 헨델도 바흐처럼 작품을 많이 쓴 작곡가였다. 그의 최초의 큰 관심은 종교적인 작품이 아니라 오페라와 악기로 연주하는 작품들이었다. 그러나 곧 그는 종교적인 오라트리오를 쓰기 시작했다. 1733년에 "에스더"

와 "드보라"를, 1738년에는 "사울"과 "애 굽의 이스라엘"을, 1742년에 "메시야"를, 1743년에 "삼손"을, 그리고 "유다 마카 비"(1747), "여호수아"(1748), "솔로몬" (1749) 등을 내어 놓게 되었다. 이 작품들 중에 "메시야"가 성탄절을 기해 가장 널 리 연주되어졌고, "애굽의 이스라엘" "유 다 마카비" "삼손" 등도 자주 연주되는 편 이다.

바흐

헨델이 독일을 떠나, 영국시민이 되어 일하고 있을 때, 독일 지역 하 노버의 선제후로 자기를 고용한 적이 있었던 분이 영국의 왕(George 1) 이 되어 오게 되었다. 그는 지난날 자기를 고용했던 왕에게 자신이 독일 을 떠나게 된 사실을 어떻게 설명할까 고심하던 중에 "워터뮤직(Water Music)" 즉 "수상곡"을 작곡했다고 한다. 이것은 매우 성공적인 작품이 었다.

헨델은 영국에서 일하는 동안 종교적인 불후의 작품을 내어 놓아 위 대한 기독교 음악가의 이름을 남기게 되었다. "메시야"를 경청하는 사 람들은 그 작품에서 그가 일찍이 경건주의적 가정에서 받은 실제적인 기독교적 신앙과 감정을 잘 표현하고 있음을 느끼게 된다.

바흐와 헨델은 음악을 통해 하나님의 영광을 드러내고 그의 구원의 은혜를 찬양하는데 쓰임 받은 귀한 인물들이었다.

50. 모라비안 형제들의 각성운동

| 주후 1727년 |

1727년 8월 13일 독일 드레스덴에서 약 70마일 떨어져 있던 진젠도르프(Ncicholas L. von Zinzendorf) 백작의 큰 사유지에서 비상한 일이 일어났다. 옛 보헤미아와 모라비아에서 신앙의 박해를 받고 떠돌아다니던 모라비안 형제들이 예배를 드리던 중에 놀라운 일이 일어난 것이다. 지난 몇 주간 이미 영적으로 들뜬 분위기가 저들 가운데 이루어져 왔다. 심도 깊은 성경 공부, 밤샘 기도, 죄의 고백이 있어 온 것이다. 그날 예배 모임에서 두 소녀의 견신례가 있었다. 이들에 대한 축복이 선언 된 직후 온 회중이 성령의 강력한 역사에 휩싸인 것이다. 어떤 분은 울음을 터트리고, 어떤 분은 큰 소리로 찬양했다. 많은 사람들이 큰 소리를 내어 기도하였다. 주의 성령이 폭풍처럼, 불처럼 임한 것이다. 이로써 믿음을 지키기 위해 조국을 떠나 나그네 된 모라비안 형제들은 큰 위로를 받게 되고, 성령의 능력으로 한

몸이 되었다. 모라비안 교회가 피난지에서 큰 성령의 역사를 체험한 것이다.

헤른후트(Herrnhut)에 거주하고 있는 사람들의 대부분은 보헤미아와 모라비아(현 체코)에서 신앙 때문에 피난 온 분들로 종교개혁의 선구자 존 후스(Johann Huss, 1360-1415)의 영적 후예들이었다. 저들은 루터가 개혁자로 등장하기 60년 전인 1457년에 이미 프라하 서부 백마일 되는 쿤바르트라는 마을에 후스의 신앙을 따르는 교회를 세웠었다. 이들이 모라비안 형제 혹은 "형제공동체(Unitas Fratrum)"라 불려져 왔다. 루터가 개혁자로 등장한 1517년까지 이 교회에는 이미 20여 만 명이 속해 있었다. 그런데 1547년에 큰 박해가 일어나 많은 신자들이 폴란드로 피난을 갔다. 그리고 30년 전쟁(1618-1648)동안 이 교회는 무서운 박해를 받아 피해를 입게 되었다. 이 박해 시대에 교회를 이끈 중요한 인물이 유명한 교회지도자요 교육가였던 코메니우스(John A. Comenius, 1592-1670)였다. 그는 그의 생애의 대부분을 영국과 네덜란드에서 보내다가 네덜란드에서 세상을 떠났다. 그의 기도와 바램은 어느 날 이 공동체의 숨은 씨가 다시 싹을 내어 때를 얻는 것이었다. 그의 기원이 헤른후트에서 열매를 맺은 것이다.

1722년에 독일어를 사용하는 모라비안 형제들이 크리스쳔 데이비드(C. David)의 인도로 피난처를 찾아 나섰다. 이때 진젠도르프는 그의 사유지인 베델스도르프에 마을을 만들어 이들을 거주하게 했다. 곧 이 공동체에 상당수 독일 경건주의자들도 가담하게 되었다. 1725년까지 90명의 모라비안 형제들이 거주했으나, 다음 해에 그 수는 300명으로 늘어났다. 이들은 그 곳을 '헤른후트'라 불렀는데 이는 '주를 기다린다'

는 것을 의미했다.

진젠도르프는 원래 할레의 독일 경건주의 가정에 태어났었다. 그의 아버지는 경건주의 개척자인 스페너의 친구였고, 부유한 귀족에 속했다. 그가 처음 이들을 그의 사유지에 정착을 허락했을 때 단지 피난지를 허락했을 뿐, 다른 관심을 갖지 않았다. 이후 다른 곳으로 부터 언어와 교회 배경이 다른 사람들이 와서 가담하고 공동체가 차츰 커지게 되었다. 따라서 이들에게 경제적 어려움이 생기고, 서로 다른 예배의식 문제 때문에 다투는 일도 일어나게 되었다. 진젠도르프는 차츰 모라비안 형제들과의 영적 동질성을 느끼면서 공동체 내에 질서를 세우고 지도력을 행사해야겠다는 생각을 갖게 되었다. 그래서 그는 마침내 그의 저택을 버리고 헤른후트 공동체 안에 들어가서 살기를 시작했다.

그는 곧 공동체 회원 가정들을 방문하고 공동체 생활의 규칙을 제정하여 회원들의 동의를 얻고, 공동체 지도를 위해 장로들을 선택해 세웠다. 나아가, 자비의 사역을 시작하고 영적 성장을 위해 소그룹들을 조직하였다. 이것은 모두 독일 경건주의 운동의 원리에서 가져온 것들이었다.

그런데 처음 모라비안 형제들과 진젠도르프는 교회관에 있어서 서로 다른 입장을 보였다. 모라비안 형제들은 자기들의 역사적 전통을 이어 분리 독립된 모라비안 형제교회를 세우기 원했다. 그러나 진젠도르프는 신실한 루터 교회 신자로서 경건주의자 스페너의 이상대로 루터 교회의 울타리 안에 있는 한 특수한 교회(ecclesiolae in ecclesia)를 세우기 원했다. 결국 양 편은 서로의 차이를 극복하고 독립적 성향을 가진 교회를 세웠다. 1727년 8월 13일에 일어난 부흥 사건은 이 공동체의 일치성을 공고하게 만들었다. 모라비안 형제들은 이 날을 모라비아 교회가 다시 탄생한 날로 본다.

헤른후트는 이제 선교활동의 중심지가 되었다. 모라비안 형제들은 그리스도를 위해 어디라도 가려는 열심을 품게 되었고, 놀라운 선교운동을 일으키게 되었다. 당시 어떤 개신교회 공동체도 이들보다 선교에 대한 의무를 일깨운 공동체는 없었다. 1732년에 서인도제도에, 그 다음해에는 조지아에 선교를 시작했다. 진젠도르프는 1737년에 이 집단의 감독으로 취임을 하고, 서인도제도, 런던, 뉴욕을 방문하고 모라비안 형제들의 하는 일을 격려했다. 1741년 그는 미 펜실베이니아에 건설된 모라비안 교파의 정착지를 "베들레헴"이라 이름지었으며 이곳이 곧 미주에 있는 모라비안 교단의 중심이 되었다. 진젠도르프는 미주에 머무는 동안 왕성한 활동을 폈다. 헤른후트 공동체는 수리남, 뉴기니아, 이집트, 남아프리카 등에도 선교를 시작했다.

모라비안 형제들은 1745년에 감독(목사) 장로, 집사의 직분체제를 가춘 완전한 독립 교회를 조직하였다. 이 조직은 감독교회보다는 칼빈주의 입장의 개혁교회와 장로교회에 가까웠다. 그런데 진젠도르프와 모라비안 교도들에게 있어서 신학적, 문화적인 문제가 없지는 않았다. 그리스도의 속죄의 죽음에 대한 강조가 왜곡된 결과를 초래했다. 십자가에 못 박히신 그리스도의 피와 상처에 대해 지나친 집착과 표현을 한 것이다. 하늘나라에 들어가려면 어린아이와 같이 되어야 한다는 그의 주장은 매우 유치한 표현의 결과를 가져왔다.

그럼에도 진젠도르프는 그의 재산을 모라비안 교도들을 위해 아낌없이 바쳤을 뿐 아니라, 그의 전 생애를 선교에 헌신하고 그 시대에 선교의 불을 붙인 놀라운 사역자였다. 그는 1760년 5월 9일에 헤른후트에서 세상을 떠났다. 그가 평생 헌신한 모라비안 교회는 그 시대의 선교를 주도하며 세계 교회 속에 인정받는 이름을 얻게 했다. 요한 웨슬리가 모라비안 형제들로부터 크게 영향을 받았고, 현대 선교의 개척자로 알려진 윌리엄 케리도 저들의 본을 따르게 된 사실은 잘 알려져 있다. 모라비안 교회가 수는 많지 않으나 현재도 미주를 중심하여 여러 나라에서 그 역사를 이어가고 있다.

우리는 여기서 교회의 주 그리스도는 시대마다 특수한 역사적 환경을 따라 거기 필요한 사람을 불러 쓰시고 그의 교회와 나라를 건설해 오셨음을 보게 된다.

51. 요나단 에드워즈(Jonathan Edwards)의 대각성운동

| 주후 1735년 |

1703년 10월 9일에 북미 코네티컷의 이스트 윈드소에 있는 회중교회 목사 티모디 에드워즈 목사 집에 한 아기가 태어났다. 그가 뒤에 북미 최초의 위대한 신학자가 되고 제1차 대 각성 운동을 가져온 요나단 에드워즈 목사이다. 그의 아버지 티모디는 63년간 한 교회에서 목사로 봉사했다. 그는 열한 명의 형제 중 가장 수재였다. 6세부터 고전어를 집에서 배우기 시작하여 13살 때는 라틴어, 헬라어, 히브리어를 습득하였다. 13살이 되기 한 달 전에 예일 대학에 입학해서 1720년에 수석의 영예를 안고 졸업했다. 14살에 그가 즐겨 읽은 책이 존 로크의 『인간의 오성(On Human Understanding)』이었다. 그는 이어 2년간 뉴 헤이븐(New Haven)에서 신학을 한 후 1722년 19세의 나이에 설교자로 인허를 받았다.

요나단 에드워즈

2년 동안 뉴욕 시에 있는 자그마한 장로교회에서 설교하고, 1724-25년에 예일대학에서 가르치다가 1727년에 그의 외조부인 이름난 솔로몬 스토다드(Solomon Stoddard)가 목사로 있는 매사추세츠 노샘프턴의 회중교회에 동사 목사로 취임하였다. 1729년 스토다드 목사가 별세하자 그 교회를 혼자 담임하게 되었다.

요나단은 칼빈주의의 샘에서 하나님의 절대 주권과 선택의 가르침을 흠뻑 마신 목사였다. 그는 하나님께서 원하시는 자를 영원한 구원으로 선택하셨다는 사실을 굳게 믿었다. 그러나 이 선택은 사람들에게 가려져 있기 때문에 그는 모든 사람들이 선택받은 사람들 중 하나가 되기를 원했지만, 모든 사람들이 전부 선택을 받지 않은 것을 잘 알고 있었다. 그러나 목회자는 죄악의 흉악함과 비참함을 밝히고 누구나 마음을 돌이켜 하나님께 돌아와야 한다는 사실을 설교해야 한다고 주장했다. 그는 청중들을 집중시킬 수 있는 우렁찬 큰 음성을 갖지 않았고, 설교할 때 특별한 몸짓을 나타내는 일도 없었으나 그의 침착하고 진지하며 열정적인 설교는 청중을 압도당하게 하였다.

그의 시대는 북미 새 대륙에 부흥이 절실히 필요한 때였다. 18세기 초반은 독일과 영국에 이미 영적 부흥이 일어나고 있던 때였다. 1620년 청교도들이 플리머스에 정착한지 10여 년이후 부터 수천 명의 이주민이 그 뒤를 따라 왔다. 초기 청교도들은 성경에 기반을 둔 사회를 이룩하여 영국에 본을 보여주기를 원했다. 초대 총독인 윈스럽(John Winthrop,

1588-1649)이 말한 대로 "산위에 세운 성"이 되어 모든 사람이 보고 부러워하는 사회를 만들기 원했다. 그러나 청교도 식민지가 증가하고 번영해지자 정착에 대한 원래의 신앙적인 목적은 점차 사라져 갔다. 2, 3세대는 하나님의 나라 건설보다는 이 세상 것에 더 관심을 갖게 되었다. 새 땅에 거룩한 나라를 건설하기 바랐던 청교도들의 소원이 사라져가고 있었다. 청교도들의 전통적인 신앙을 이어 온 많은 분들이 이런 현실을 슬퍼하였다.

이런 때 새 대륙 교회에 부흥의 바람이 일기 시작한 것이다. 1720년 펜실베이니아에서 네덜란드 개혁교회를 봉사하던 경건주의 목사 프레링허이선(T. H. Frelinghuysen)이 영적 변화와 체험적 신앙을 강조하기 시작했다. 이어 뉴 브룬스위크에서 봉사하는 장로교회 젊은 목사 테넌트(Gilbert Tennent, 1703-1764)가 그 영향을 받고 영국과 스코틀랜드계의 장로교회에 부흥을 가져왔다. 그는 목사였던 그의 아버지 테넌트(William Tennent)의 영향도 크게 받았다. 그의 아버지는 청교도적 신앙의 확신을 가진 분으로 1736년 필라델피아 북쪽에 소위 "통나무 학교(Log College)"를 세워 그의 아들 중 셋과 여러 젊은이들을 교육했다. 이 학교가 프린스턴 대학교의 한 전신이었다. 테넌트 목사는 영력, 능변, 학을 두루 갖춘 사람으로 큰 무리를 이끌었다. 그는 비복음적 장로교인들을 서기관과 바리새인에 비교하며 순수한 마음의 변화를 촉구하였다.

대 부흥은 뉴 잉글랜드에서도 일어나게 되었다. 큰 부흥이 메사추세츠 노샘프턴 도시를 휩쓸었다. 당시 노샘프턴에서 목회하던 요나단 에드워즈는 그곳 시민들의 영적 현실에 대하여 크게 염려해 왔다. 철저한 칼빈주의자였던 그는 당시 스며들고 있던 알미니안주의를 크게 두려워 했다. 1734년에 개인적인 회개를 강조하면서 죄인은 믿음으로만이 의롭게 된다는 것을 내용으로 하는 복음 설교를 연속적으로 했다. 그의 설교는 극적인 부흥설교가의 그것은 아니었다. 칼빈주의 신학을 배경한 진지한 복음 설교였다. 그 결과 대 부흥이 시작되었다. 그 해 안에 그 소도시에서 3백 명 이상이 회개하고 돌아 왔다. 그 곳 16세 이상의 거주민들 거의 모두가 주께로 돌아온 것이었다. 그래서 "그 도시는 하나님의 임재가 충만한 것으로 느껴졌었다." 1734-35년과 1740-41년에 그의 교회에서 일어난 부흥운동이 곧 뉴잉글랜드 전 지역으로 확산되었다. 부흥에는 언제나 평소에 보지 못하는 일들이 생기는 것처럼 거기에도 말씀을 받고 울음을 터트리는 분들과 몸을 떠는 분들이 있어 어떤 사람들은 이를 비난하기도 했었다. 그러나 비상한 영적 부흥에는 언제나 비상한 일이 따르기 마련이다. 요나단 목사는 이를 하나님이 하시는 일로 보았다. 그러나 지나친 정서가 부흥에 해를 초래할 때는 이를 억제하고 정죄했다. 그는 참된 회개에 대한 시금석으로 정서에 반하는 책임 있는 도덕생활의 증거를 요구했다.

1737년에 저술한 『하나님의 놀라운 일에 대한 사실 이야기(Faithful Narratives of the Surprising Works of God)』란 책에서 그는 그 곳에서 일어난 부흥의 원인과 결과를 자세히 분석해 냈다. 이 책은 당시 영국과 미국에 베스트셀러가 되었고 부흥에 큰 도움을 주었다. 그가 계속 저술한 책과 설교는 부흥의 불길에 힘을 더해 주었다. 『칭의에 대한 다섯 논설』(1738), 『노하신 하나님의 손에 든 죄인들』(1741), 『원죄에 대한 교리의 변호』(1758), 『구속의 역사』(1772) 등을 저술해 냈으며, 『의지에 대한 논술』에서 알미니안주의를 비판하고 칼빈주의를 옹호했다.

에드워즈는 진리에 대한 자기 확신을 굽히지 않은 목사였다. 노샘프턴 교회에서 그의 외조부 때부터 회개하지 않고 있는 사람을 성찬에 허락하는 일이 자연스럽게 받아들여져 왔다. 그는 이것이 잘못되었음을 깨닫고 시정하려 나섰다. 이 때문에 교회 내에 오랜 논쟁이 계속되었다. 마침내 그는 1750년에 23년간 목회하던 그 교회로부터 물러났다. 그 후 그는 매사추세츠 스톡브릿지 교회의 목사로 취임하여 그 곳에 있는 인디언들의 선교사로 성실하게 봉사했다. 1757년 8월 26일에 프린스턴 대학의 학장으로 선임되어 1758년 2월 16일에 취임했으나 취임한지 5주간 후에 천연두로 별세했다.

요나단 에드워즈는 칼빈주의적 교리를 지키며 미국 교회의 첫 대부흥을 이끈 신대륙 미주의 첫 번째 위대한 신학자요 부흥가였다. 그는 당시 영국 교회에 속한 위대한 부흥 설교자 휫필드(George Whitefield)와 함께 북미 교회의 부흥운동에 놀라운 결과를 가져왔었다. 휫필드는 칼빈주의적 대 설교가로 1738년 이래 일곱 번이나 미주에 건너와 뉴잉글랜드를 위시한 여러 곳에서 집회를 인도함으로 칼빈주의적 경향을 가진 부흥운동에 크게 기여했다.

52. 존 웨슬리(John Wesley)의 부흥운동

| 주후 1703-1791년 |

17세기 하반기 영국교회는 아리우스적 합리주의와 반 삼위일체 입장의 유니테리언주의의 침투로 큰 영적 위기를 맞게 되었다. 교회의 영적인 혁신이 어느 때 보다 요구되는 때에 영국 교회 안으로 부터 영적부흥을 일으킨 두 사람이 등장하게 되었다. 그 한 사람이 존 웨슬리요 다른 사람이 조지 휫필드(George Whitefield)였다. 두 사람이 다 같이 영국국교회에 속해 있었고 옥스퍼드 대학에서 공부하고, 같은 뜻을 가지고 같은 클럽(Holy Club)에 속해 있었다. 그러나 마침내 두 사람이 가진 신학은 매우 달랐다. 웨슬리는 철저한 알미니안주의자였고, 휫필드는 철저한 칼빈주의자였다.

존 웨슬리는 영국국교회 목사의 가정에서 열아홉 자녀 중 열다섯 번째로 태어났다. 그의 형제 중 여덟은 유아 때 죽었고 열한 형제가 생존

했는데 그와 함께 일하면서 많은 찬송가를 지어 협력한 찰스 웨슬리(Charles Wesley)는 열여덟 번째 되는 아우였다. 그가 여섯 살 때인 1709년 목사관에 화재가 난 일이 있었다. 그 때 그와 그의 아우 찰스가 불 가운데서 간신히 구조를 받아 살았기 때문에 그는 가끔 자신을 "불에서 간신히 건져낸 나무조각"이라

존 웨슬리

고 했다. 그는 옥스퍼드의 크라이스트 처치 칼리지(Christ Church College)에서 공부하였다. 존은 그의 동생, 찰스와 몇몇 친구들과 함께 국교회 고교회에 근거를 두고, 거룩에 이르기 위한 모임인 "홀리 클럽(Holy Club)"을 조직하였다. 엄격한 생활의 방법 때문에 이들은 "메소디스트"란 이름을 얻게 되었으며 존은 이 클럽의 지도자였다. 이때 같은 옥스퍼드에 있던 조지 휫필드도 이 모임의 회원이었다. 그런데 이 클럽은 당시 고교회주의를 강조하는 매우 엄격한 규칙을 지키는 모임으로 거기 영적인 기쁨이나 평강은 없었다. 그들에게는 형식과 규칙을 지키며 사는 엄격한 생활이 있을 뿐, 개인적인 구원의 기쁨이나 영적 체험은 없었던 것이다.

1728년에 그는 영국교회 사제로 장립을 받은 후 1735년에 그의 동생 찰스와 함께 미 조지아 주의 총리의 초청을 받고 미주로 선교를 위한 여행을 떠났다. 여행 중 대서양에서 큰 폭풍을 만나게 되있을 때 그는 공포에 질려 있었다. 그런데 같은 배에 탔던 26명의 모라비안 형제들은 찬송을 부르며 전혀 공포를 느끼지 않는 모습을 보고 부끄러움과 당혹감을 갖게 되었다.

존은 큰 선교의 결과를 보지 못하고 다음 해에 영국으로 돌아와 1738년 5월 24일 런던 올더스게이트 거리에 있는 모라비안 형제들의 모임에 초청을 받아 참석했다. 이때 어떤 사람이 루터의 로마서 주석 서문을 읽었는데 이것을 듣는 중에 그는 갑자기 이신득의에 대한 분명한 이해를 하게 되었다. 그리고 마음에 뜨거움을 느끼며 그리스도로 말미암은 구원에 대한 개인적이 확신을 얻게 되었다. 그는 이 체험의 순간이 9시 15분 전이었다고 기록했다. 이런 체험 후 같은 해 가을에 모라비안 형제들의 신앙을 더 배우기 위해 독일에 가서 진젠도르프를 만나고, 헤른후트에서 2주간을 보내고 영국에 돌아왔다.

이제 웨슬리 형제는 기회가 주어지는 대로 열렬한 설교를 하게 되었다. 그들은 의식적으로 하나님을 영접할 것과 성결생활에 대한 매일의 성장을 강조했다. 이런 개인적인 체험 중심의 설교를 하게 되자, 영국국교회는 이를 비판하고 수용하지 않았다. 설교할 교회의 문들이 닫혔을 때도 저들은 시장 혹은 광장에서 설교를 했다. 저들의 친구인 휫필드는 1735년에 이미 대 부흥 설교자로 등장하여 브리스틀에 있는 광부들에게 설교함으로 큰 성공을 거두고 있었다. 그는 휫필드처럼 웅변가는 아니었지만 많은 청중들의 존경을 받고 관심을 끌었다. 존 웨슬리는 실제적인 조직과 행정에 대한 큰 재능을 가지고 있었다. 회심자들을 집단으로 모이게 하고, 이 집단을 반으로 나누어 지도자들을 세워 양육하게 했다. 공동체가 커지고 많아지자 협조 설교자들을 세울 뿐 아니라, 순회하며 감독하는 자들을 세우기도 했다.

존 웨슬리는 영국국교회 사제로 남아 있으면서 그의 공동체를 영국국교회 안의 한 종단으로 만들기를 원했다. 그러나 차츰 독립적인 조직이 불가피해졌다. 많은 공동체에 성례의 집행을 위해서는 사제들이 필요했다. 그래서 그는 스스로 사제(목사)를 장립하기 시작했다. 그러나 그의 동생 찰스는 이것을 원하지 않았다. 그는 많은 찬송을 지어 부흥운동에 공헌했으나 1756년 이후에는 그의 형과 더이상 같은 길을 걷지 않았다. 그가 모라비안 형제들로부터 영향을 받았지만 후에 저들이 신앙지상주의의 위험을 가지고 있다고 판단하고 공격하였다. 뿐만 아니라 그는 홀리클럽에서 그의 친구였던 칼빈주의자 휫필드도 신앙지상주의를 초래할 수 있다고 보고 멀리하게 되었다. 그 결과 그는 1770년에 칼빈주의를 "신앙에 독"이라 부르고, 1778년에는 반예정론의 입장을 분명히 하기 위해 『알미니안(Arminian Magazine)』을 출간했다.

존 웨슬리는 공적으로 영국국교회를 떠나지 않고 죽을 때까지 국교회의 일원으로 생각하고 지냈다. 그러나 실질적으로는 영국교회를 이탈하고 독립된 교회를 세웠던 것이다. 1744년에 메소디스트 협회를 위해 특수한 법을 제정하고, 1759년에는 자신이 이끄는 운동을 메소디스트 교회라 이름지었다. 그는 "감독"이 아님으로 감독체제인 국교회의 법을 따라 "감독"을 서임하여 세울 수 없지만 1784년에 영국국교회법을 거슬러 미주에 있는 자기 집단을 위해 두 감독을 세웠다. 이로써 그는 영국교회로부터 공식적인 분열을 선언하지 않았으나 실제로는 분열을 한 셈이었다.

존 웨슬리는 피곤을 모르는 활동가였다. 50년 동안 미주, 아일랜드, 스코틀랜드, 웨일즈, 독일, 네델란드 등을 돌며 25만 마일을 여행하였다. 비행기가 아직 없었던 당시로서 이것은 엄청난 여행이었다. 그는 평생 4만 번의 설교를 했다. 그가 별세한 해에 영국 안에 8만여 명의 추종자들과 1,300여 명의 설교자들이 있었고, 미주에 6만여 명의 추종자들과 200여 명의 설교자들이 있었다. 그는 특별히 영국의 하층, 중산층 사회에 큰 영향을 주었고, 새 대륙 미주에도 큰 영향을 끼쳤다. 웨슬리의 부흥운동의 결과로 세계선교의 중심이 모라비안 형제들을 중심한 유럽에서 차츰 영국과 미국으로 옮겨지게도 되었다. 웨슬리는 1791년 88세로 별세했다.

53. 조지 휫필드(George Whitefield)의 부흥운동

| 주후 1714-1770년 |

조지 휫필드는 글로체스터(Gloucester)에서 여인숙을 경영하는 가난한 가정에서 태어났다. 1733년에 옥스퍼드에서 급비생으로 공부를 했다. 이곳에서 그는 웨슬리 형제와 친교를 갖고 홀리클럽에 가담을 했다. 1735년 봄에 심한 질병을 앓고 신앙적인 위기를 겪는 가운데서 영적 큰 평안을 얻게 되었다. 1736년 7월에 영국 국교회의 사제(목사)로 장립을 받고 유능한 설교자로서 봉사를 시작했다. 그는 곧 놀라운 설교의 능력을 보여 기독교 역사에서 가장 위대한 웅변적 설교자의 한 사람이 되었다. 18세기 영국인 목사 중 누구도 그와 같은 강단의 능력을 보인 사람이 없었다. 이때에 존 웨슬리 형제는 미 조지아 선교를 위해 떠났다. 존이 조지아에서 돌아와 올더스게이트 체험을 하고 독일에 가서 진젠도르프를 만나고 돌아왔을 때, 휫필드는 브리스틀 광부들에게 설교하여 큰 성공을 거두고 있었다. 휫필드는

횟필드

존 웨슬리를 브리스톨에 초청하였다. 존은 옥외설교를 주저했지만 그의 권고로 시작한 옥외 집회가 앞으로 50년간 계속되어 큰 성공을 가져 왔었다.

횟필드는 1741년에 스코틀랜드에 초청을 받아 큰 결실을 얻었다. 18세기는 "스코틀랜드의 암흑시대"라 할 만큼 합리주의적 이단이 지배를 하고 있었다. 그는 이런 스코틀랜드에 영적 부흥의 불을 지폈다. 이즈음 횟필드는 존 웨슬리와 신학적인 차이 문제로 충돌이 생겨 1740-41년에 열띤 논쟁적 편지를 교환하면서도 서로 친교는 계속했었다. 그런데 1769년에 예정론에 대한 심각한 논쟁이 일어났다. 웨슬리는 강력한 알미니안주의 입장을 취했다. 그는 칼빈주의 예정론이 인간의 도덕적 노력을 저해한다고 했다. 그러나 횟필드는 하나님의 절대주권과 선택자들의 예정을 옹호함으로 강력한 칼빈주의 입장을 취했다. 그는 1748년에 큰 후원자를 얻었다. 헌팅턴의 여백작인 부유한 과부 셀리나(Selina)가 칼빈주의 신앙에 감화를 받고 옹호자로 나섰다. 그녀는 예배당을 짓고, 목사들을 초청했는데 횟필드가 그 중 한 사람이었다

18세기 초반에 신대륙 북미에서도 요나단 에드워드를 중심한 대 부흥운동이 일어나고 있었다. 횟필드가 1741-42년에 대서양을 건너 미주에 와서 그의 뛰어난 웅변적 설교로 대 부흥운동을 돕게 되었다. 그는 옥외에서 수천 명이 들을 수 있는 큰 음성을 가졌었다. 그는 1738년에 웨슬리 형제를 따라 조지아에 온 일이 있었으나 지금은 탁월한 설교자로 오

게 된 것이다. 그는 세상을 떠나기까지 미주에 여섯 번 설교 여행을 했다. 1739년 첫 미주 설교여행에서 그는 델라웨어를 위시하여 여러 주민들의 중심지에서 설교했다. 1740년 뉴잉글랜드에서의 집회에는 그의 젊은 열정이 최고조에 달했던 때였다. 가는 곳마다 큰 무리가 그의 설교를 듣기 위해 모여 들었고, 그의 설교 중에는 졸도하는 이들, 비명을 지르는 이들이 나타났었다. 이는 영적 부흥에 종종 따라오는 현상이었다. 1744-48년, 1751-52년, 1754-55년에도 북미에 와서 설교했다. 그의 여섯 번째 설교 여행은 1763-65년이었다. 1769년에 그는 그의 최후 설교여행으로 북미에 와서 설교 봉사를 하던 중, 1770년 9월 30일에 메사추세츠에서 별세했다.

횟필드는 영국국교회에 속한 목사였지만 그를 청하는 곳이면 어느 곳에나 가서 철저한 칼빈주의 설교자로 개종자들을 얻고, 영적부흥을 일으켰다. 그는 영국에 영주지를 두었지만 그의 설교사역의 대부분은 북미였다. 그는 미주 개신교회들의 봉사에 아낌없이 힘을 쏟았다. 그런데 그는 자기가 속해 있는 영국국교회 신자들보다 장로교인들과 회중교인들 가운데 훨씬 더 많은 지지자들을 가졌다. 그는 존 웨슬리와 달리 조직에 관심이 없었고, 오직 하나님의 주권과 은혜의 복음을 전하는 데만 정력을 쏟았다. 그러기에 그는 그의 이름이 연관된 어떤 교파도 남기지 않았다. 그는 비교적 짧은 56년간의 생애 중 35년간 행한 설교 봉사에서 수많은 사람들의 영적인 각성을 초래한 겸손한 그리스도의 종이요, 칼빈주의 설교자였다.

54. 노예상 폐지 운동가 윌버포스(W. Wilberforce)

| 주후 1807년 |

15세기 중엽에 노예제도는 문명의 가시였다. 로마의 노예제도가 농노로 바뀐 후에 오랫동안 서구에서 노예제도는 알려지지 않았다. 그런데 1441년에 포르투갈 사람들이 아프리카 서해안을 탐험하면서 흑인 노예를 도입하기 시작했다. 그 후 곧 북미와 남미의 식민지에 많은 노동이 필요하게 되자 큰 노예시장이 생겨나게 되었다. 그 후 3백 년 동안 노예시장이 번창해지고 이 시장은 포르투갈에 이어 스페인, 네덜란드, 프랑스, 영국이 차례로 지배하게 되었다. 주후 1800년 전에 영국이나 유럽에서 신대륙 미주로 간 식민지 이주자들의 수보다 훨씬 많은 흑인 노예들이 대서양을 건너 서인도제도와 남미로 팔려가게 되었다.

노예제도가 비인간적인 것이었지만 이상하게도 수백 년 동안 별 저항을 받지 않고 유지되어 왔다. 18세기 계몽사조를 타고 합리주의자들이 노예제도를 인권 침해로 여기고 비판하게 되었다. 경건주의자들과 복음주의자들도 노예제도의 잔인성을 비판하고, 이 제도를 비기독교적인 것으로 정죄하게 되었다. 16세기 말에 퀘이커 교도들이 반노예제도 운동에 앞장 선 것은 찬탄할만한 일이었다. 17세기 하반기에 영국에 반 노예제도 운동이 일어나 북미 메릴랜드 같은 곳에서는 노예제도를 폐기하였다. 그러나 노예제도의 중심인 북미 남부와 서부 인도제도 남미 등의 농장에는 별 영향이 없었다. 노예제도를 폐지하기 위해서는 영국의 식민지와 미합중국에 아프리카 노예들의 수입을 금하는 길이었다.

대영 제국에서 노예제도 폐지를 위해 주도적인 역할을 한 분이 윌리엄 윌버포스(William Wilberforce, 1759-1833)였다. 그는 영국 국교회에 속한 복음주의자로 영국 의회의 의원이었다. 그는 1759년에 출생하여 부유한 환경 속에서 성장하고 정치에 뛰어 들었다. 그는 25세 때에 회심을 하고 어릴 때 알게 된 그리스도를 위해 삶을 바치기로 마음먹었다. 곧 영국 의회의 의원으로 당선되었다. 그는 그리스도에 대한 새로운 헌신을 하고 정치적 야망을 접을 것인가를 놓고 고민했다. 젊은 윌리엄은 존 뉴턴(John Newton)목사에게 자문을 구했다. 뉴턴 목사는 한 때 노예 상을 한 경험을 가진 유명한 목사로 '나 같은 죄인 살리신 그 은혜 놀라와(Amazing grace)'라는 찬송의 작가이기도 했다. 뉴턴 목사는 하나님이 당신 같은 사람을 의회 안에 필요로 한다고 하면서 정치세계에 머물도록 권고했다. 그리고 혹 의회 활동을 통해 노예제도를 폐지할 수도 있지 않겠느냐고 했다.

이제 그는 이 일을 위해 정열을 쏟았다. 1780년에서 1825년까지 의회 의원으로 그는 지구력을 가지고 영국의 노예 상에 반대하는 안을 제출했다. 그가 1787년에 법안을 제출했으나 기대한 것 보다 반대가 강하였다. 노예상들은 그들의 이권을 위해 어떻게 정치를 해야 하는지를 잘 아는 자들이었다. 그의 친구인 윌리엄 피트(Pitt)가 총리가 되었기 때문에 그에게 협력을 기대했다. 그러나 그는 온건한 정치가로 노예제도의 갑작스러운 전적폐지 보다는 점차적인 변화를 선호했다. 그러나 윌버포스는 클랩햄 종파로 알려진 그리스도인 활동가들의 지원을 얻었다. 이 이름은 그가 거주한 런던 남쪽 마을의 이름에서 유래했다. 이들은 영국교회 내 복음주의 운동의 지도자들이었고, 교회 선교협회와 대영 해외 성서협회를 세우는데 가담한 분들이었다. 1806년에 총리가 별세를 했다. 노예폐지론자들은 프랑스와의 전쟁에 관련된 법에 노예폐지안을 연관시키는데 성공했다. 이것이 영국의 노예 상행위를 정지시킨 1807년의 법안에 길을 열어주었다. 미합중국도 같은 해 유사한 법을 통과시켰다.

이제 윌버포스는 노예상 폐지를 주도한 영웅이 되고 다른 사회개혁도 추진하게 되었다. 그는 계속 노예상에 대한 국제적 폐지를 위해 일하였고, 시에라 레온(Sierra Leone)에 자유를 얻은 노예들의 요양소를 만드는 일을 도왔다. 그는 노예 상행위가 불법으로 규정되었으므로 노예 제도가 곧 사라질 것이라 기대했다. 그러나 그렇지는 않았다. 1825년에 의회로부터 은퇴를 하게 되었지만 노예제도 폐지에 대한 발언을 계속했다. 그가 죽은 후 한 달이 되던 1833년 8월에야 영국 의회는 최종으로 노예의 자유와 모든 노예제도를 폐지할 것을 가결하게 되었다. 사람은 아무리 선한 일들을 위해 노력해도 그것을 다 이루고 갈 수는 없다. 하나님은 다음 세대를 통해 일하시고 하나님의 정하신 때에 일을 마무리 해주시는 것을 본다. 그러니 누구나 선한 일을 하다 낙심하지 않아야 한다.

55. 데이비드 리빙스턴 (David Livingstone): 선교, 아프리카 탐험

| 주후 1813-1873년 |

데이비드는 1813년에 스콧란드계의 엄격하고 경건한 가정에서 태어났다. 그는 매우 한정된 교육을 받고 열 살 때 벌써 무명 공장에서 일을 해야 했다. 그러나 그의 향학열은 대단했다. 벌게 된 돈의 대부분을 라틴어 문법과 과학 서적을 사서 공부하는데 쓰고 밤늦게까지 연구했다. 그의 아버지가 권고했지만 그는 처음 기독교 서적을 읽는 일에 큰 관심을 갖지 않았다. 1830년에 그는 글라스고 대학에 들어가 공부할 수 있게 되었다. 이때 그는 중국선교를 호소하는 구츨라프(Gutzlaff)의 소책자를 읽고 하나님 나라를 봉사하기 위한 욕망을 갖게 되고, 중국 선교사가 되기를 원했다. 곧 그는 런던선교회의 도움으로 신학과 의학공부를 계속했다. 그가 중국선교사가 되기를 바랬으나 1840년에 아편전쟁이 일어나서 당시 선교회는 중국에 선교사 파송하는 일을 합당하지 않게 여겼다. 그는 곧 남부 아프리카에서

선교를 개척하고 있는 모펫을 만나고, 1841년에 그 선교 팀에 가담하여 아프리카로 가게 되었다.

그가 도착한 선교기지는 해안에서 600마일이 떨어진 내지였다. 넓은 아프리카 대륙의 의료 선교사로서 한 곳에 머무는 것을 만족스럽지 않게 여겼다. 곧 그는 넓은 땅을 탐험하기를 원했다. 새로운 지역에 새 선교기지를 설립하고, 더 깊은 내지로 들어갔다. 아프리카 선교는 쉽지 않았다. 데이비드는 10년 동안 츠와나(Tswana)족 가운데서 일했지만 단지 추장 한 사람의 개종자를 얻었을 뿐이었다. 그는 일부다처제를 포기하고 세례를 받았지만 그의 부족 중에 아무도 그를 따르지 않았다. 데이비드는 사자의 공격을 받아 심한 상처를 입기도 했다. 마침 선배 선교사 모펫의 딸 메리가 간호해 주어 건강을 회복할 수 있었다. 1845년에 데이비드는 그녀와 결혼했다. 그런데 그 결혼 생활은 데이비드의 떠도는 탐험적 기질 때문에 안정을 얻지 못하며 행복하지 못했다.

데이비드는 런던 선교회의 보수적인 선교 정책에 만족하지 않았다. 그 정책은 선교사가 한 지역에 가서 개종자를 얻고, 그 곳에 일하는 다른 선교사들과 함께 교회를 세우고, 그 교회가 정착되었을 때에 다른 곳으로 옮기는 것이었다. 데이비드는 이런 방법이 아프리카 선교를 위해서는 좋지 않다고 생각했다. 그리고 아프리카 문화에 대한 무지가 백인들로 하여금 노예상의 도입을 허용하여 아프리카인들의 큰 저항을 초래하고 있는 것으로도 보았다. 그는 선교사들이 내지에 들어가 아프리카인들이 스스로 상업을 개발하게 하고 자기들의 길을 개척해 나가도록 지도하는 것을 좋게 여겼다. 이런 방법으로 단기간에 교회를 세울 수는 없어도 다음 세대가 복음을 전할 수 있는 유익한 환경을 만들게 될 것이라 생각했다.

1852년에 데이비드는 그의 가족과 함께 영국에 돌아가는 길에 대륙 횡단 탐험에 들어갔다. 그는 이미 잠베지 강을 발견했었다. 이제 그는 인도양에서 대서양에 이르는 대륙을 횡단하는 내지의 강을 발견할 수 있을 것이라 생각했다. 그는 이것이 아프리카 원주민들에게 장사의 기회를 열어주게 되고 노예 상들에게 큰 타격을 가져올 것으로 보았다. 그런데 그 여행은 병, 가뭄, 동물들과의 투쟁과 적대감을 가진 부족들의 공격이 따르는 어려운 것이었다. 1854년에 대서양에 이르렀다. 그는 거기서 영국으로 항해할 수 있었으나 다시 동쪽으로 모험을 감행하여 1856년에 다른 해안에 이르렀다. 거기서 항해하여 영국에 도착하게 되었을 때, 그는 영웅의 환영을 받았다. 그 시대에 알려지지 않은 땅에 대한 탐험은 사람들의 큰 갈채를 받았었다. 리빙스턴과 같은 탐험가는 오늘날 우주선을 타고 화성을 탐험하고 돌아온 사람 같은 환영을 받은 것이다. 물론 리빙스턴은 새로운 땅의 탐험뿐 아니고 선교, 통상, 노예상의 반대 등 여러 다른 이유로 환영을 받은 것이다. 그가 1857년에 쓴 『선교 여행(Missionary Travels)』이란 책은 그 시대의 베스트셀러가 되었었다.

다음해 그가 아프리카에 돌아갔을 때는 런던선교회와 관계없이, 비록 선교사를 자처했지만 영국정부가 파송한 요인으로 가게 되었다. 그러나 이때의 탐험은 불행스러웠다. 잠베지 강의 급류 때문에 배로는 탐험의 길에 들어갈 수 없었고 다른 길도 발견되지 않았다. 아프리카 내륙을 횡단하려던 소망이 무산되었다. 이때 그의 아내 메리가 불안과 초조한 마음으로 그를 만나기 위해 항해해 왔다. 그러나 메리는 그를 만나자 마자 바로 세상을 떠나고 말았다. 그는 탐험을 취소하고 1864년에 영국으로 돌아가야 했다. 이번은 성공적이지 못했다. 그 때의 영국의 신문은 전과 같은 관심과 존경을 보이지 않았다. 그는 그가 사랑하는 아프리카 대륙에 마지막 탐험 길에 나섰다. 그는 이번에 나일 강의 원천을 찾아 나섰고, 이 과정에서 여러 내륙에 있는 호수를 발견하였다.

여러 해 동안 그로부터 소식이 없어서 그를 찾기 위한 몇 번의 탐험이 있었다. 이 탐험가들 중에 가장 유명한 분이 1871년 뉴욕 헤럴드 기자인 스탠리(Henry M. Stanley)였다. 그는 탕가니카 호수 옆 우지지(Ujiji)에서 리빙스턴을 발견하게 되었으나 그를 납득시켜 귀국하게 할 수 없었다. 리빙스턴이 원시적 초막에서 무릎을 꾼 모습으로 죽은 채 발견된 때는 1873년이었다. 그의 심장은 그가 택한 땅 아프리카에 묻혔고, 그의 시신은 영국으로 돌아왔다. 이 위대한 탐험가요 선교사는 웨스트민스터 대 교회당 안에 묻히는 영광을 얻었다.

교회사에 나타난 여러 사람들처럼 리빙스턴도 믿음으로 독보적 걸음을 걸어간 분이었다. 그는 그 시대의 지배적인 선교개념에 도전하고, 당시 식민주의적 심성을 가진 사람들이 별로 생각지 않은 아프리카인들의 영적 경제적 혜택을 위한 생각을 가졌던 것이다. 그 결과 리빙스턴은 미래의 아프리카 기독교회의 성장을 위한 좋은 환경을 만들어 주었다. 그가 별세한 후 그의 희생으로 백 년 동안 아프리카 교회는 빠른 성장을 보였다.

56. 허드슨 테일러(Hudson Taylor)의 중국선교

| 주후 1832-1905년 |

1853년 어느 날 이제 스물두 살 된 허드슨 테일러가 영국으로부터 지리한 여행을 한 후 중국 상하이에 내렸다. 상하이에서는 아무도 그가 오는 줄 몰랐고, 그를 환영하는 사람도 없었다. 그는 아무도 반기지 않는 중국이란 큰 땅에 그리스도의 복음을 전하러 온 것이다. 그는 유숙할 곳도 얻지 못했고 중국어도 몰랐고 중국 사람들 가운데 영어를 하는 사람도 찾기 어려웠다. 또 상하이 도시 밖에는 시민전쟁이 계속되고 있는 상황으로 모든 여건은 어려움의 연속이었다.

테일러는 영국 영사를 찾아가 그가 알고 있는 몇 몇 서구 선교사들에 관하여 물어 보았다. 그들 가운데 한 분은 별세를 했고, 다른 분은 귀국해버렸다고 했다. 마침내 런던 선교회에 속한 월터 메드후스트를 찾게 되었고 그와 함께 머물게 되었다. 그는 이미 이 선교사가 쓴 『China(1838)』라는 저서를 통해 그를 잘 알고 있었다.

허드슨 테일러

허드슨은 1832년에 요크샤이어에서 목사의 아들로 태어났다. 그의 아버지는 시골 교회의 유능한 설교자였고, 그의 어머니는 양순하고 인내력을 가진 분이었다. 15살에 회심을 하게 되고 하나님의 부르심을 받을 때 무슨 일이라도 헌신할 뜻을 갖게 되었다. 그의 아버지는 중국에 대한 깊은 관심을 가지고 자기 아들이 선교사로 중국에 갈 수 있기를 바라고 기도를 해 왔다. 허드슨의 마음이 그의 아버지의 뜻을 따라 중국으로 움직이게 되었다.

허드슨은 선교사역에 대한 준비로 의사 조수로 일을 하면서 런던 병원에서 의학을 공부했다. 마침 1850년에 태핑 반란(Taiping Rebellion)이 일어났다는 소식을 들었는데 이 반란의 주도자는 기독교 소책자에 영향을 받고, 우상숭배와 부패를 근절하기 위해 일어났다는 것이었다. 이는 선교를 위한 좋은 소식이었다.

그 결과 영국에 새 선교회인 "중국 전도회(China Evangelization Society)"가 창설되어 선교지원자들을 모집하는데 허드슨이 이 전도회에 선교사로 지원을 했다. 그는 미처 의학공부를 마치지 못하고 중국을 향해 떠나게 되었다. 1853년에 중국에 도착한 그는 1860년까지 상하이를 중심으로 다른 선교회 선교사들과 협력하여 복음을 전하면서 성경을 번역하고 병원을 운영했다. 그 동안 그는 중국 전도회를 떠나 하나님이 필요한 모든 것을 주실 줄 믿고 독립 선교사가 되었다.

5년을 봉사한 후 그는 1860년 영국으로 돌아와 5년간 머물면서 대영성서공회를 위해 닝포의 통상어로 신약판 개정을 완성하고 중단했던 의학공부도 마쳤다. 그리고 그는 중국 선교에 대한 관심을 일으키기 위해 1865년에 『중국, 영적 필요와 요구』라는 책을 펴내어 많은 수의 선교지원자들을 얻게 되었다. 이 해에 그는 "중국 내지 선교회(China Inland Mission, CIM)"를 창설하였고, 5월에 그의 가족과 16명의 선교사들을 대동하고 다시 중국으로 돌아오게 되었다.

　테일러는 중국선교를 위해 새로운 규칙을 만들었다. 그 중 하나가 중국인들과 같은 옷을 입는 것이었다. 그는 원주민과 자유롭고 친근한 접촉을 하고 존경과 신뢰를 얻기 위해서는 이것이 절대적으로 필요하다고 생각한 것이다. 외국식의 예배당이나 외국 풍은 복음 전파에 장애가 되는 것으로 보았다. 하나님의 말씀은 이것을 요구하지 않는다고 생각했다. 일종 선교의 문화적 토착화 정책을 도입한 것이다. 그는 폐쇄적인 나라 중국에 처음 들어온 서구인들이 복음전파를 위해 좋지 못한 인상을 남긴 것을 잘 알고 있었다. 일찍이 서구 선교사들이 상인과 군대의 의복을 입고 이 나라에 들어왔었다. 중국에 들어간 개신교 최초 선교사인 모리슨(Robert Morrison, 1782-1834)도 1809년에 동인도회사에 통역관으로 일한 적이 있으니 이는 이해할 만한 일이었다. 모두 그 시대의 문화와 정신을 벗어나기 어려웠던 것이다.

　영국과 청나라가 부딪치게 된 아편 전쟁(1차: 1840-42)은 영국이 아편을 팔고 은과 비단(명주)을 사들이기 위한 상업적 이익을 위한 것이었다. 이 전쟁에서 청나라가 패배하고 남경조약(1842)을 맺음으로 홍콩이 영국에 할양되었다. 이때 조약 속에 선교사들에 대한 특별한 조처가 포함되어 있었다. 이로써 선교사들이 머무는 일이 쉬워지기는 했으나 선교는 영국의 식민지 개척과 연관되어 있다는 인상을 벗기기는 어려웠다. 이것은 참된 복음 전파를 위해 불행한 일이었다.

 테일러는 이런 역사와 싸우며 중국인들에게 새로운 인상을 심어주어야 했다. 그래서 그는 그 지역의 습관을 받아들임으로써 식민주의적 개척 의혹에서 벗어나기를 바랐던 것이다. 그가 세운 "중국내지선교회"는 다른 선교회와 다른 특수성을 보였다. 선교비에 대한 직접 청원을 하지 않았다. 필요한대로 하나님이 주실 것을 믿고 사역자들의 급료를 보증하지 않고, 모든 수입을 균등하게 나누어 사용했다. 그리고 나라와 교파에 관계없이 사역자들을 임명하고 단신이나 결혼한 부인들도 완전한 선교사로 임명하였다. 당시로서 이것은 매우 극단적 조처였다. 그리고 CIM선교사들은 중국사람 의복을 착용할 것을 주장했다.

 1866년 그와 동반하여 중국에 도착한 16명의 선교사들은 새 지역으로 흩어져 복음을 전혀 들어 보지 못한 분들에게 전도를 했다. 곧 중국내지 선교회는 중국에서 주도적인 선교단체가 되었다. 1900년에 일어난 한 사건이 중국인들이 CIM에게 더욱 신뢰성을 갖게 했다. 이 해에 의화단 반란사건(Boxer Rebellion, 1899년부터 약 2년간 봉기를 일으킴)이 일어나 영국군대가 개입하여 진압하였다. 이로써 외국기관에 큰 인명과 재산의 피해가 있었음으로 영국은 중국 정부에 보상을 요구하게 되었다. CIM도 이 사건으로 상당한 인명과 재산을 잃었었나. 그러나 CIM은 다른 선교회와 달리 중국인도 잃은 것이 많다고 생각하고, 어떤 보상도 받는 것을 사양했다. 이 후 CIM 선교사들은 중국인들이 어느 때보다 자기들을 신뢰하고 그리스도의 복음에 마음을 연다는 사실을 알게 되었다. 중국인들에 대한 이런 접근 방법이 어떤 외교적인 방법보다 선교에 큰 효과를 가져 온 것이다.

테일러가 세상을 떠난 1905년 중국에는 이 선교회 산하에 205개처 선교기지와 849명의 선교사, 약 12만 5천명의 기독교인들이 있게 되었다. 테일러는 중국에 간 첫 선교사는 아니었지만 선교 토착화의 선구자요 중국 선교에 가장 크게 쓰임 받은 전도자였다. 그는 1905년 중국 장사에서 별세 했다.

57. 침례교회 칼빈주의 부흥 설교자 스펄전(Charles Hadden Spurgeon)

| 주후 1834-1892년 |

찰스 스펄전은 18세기에 영국에 등장한 가장 놀라운 칼빈주의적 설교자였다. 그의 할아버지와 아버지는 모두 회중교회의 목사였다. 이때 회중교회는 국교회제도를 비성경적으로 보고 개 교회의 독립성을 주장하면서 신학은 칼빈주의를 추구했다. 그런데 찰스는 다른 경로를 따라 목사가 되었지만 신학만큼은 할아버지와 아버지의 신학적 유산을 지켰다.

그는 어릴 때 목사인 아버지가 가난하여 그의 조부와 함께 지나야 했다. 계급의식이 지배하는 런던 사회와는 먼 시리에서 자랐다. 그는 초, 중등학교를 나와 몇 달 동안 농업학교에서 공부하고 1849년에 침례교회에서 운영하는 학교에서 교사들을 돕는 조교로 일을 했다. 젊은 그는 영혼에 갈급함을 느끼고 1850년 첫 주일에 교회를 나갔다. 눈보라 때문

스펄전

에 그가 참석하기 원하는 교회까지 가지 못하고 가까이에 있는 허술한 감리교회 예배에 참석하게 되었다. 뒤에 그가 기억한 대로 설교자는 무식해 보였지만 전하는 메시지는 그의 마음에 깊이 와 닿았다. 그 후 그는 신실한 그리스도 신자가 되었다. 이때 그의 나이 16세였다.

스펄전은 곧 자신이 설교하는 은사를 받은 것을 알게 되었다. 그는 평신도 설교자 협회에 가담했다. 당시 침례교회는 설교자가 되는 데 필요한 특별한 규정이 없었고, 설교할 수 있다 생각하는 분이면 누구나 설교자로 나설 수 있었다. 스펄전은 1852년 그가 18살 되었을 때 워터비치에 있는 한 작은 교회의 설교자가 되었다. 그 지역은 조잡한 곳으로 술주정꾼이 많은 것으로 잘 알려져 있었다. 그 곳 청중들은 아름다운 신학적인 강해를 원하지 않았으며 그는 직설적인 형식의 설교를 했다. 그는 성경이 말한 것을 그대로 단순하게 전했다. 곧 워터비치의 어린 청년 설교자에 대한 이 소문은 멀리 퍼져 나갔다. 2년 후인 1854년 런던에서 이름 있는 뉴파크거리 교회(New Park Street Church)의 당회가 그를 시험해 보기 위해 목사로 초청 결의를 하게 되었다. 이제 겨우 20세인 그가 이 초청에 응한다는 것은 잘못된 결심이 아닌가 생각할 수 있다. 이 교회는 자랑스런 역사를 가졌었지만 현재 어려움에 처해 있었다. 일천 명 이상을 수용할 수 있는 화려한 예배당을 가졌지만 현재 백여 명이 모일 뿐이었다. 스펄전이 첫 취임 설교를 한 예배에 겨우 80여 명이 참석했었다.

그의 직설적 스타일의 메시지는 런던 사람들의 마음을 사로잡았다. 교회 예배 참석자들이 급속히 늘어났다. 몰려오는 사람들을 옛 건물에는 다 수용할 수 없어 4,500명을 수용할 수 있는 큰 홀(Exeter Hall)을 빌려야 했다. 이런 빠른 성장은 런던 신문들의 주목을 끌게 되었다. 신문기사는 갑자기 사람들의 큰 관심을 끈 젊은 설교자에 대하여 호의적인 것만은 아니었다. 어떤 신문은 그의 설교는 품위가 없다고 하고 어떤 신문은 '우리들의 거룩한 종교의 신비가 그에 의해 거칠고 경건치 못하게 다뤄지고 있다' 고도 했다.

그렇지만 이어 만 명 이상이 모이게 되고 빌려 사용해 온 홀이 너무 적어, 교회는 1만2천 명의 좌석을 가진 서리 음악관(Surrey Music Hall)을 빌렸다. 그러나 이 큰 음악관을 채우고도 밖에는 만여 명이 기다렸다. 이곳에 모인 첫 예배 때 불행하게도 큰 재난이 일어났다. 어떤 대중 선동자들이 "불이야"라고 소리침으로 당황 중에 사람들이 밀려 7명이 죽고 28명이 크게 다치게 되었다. 이 사건이 스펄전에게 런던 신문의 사랑을 받게 하지는 않았다.

그러나 1860년대에 영국에 새로운 복음운동이 일어나고 스펄전이 그 중심에 서게 되었는데 역사가들은 이를 제2차 복음적 부흥이라 불렀다. 1861년에 뉴파크 교회는 6천 명을 수용하는 새로운 건물인 메트로폴리탄 태버내클(The Metropolitan Tabernacle)을 지었다. 겨우 26세인 스펄선의 봉사는 이제 시작에 불과했다. 그는 설교, 주석과 경건 서적 등 평생 140여 권의 책을 펴냈다. 출간된 그의 설교는 1,900편이 넘는다. 나아가 그는 목회자 학교(Pastor's School)와 5백 명 고아들을 돌볼 수 있는 스톡웰 집을 세웠다. 성경보급협회의 회장이 되고, 그가 할 수 있는 한 어느 곳이나 어느 때나 설교를 했다.

스펄전의 설교 형태는 매우 단순하고 직접적이었으며, 신학적 강연이 아니었다. 그는 감리교회에서 그리스도 신자가 되고, 침례교회의 목사가 되었지만, 신학적으로는 조부와 아버지의 뿌리를 따라 근본적으로 칼빈주의자임을 나타냈다. 그는 침례교회에 속하여 유아세례를 부인함으로 하나님의 언약에 대한 칼빈주의적 바른 시각은 갖지 못했으나, 하나님의 주권에 의한 선택교리를 믿음으로 이 점에서는 칼빈주의자임을 분명히 나타냈다. 선택은 우리들에게 가려진 사실인고로 설교자는 모든 사람을 선택받은 자처럼 여기고 설교에 임해야 한다고 그는 가르쳤다. 일반 침례교도들은 일반적으로 알미니안 신학을 따랐으나, 그는 칼빈주의 신학을 좇음으로 특수침례 교도에 속했던 것이다. 오늘날도 대부분의 침례교도들과는 달리 스펄전의 신앙과 신학적 전통을 따르는 침례교도들이 영국과 미주에 특별한 침례교회를 이루어 흩어져 살고 있다. 스펄전은 "설교의 왕자"라 불려 왔으며 오늘날까지도 그의 저서와 설교가 널리 읽혀지고 있다.

58. 교황 무오교리 선언: 로마 교회 제1차 바티칸 공의회

| 주후 1870년 |

1815년 나폴레옹이 몰락한 후에 유럽에는 사상과 정치면에 있어서 큰 변화가 일어났다. 사상적으로는 낭만주의가 자리를 잡고 중세를 새롭게 평가하게 되었다. 이것이 카톨릭교회의 부흥과 교황권의 강화에 도움을 주게 되었다. 정치적으로는 민족주의가 지배하여 여러 민족이 자주를 추구했다. 그 결과 프랑스, 이태리를 위시한 여러 지역에서 각 민족은 다른 민족의 지배를 벗어나 자기들 언어와 지역에 기반을 둔 자기나라를 가질 권리를 찾기 위해 노력했다. 시실리가 부르봉가의 독재로부터 벗어나기를 원했고. 북부 이태리 지역이 오스트리아 통치를 벗어나려 했다.

이런 때에 교황 피오 9세(Pius IX)는 기회를 포착하고 정치적인 영향을 확대하고 교황의 최고 권위를 확보하기 원했다. 그는 여러 가지 방법을 통해 교황의 최상권위 확보를 시도했다. 1854년에 동정녀 마리아의 무흠수태의 교리(Immaculate Conception)를 선언 했다. 동정녀 마리아는 다른 사람들과 전혀 달리 예수를 잉태한 순간부터 원죄의 오염에서 완전히 벗어났다는 것이었다. 중세 이래 교회에서 논의되어 온 교리를 교회의 공식적인 교리로 선언함으로써 교황이 그의 최상의 권위를 나타낸 것이다. 그 후 10년 만인 1864년에는 80개의 오류요목(Syllabus of Errors)을 발표했다. 교황의 최상의 권위를 위협하는 모든 현대적인 사상의 흐름을 정죄하기 위함이었다. 양심의 자유, 언론의 자유, 개신교, 합리주의, 성서공회, 비교회적 결혼, 자유로운 과학연구, 교회와 국가의 분리, 신앙의 자유 등을 오류로 규정한 것이다.

교황 피오 9세 시대에 있었던 가장 큰 사건은 1869년 12월 8일에 제1차 바티칸 회의를 개회한 것이었다. 이 회의는 트렌트 회의(1545-63) 후에 처음 열리는 가장 큰 교회적 회의였다. 당시 로마 카톨릭 교회 안에는 두 흐름이 있었다. 다수는 교황의 최고 권위에 찬동하고 그 권위를 더욱 높이려는 편에 서 있었다. 그러나 소수는 자유주의적이고 민족주의적 이념을 가지고 있었다. 소수의 감독들과 사제들은 교황권에 문제가 있다고 보았다. 교황은 이런 자유주의 사상과 교회의 전통의 중요성을 저해하는 세력을 바티칸 공회를 통해 억제하기를 원했다. 그 결과 이 공회는 1870년 7월 18일에 교황 무오의 교리를 선언하게 되었다. 이 교리는 교황이 세계 교회에 최고 권위를 가지며, 모든 사람은 교황에게 순복해야 한다고 선언한 것이다. 그가 지상교회에서 그리스도의 대리자로서 "교좌로부터(ex cathedra)" 공식적으로 말할 때, 즉 모든 교회의 목사와 교사로서 신앙이나 도덕에 관한 교리를 밝힐 때, 그것이 무오성을 가진다는 것이었다. 이후 로마 교회는 교황이 발표하는 모든 교서에는 오류가 없다고 믿게 되었다. 로마 교회가 이 교리를 오늘날까지 그대로 믿어 오고 있으나, 현실적인 도덕, 가정생활 문제에 대한 교서가 발표될 때마다 로마 교회 안에서는 이에 대해 논란이 끊임없이 일고 있다. 로마 교회는 이 교황 무오의 선언을 통해 교황의 위치를 어느 정도 하나님의 자리(semi-God)에 세워 놓았다.

  피오 9세는 교황 최고 권위의 확립에는 성공을 거두었지만 같은 기간에 정치적인 터전을 잃고 있었다. 이미 언급한 대로 당시 유럽에는 민족주의 사상이 지배하고 있었다. 시대적 정신을 의식한 교황은 이태리어를 사용하는 국가를 세우기 원하는 이태리 자유주의자들의 마음을 얻기 위해 그들의 뜻을 지지하게 되었다. 그 결과 1861년에 이탈리아 새 왕국이 세워졌다. 그런데 그의 기대와는 달리 그가 원하지 않은 사람인 빅토 엠마누엘이 이탈리아의 왕이 되었다. 바티칸 회의가 진행되고 교황무오의 교리가 선언된 바로 다음 달인 1870년 8월 30일에 로마시가 이탈리아 왕국에 의해 함락이 되고, 이탈리아 왕국의 수도로 선언되었다. 이로써 교황은 로마시 안에 있는 바티칸 궁내에 임의적으로 갇힌 포로가 되어버렸다. 1871년에 이태리 왕국은 교황에게 이태리 왕과 같은 특권과 면책을 보장하는 법을 통과시켰다. 그리고 바티칸을 "자유로운 국가 안에 자유로운 교회(a free church in a free state)"가 되게 했다. 교황은 이후 59년 동안 이런 상태로 불만 속에 지낼 수밖에 없었다. 이런 상황은 1929년 독재자 뭇소리니(Mussolini) 정부가 저 기존법을 폐하고 라테란 소약을 맺을 때까지 해결되지 않았다. 이 조약에 의해 교황이 무솔리니의 정부를 인정하는 조건으로 바티칸 시에 대한 주권을 얻게 되었다. 그 결과 바티칸은 이태리 로마 도시 안에 있는 한 작은 독립된 교회 제국이 되었다. 이후 오늘까지 바티칸은 교황을 황제로 하는 일천 명 미

만의 시민을 가진 세상에서 제일 작은 제국이 되어 있다. 이 교황의 제국은 오늘 날 세계 여러 나라에 대사를 파송하기까지 하는 주권국가로서의 기능을 행사하고 있다. 바티칸이 외견상으로는 한 작은 제국이지만 교황이 세계의 카톨릭 교회에 절대 최고 권위를 가지고 지배함으로써 그의 정치적 영적 영향은 세계 어느 제왕의 작다고 할 수 없다.

로마교회의 전통적 원리는 교황이 교권뿐 아니라 속권도 지배하는 것이다. 이런 원리는 바티칸이 하나의 완전한 제국의 기능을 수행하면서 오늘날도 가능한 모든 나라에 대사를 보내는 데서도 잘 드러나고 있다. 바티칸은 교황이 교회에서 최고의 권위를 가질 뿐 아니라, 세계의 모든 나라에서도 제왕들을 지배하는 최고 권위를 가지고 행사하기를 바라고 있는 것이다. 로마의 바티칸은 교회의 허울을 쓴 막강한 정치 세력으로 볼 수 있다.

59. 근본주의 운동(The Fundamentalism)

| 주후 1895 – |

18세기 하반기에 영국으로부터 일어난 산업혁명과 19세기에 발표된 다윈(Charles Darwin 1809-82)의 『종의 기원』(1859)과 『인간의 유전』(1871)은 그 시대의 세계와 교회에 큰 도전과 변화를 가져왔다. 이때 지배하게 된 인본주의적, 합리주의적 사고는 신학적 자유주의를 낳게 되었다. 다윗의 진화론은 성경을 진리의 원천으로 보는데 도전하게 되고, 인간의 기원을 하나님의 완전한 창조에 두지 않게 했다. 이것은 곧 인간의 도덕적 존엄성에 대해 의문을 제기하는 결과를 초래하였다. 당시 영국의 부흥설교가인 스펄전은 진화론을 "큰 잘못"이라 했고, 북미에서는 11개의 주가 진화론을 반대하는 법을 통과시켰다. 그리고 1만1천 명의 목사들이 성경의 무오를 재천명하는데 서명을 했다.

그런데 세계에는 진화론과 함께 마르크스(Karl Marx)에 의해 공산주의 사상이 자리를 잡게 되고, 유물론 철학에 근거한 그의 『자본론』(Das Kapital, 1867)이 출간되어 큰 영향을 끼치게 되었다. 마르크스는 자본주의에 도전하면서 기독교와 자본주의를 동반자로 보았다. 이런 인본주의적 철학이 시류를 지배하게 될 때 기독교 세계에서 이와 타협하고 수용하는 분들이 나타나게 되었다. 1880년대에 저들에 의해 "사회복음(Social Gospel)" 운동이 일어나게 된 것이다. 이 운동은 사회주의적 이념의 상당 부분을 수용함으로 이 세상을 하나님의 나라로 변화시키려 노력을 하는 것이었다. 미주에서 사회복음을 이끈 중심인물은 라우센부쉬(Walter Rauschenbusch, 1861-1918)였다.

그 결과 신학자들 중에는 하나님과 성경에 대한 새로운 시각을 나타냈다. 이들은 교회가 오랫동안 주장해온 절대적 진리를 부인하는 것이었다. 성경의 절대적 권위뿐 아니라, 그리스도의 신성에도 의문을 제기했다. 이런 자유주의 사상이 놀랄 정도로 여러 신학교에 수용이 되고 가르쳐졌다. 성경을 그대로 믿는 사람들은 무식하고 어리석은 자들로 여겨지고 진화론을 믿는 자들은 지성인으로 간주되었다.

이런 때에 보수주의자들이 시류를 거슬러 저항에 나섰다. 1895년에 나이야가라 성경 컨퍼런스는 기독교 신앙의 근본 교리인 ① 성경의 무오, ② 그리스도의 동정녀 탄생과 신성, ③ 그리스도의 대속적 죽음, ④ 그리스도의 육체적 부활, ⑤ 그리스도의 육체적 재림 등의 다섯 근본교리들(essentials)을 확인했다. 그러나 신학적 자유주의 세력은 꺾이지 않았다. 이때 어떤 분들은 그릇된 이론은 조만간 사라질 것이라 말하고, 다른 분들은 복음 전파와 선교에 전념하는 것이 최선이라고 주장하기도

했다.

　이런 때에 미국 유니온 석유회사를 운영하는 한 성도인 스튜어트(Lyman Stewart)가 미국교회 내에 현대주의의 기세가 날로 더함을 염려하고, 일반 신자들에게 전통적 신앙의 위협에 대한 경각심을 일으켜야 하겠다는 생각을 가졌다. 그리고 이를 위해서는 일련의 소책자를 발행하여 배포하는 것이 좋을 것으로 여겼다. 그러나 자신이 학자가 아니기 때문에 이 일을 할 수 없었다. 1909년 어느 주일 그는 시카고의 한 교회 예배에 참석하였다. 그 때 그 교회 목사인 딕슨(A. C. Dixon)의 설교에 큰 감동을 받았다. 예배 후에 그는 목사를 만나 자기 뜻을 밝히며 의논을 했다. 딕슨은 그의 뜻에 전적으로 동의하였다. 곧 스튜어트는 그의 동생(Milton Stewart)과 함께 이 일을 위해 30만 달러를 기증했다. 이후 딕슨 목사가 편집인이 되어 『근본(The Fundamentals)』이란 책명으로 125페이지 소책자 12권을 시리즈로 내게 되었다. 여기에는 뛰어난 보수주의자 신학자 64명의 글들이 실렸었다. 모두 3백만 권이 출간되어 목사, 선교사, 신학생, 주일학교 지도자들에게 배부되어 큰 영향을 끼쳤다. 그 후 차츰 기독교 신앙의 근본 교리를 주장하는 사람들을 "근본주의자들(the fundamentalists)"이라 부르게 되었다.

　1914년에 세계 1차대전이 발발함으로 근본주의자들과 현대주의자들 간의 논쟁은 소강상태를 맞았다. 그러나 대전이 끝난 후 여러 큰 교파들이 자유주의 신학의 논쟁에 빠져들게 되었다. 침례교회들 가운데는 시카고 대학교의 신학부가 논쟁의 중심이 되었다. 그 신학부 부장인 매튜스(S. Mathews)가 성경의 현대 인간관은 과학적 연구에 기초해야 한다고 주장하고, 진화론 철학을 신학에 적용했다. 장로교회도 성경 고등 비평의 침투로 긴장이 조성되어 현대주의 대 근본주의의 논쟁을 맞게 되었다. 이 결과 신앙고백의 수정에 관한 논쟁이 오래 계속되었다. 논쟁의 중심은 프리스톤 신학교였다. 거기에는 철저한 칼빈주의자요 넓게는 근본주의 입장을 옹호한 메이천(J. Gresham Machen, 1881-1937)이 있었다. 그는 이미 프린스턴 신학교에 대세를 장악한 자유주의 세력과 힘겨운 투쟁을 해야 했다.

20세기 중반기에 들어 여러 교파 안에 현대주의가 침투하여 자리를 잡고, 자유주의적 성경관과 사회복음이 강조되자 초교파적 근본주의 운동이 일게 되었다. "미 기독교 협의회(the American Council of Christian Churches, ACCC, 1941)"와 "복음주의자 협의회(Ntional Association of Evangelicals, NAE, 1942)" 등이 그것이다. 이 기구들은 교회적인 운동이 아니라 느슨한 초교파적이고 독립주의적 복음주의 기구들이었다. 그러니 참되고 순수한 교회건설과는 거리가 멀다고 볼 수 있다. 20세기 말부터 다시 여러 교회들 안에는 성경의 만전염감설과 무오의 교리가 중요한 문제로 대두되었다. 근본적인 교리가 다시 도전을 받게 된 것이다. 근본적인 진리의 파수와 순수하고 참된 교회건설은 느슨한 초교파적 운동이 아니라 고백적인 교회 운동이 될 때 그 참된 실효를 거둘 수 있을 것이다.

60. 현대 오순절운동의 시작
(Pentecostal Movement)

| 주후 1906년 |

1906년 4월 18일 수요일 '로스앤젤레스 타임스(LA Times)'는 이런 기사를 실었다. '아주사 거리(Azusa Street)에 있는 허물어질 것 같은 건물에 집회가 열리고 있다. 불가사의한 교리의 광신자들은 아주 열광적인 의식을 집행하고, 광란적인 이론을 전파하고, 특유한 열심을 내어 열광된 흥분 상태에 빠져 있다.' 그런데 이런 부정적인 신문 기사가 오히려 사람들의 호기심을 자극하게 되고 군중을 모으는데 도움을 주었다. 그 허술한 건물에는 흑인 침례교회 소속 설교자 윌리엄 시모어(William J. Seymour)가 최근 휴스턴으로부터 와서 신자들에게 탁월한 영석 수준에 오를 것을 호소하고 있었다. 그는 사도행전 2장 1-13절에 기록되어 있는 오순절 사건의 체험을 오늘의 신자들도 해야 한다고 주장한 것이다. 성령에 의한 성화와 성령세례를 강조했다. 그는 성령세례는 방언이 동반되어지는 것이라고 주장

했다. 이런 집회는 그 허물어질 듯한 건물에서 수년간 계속되었다. 여러 지방 사람들이 호기심을 가지고 거기서 일어나고 있는 일들을 보기 위해 모여들었다.

그 때는 교회의 영적 갱신을 바라는 간절한 분위기가 이뤄져 있었다. 18세기 말 이후 산업혁명으로 사람들은 기계속의 톱니바퀴처럼 되었다. 산업의 발전은 부자와 가난한 자의 간격을 더 넓게 만들었다. 불행하게도 교회는 이따금 부자들에게 기울어지는 형편이었다. 나아가 기독교계에는 역사의 미래를 바라보는 두 사상의 흐름이 있었다. 산업혁명과 함께 다윈의 영향으로 나타난 진화론적 철학에 영향을 받은 대부분의 현대주의자들은 역사의 미래를 낙관적으로 보고 후천년설을 지지하는 편에 섰었다. 이들은 교회와 현대산업이 하나님 나라로 끌어들일 것이며, 기독교인들의 세상이 조만간 도래할 것이라고 생각했었다. 그런데 상당수 복음주의 자들은 전 천년설을 지지하는 입장이었다. 이들은 말세가 가까워 왔다고 보고 영적 각성을 촉구하였다. 그러니 현실 역사를 비관적으로 본 것이다. 초기 오순절 운동가들은 후자 편에 서서 오순절적 체험을 통한 영적 각성을 촉구하게 되었다.

오순절운동의 배경으로는 1896년으로 돌아가게 된다. 북 캐롤라이나의 체로키에서 브라이언트(William F. Bryant)가 부흥회를 인도하고 방언을 조장했다. 그러나 그는 성공하지 못했다. 그를 따라 방언한다는 사람들은 교회에서 쫓겨나게 되고, 건물이 소실되고 브라이언트는 총을 맞아 죽었다. 방언은 그 곳에서 주목을 끌지 못했다.

그런데 캔자스에 있는 감리교 목사인 파햄(Charles Fox Parham)이

1900년 10월에 성경학교를 세우고 "베델 치유학교"라 불렀다. 여기서 그는 신약기독교의 회복의 필요성을 강조하고 가르쳤다. 그는 사도들의 가르침으로 돌아가고 사도행전에 있는 말씀을 따름으로 만이 성경적 진리에 이를 수 있다고 했다. 그에게 있어서 하나님의 말씀이 발견되는 곳은 사도행전이었다. 그는 결과적으로 그의 신학은 안수기도, 방언, 성령의 세례로 확대되었다.

역사가들은 파햄의 성경학교 개교를 현대 오순절 운동의 출발로 보고 있다. 그가 세운 학교에는 약 40명의 학생들이 있었다. 그 해 12월 그는 며칠 동안 다른 곳에 설교를 하기 위해 떠나면서 성경에 성령의 세례를 나타내는 어떤 증거가 있는지 연구하라고 지시했다. 당시 학생들은 열렬한 기도회를 가지고 영적인 열기에 휩싸이기를 원했다. 그가 돌아왔을 때 아그네스(Agnes Ozman)라는 여학생이 기도회 중에 방언을 했다는 말을 듣게 되었다. 그가 배운 적이 없는 중국말을 했다는 것이다. 이로써 파햄은 성령세례는 방언하는 능력을 동반하게 된다고 결론을 내게 되었다. 오순절파 사기에 이 여자가 방언을 동반한 성령세례를 받은 현대의 첫 성경학생으로 인용이 되고 있다.

파햄은 1901년에 치유학교의 문을 닫고 학생들 몇 사람을 대동하고 미 중서부 지방으로 다니며 부흥회를 인도했다. 그는 이때 상당한 성공을 거두고 1905년에 텍사스의 휴스턴에 성경학교를 세웠다. 이때 침례교회에 속한 아프리카계 미국인 시모어(Williiam J. Seymour)가 그 학교에 들어오기를 원했다. 파햄은 그의 분리주의적 신념에도 불고하고 그를 받아들였다. 시모어는 가난하고 교육을 받지 못한 처지에 있었으나 곧 오순절 운동의 발전에 큰 영향를 미치는 사람이 되었다. 그는

1906년에 로스엔젤스로 가서 파햄으로 부터 받은 설교 인허증을 사용하여 아주사 거리에 있는 낡은 창고에 전도기지를 정했다. 이곳에서의 부흥 전도는 큰 성공을 거두었다. 그러나 열광적인 집회 중에 열심으로 기도하는 사람, 방언하는 사람뿐 아니라, 최면술자, 비술에 관심가진 자들도 섞여 거친 풍경을 보여 당시 신문은 "괴상한 재잘거림"의 집단이라 표현하였다. 그럼에도 불구하고 많은 사람들이 호기심을 가지고 그곳을 찾게 되었다. 후에 일어난 오순절 집단 대부분은 그 기원을 아주사 거리의 전도기지에서 찾고 있다.

파햄과 시모어가 일반적으로 현대 오순절 운동의 개척자들로 인정되어 오고 있다. 그런데 이들의 운동은 역사적이고 개관적 신앙고백의 기초위에 선 교회적 운동이 아니고, 체험을 추구하는 주관주의적 운동이었기 때문에 한 길을 걷기 어려웠다. 그래서 1907년에는 이들 둘이 서로를 비방하며 멀어지게 되었다. 그들을 따르던 사람들끼리도 의견이 갈림으로 이들의 운동은 분리적 운동으로 인정되어 왔다.

그러나 여러 독립적으로 활동해 오된 오순절계 조직들이 1913년 이후 "그리스도 안의 하나님의 교회(the Church of God in Christ)", "하나님의 성회(The Assembly of God)", "연합 오순절 교회(the United Pentecostal Church)", "하나님의 오순절 교회(the Pentecostal Church of God)" 등의 교파로 조직화 되었다.

이 가운데 "하나님의 성회"가 가장 큰 오순절계 교파이다. 현재 세계에 약 30만 교회, 5천 7백만 명의 교인을 가지게 되었다. 한국에는 하나님의 성회 혹은 순복음 교회로 알려져 있으며, 여의도의 순복음 교회가 주도적인 제일 큰 교회로 알려져 있다. 이 교회의 조용기 목사는 처음부터 육체적인 건강과 물질적인 번영이 그리스도인들에게 영혼의 구원과 같은 하나님이 원하는 뜻이라고 주장하면서 "영과 혼과 몸의 삼중 축복"을 설교함으로, 소망과 번영을 바라는 현대인들의 호기심을 끌어 수십만을 모을 수 있었다. 그러나 이런 번영의 메시지는 "의인은 고난이 많다."라고 하는 하나님의 말씀과는 거리가 먼 것이다(시 34:19).

61. "영역주권"의 신학자 아브라함 카이퍼(Abraham Kuyper)

| 주후 1837-1920년 |

> "이 세상 모든 영역에서 주권자이신 그리스도가 '내 것'이라고 하시지 않는 한 치의 영역도 없다."
> (아브라함 카이퍼)

아브라함은 네덜란드 남쪽 지역 마슬러이스의 한 작은 어촌에서 네덜란드 개혁교회 목사의 아들로 1837년에 태어났다. 그는 초등학교 교육을 가정에서 받았다. 그의 어머니로부터 불어를, 아버지로부터 독어를 배웠다. 그의 아버지가 레이던으로 임지를 옮기자 거기서 고등학교(Gymnasium)를 마치고, 이어 레이던 대학에서 문학, 철학, 신학을 공부했다. 이 과정들을 최우등(summa cum laude)으로 마치고 아랍어, 아르메니아어 반에서 공부도 했다. 1862년에 칼빈과 아 라스코(J. a Lasco) 사이의 교회법 차이를 다룬 신학적 역사적 논문으로 25세에 신학박사 학위를 받았다. 당시 네덜란드 국교회와 대학들이 거의 대부분 자유주의 신학의 지배하에 있었기 때문에 아브라함도 현대 신학을 따르는 입장에 서 있었다.

그가 첫 목회지에서 목회를 시작하면서 신학적 입장에 큰 변화를 가져왔다. 1863년에 베이스드(Beest)라는 농촌 개혁교회 목사로 청빙을 받았다. 그는 이 해에 결혼도 했다. 교회에 부임한 후 모든 가정을 차례로 심방하게 되었다. 농촌 사람들은 대부분 단순하고 상당수가 매우 보수적인 신앙을 가지고 있었다. 농부 발투스(Baltus) 가정을 심방했

아브라함 카이퍼

다. 그런데 30대의 농부 부인 피트로넬라(Pietronella)가 처음에는 목사와의 악수를 거절했다. 마침내 그 부인은 악수를 받아들이며 솔직하게 말했다. "내가 악수하는 것은 인간 대 인간으로 하는 것이지 그리스도 안에서 형제로 하는 것은 아닙니다."라고 했다. 이어 설명을 했다. 카이퍼 목사가 와서 거짓 교리를 전하고 있음으로 자기의 영혼이 지옥에 떨어질 위험에 가까이 와 있다는 것이었다. 이것이 카이퍼에게 큰 자극이 되어 성경과 정통 개혁신앙으로 돌아오는 큰 계기를 주었다. 거의 같은 때에 그는 반혁명의 지도자요 칼빈주의자인 흐루언 반 프린스터르(Groen van Prinsterer)와 교제도 가짐으로 그로부터 정치와 신학 면에 큰 영향을 받았다.

1867년에 카이퍼는 위트레이트(Utrecht) 교구의 목사로 부름을 받게 되었다. 이때에 네덜란드 국교회(개혁교회) 체제는 거의 한 도시가 한 교구로 되어 있어 교회의 규모가 컸다. 이 교구는 11명의 동사 목사, 3만 5천 명의 교인을 포함하고 있었다. 이때 그의 신학적 입장은 정통적 개혁주의 입장으로 돌아서 있었다. 그 결과 신학적 자유주의가 지배하는 교권세계와 첫 번째 충돌을 하게 되었다. 위트레히트 당회는 노회 방문

단(시찰단)의 공식 방문문제로 노회와 충돌하게 되었다. 방문단은 교회법에 따라 직접 방문하는 것이 원칙인데도 대신 질문지를 보내어 온 것이다. 이때 카이퍼가 주도한 당회는 교회법에 배치된 이런 방식을 거절함으로 충돌을 가져왔다.

1870년에 암스테르담 교구의 목사로 부름을 받았다. 이 교회는 23명의 동사 목사와 14만 명의 교인, 14곳의 교회당을 가진 네델란드에서 가장 큰 교구였다. 암스테르담의 목회는 그의 목회의 전성기였다. 1871년에는 당시 유력지인 "사자(De Heraut)"에 글을 쓰기 시작하고, 1872년에는 "표준(De Standaard)"이라는 신문을 스스로 창간하고 편집인이 되어 개혁주의 신앙 조직망의 터를 놓았다. 그는 당시 네델란드에서 가장 인기 있는 목사로 일반신자들의 사랑을 받았다. 그는 웅변가요 능력 있는 설교자였다. 그의 성경 봉독과 기도까지도 사람들의 마음을 사로잡았다. 당시 그의 동료인 루트커(Rutger) 교수는 '그가 시편 148편을 읽는 것을 들을 때, 그것은 어떤 설교를 듣는 것보다 더 분명한 해석으로 들렸고 나로 하여금 눈물을 흘리게 했다' 고 까지 말했다.

그런데 능력있는 목사인 그가 1874년에 하우다(Gauda)지역의 국회위원 후보로 나서 국회에 진출하게 되었다. 복음사역에 부름 받은 그가 갑자기 정치하는 자리로 옮기게 된 것은 상식적으로는 이해가 되지 않는 일이다. 그러나 그는 남다른 정치적 개혁에 대한 특별한 사명을 품고 정계에 나아감으로 목사직으로 부터는 은퇴하게 되었다. 의회에 들어간 후 1879년에 "반혁명당(Anti-Revolutionary Party)"을 창당하고 의장이 되었으며 1905년까지 당을 이끌었다. 그는 1920년 별세 때까지 이 당의 뚜렷한 지도자였다. 그에게는 "자유로운 교회, 자유로운 땅에 자유로운 학교"라는 개혁 이념이 있었다. 지난날 기독교인들이 운영하는 사립학교에는 정부의 재정적 도움이 없었다. 그래서 부모들이 학교 운영비를 전적으로 부담해야 했다. 의회에 들어간 카이퍼는 의회에서 공립학교와 기독교 사립학교의 동등한 재원지원을 위한 법을 통과하게 했다.

1880년에 국가와 국교회의 통제를 받지 않는 "자유대학(De Vrije Universiteit)"을 세웠다. 10월 20일 개교 시 그는 "개인생활 영역에서의 주권"이란 연설을 했다. 그는 영역주권의 원리를 제시한 칼빈주의 신학자였다.

카이퍼는 지난날 암스테르담 교회 목사였지만 목사직에서 은퇴한 후, 1882년에 그 교회의 장로로 선택되어 봉사를 했다. 이때 교회에 어려움이 왔다. 자유주의 사상이 지배하는 국교회에 신앙고백에 대한 관심이 약화되고 있었다. 지난날에는 목사, 장로, 집사 모든 직분자들이 임직 시 개혁교회 신앙고백에 서명을 해야 했다. 그런데 이제 "하나님 나라와 국교회의 유익을 증진하기 위한 약속만"을 요구하게 했다. 이때 카이퍼의 주도로 암스테르담 교회는 이런 변경을 반대했다. 그 결과 총회는 이 교회의 5명의 목사, 42명의 장로, 33명의 집사에게 정직 처분을 내렸다. 이후 1886년 카이퍼는 뜻을 같이 하는 분들과 네덜란드 국교회를 떠나게 되었다. 200여 교회 10만 명의 교인들이 국교회를 함께 떠났다. 이들을 "돌레안시(Doleantie)"라 불렀다. 이는 교회의 배교적 상황에 대해 "슬퍼하는 사람들(the grieving ones)"이라는 뜻이다. 이는 화란 교회사에 나타난 두 번째의 분열이었다. 1834년에 이미 국교회 내의 자유주의 신학사상 때문에 더 콕(Hendrik De Cock) 목사의 개혁운동으로 일어난 첫 번째 분열이 있었다. 그 때 약 18만9천 명의 교인들이 국교회를 떠나 "기독개혁교회(Christian Reformed Churches)"를 조직했다. 카이퍼의 주도로 국교회를 떠난 교회들은 1892년에 이 교회와 통합하여 개혁교회(the Reformed Churches)가 되었다.

카이퍼가 국회의원과 신문편집을 책임진 언론인으로 활동해 오다 1901년에 총리가 되어 4년간 봉사했다. 그는 일찍부터 그의 신념인 '영역주권' 사상을 모든 분야에 적용하려 노력해 왔었다. 가정, 교회, 학교, 국가 등 모든 영역은 절대 주권자이신 하나님에 의해 주어진 영역주권이 있다는 것이다. 그는 이 모든 영역에서 주께서 "내 것"이라고 주장하지 않으시는 영역은 한 치도 없다고 보았다. 그는 이 이념의 실현을 위해 계속 노력했었다. 이후 카이퍼는 그가 세운 대학에서 건강 때문에 은퇴를 하게 되기까지 교의학 강의를 했다. 그는 1898년에 미 프린스턴 대학교의 초청을 받아 특강(Stone Lectures)을 하고 명예박사 학위를 받았다. 이 강의 내용이 칼빈주의(Calvinism)라는 제목으로 출간되고, 뒤에 한국어로도 번역되어 나왔다.

카이퍼는 정치가로 언론인으로 다양한 활동을 했지만 무엇보다 탁월한 신학자로 그의 신학적 원리를 모든 영역에 적용하려 노력했다. 그의 많은 신학적 저서는 그의 뛰어난 신학적 통찰력을 보여주고 있다. 그는 그 시대의 자유주의 신학을 공격하고 개혁주의 신앙을 옹호하는데 피곤을 잊고 큰 봉사를 했다. 그렇지만 그도 신학자로서의 약점과 한계를 보였다. 그의 신학적 관점 가운데 어떤 것은 스콜라학적 경향을 가졌으며, 개혁의주의 신학의 주류를 벗어난 것으로 교회 안에 문제를 초래했다. 한 두 가지를 살펴보면 첫째 믿는 부모에게서 태어난 모든 자녀들을 중생한 것으로 가정해야 한다는 주장이었다(presumptive regeneration theory). 이런 그의 추리적 견해는 후에 큰 논쟁점이 되었을 뿐 아니라 뒤에 교회 분열의 원인을 제공했고 많은 사람들에 의해 거절을 당했다. 특별히 이 견해는 하나님이 주신 객관적 언약의 말씀을 신뢰하기 보다는 주관주의적 신비주의적 경향을 들어낸 것이었다. 그 다음은 일반은총(common grace)의 교리였다. 많은 사람들이 이 교리는 성경과 개혁교회 신앙고백과는 조화되지 않는 것으로 보았다. 카이퍼의 세계관은 일반은총에 대한 그의 견해와 밀접하게 연관되어 있다. 그가 상반(antithesis)의 신학자이면서 정당정치에 있어서 로마 카톨릭 측과 연합하고 많은 생활영역에서 신자와 불신자간의 협력을 위한 길을 연 것도 일관성을 벗어난 일이었다. 그러나 이런 몇몇 결함에도 불구하고 네덜란드 교회를 조상들이 걸어간 바른 신앙의 길로 이끌기 위해 노력한 그의 봉사는 놀라운 것이었다.

카이퍼는 남자 중의 남자요 그리스도인 중에 그리스도인이었다. 그는 언약의 가정생활을 즐긴 가정의 사람이었다. 그와 그의 아내에게는 5남 2녀의 자녀가 있었다. 그에게 가정 기도회는 언제나 중요했다. 저녁이면 온 가족과 집에서 일하는 사람들까지 모두 한 식탁에 앉아 식사를 하고 함께 성경을 읽고 설명을 했다. 그래서 이 가정의 식사시간은 토론과 교제와 웃음과 기쁨의 시간이었다. 1899년에 그의 아내가 58세로 별세를 했으나 재혼을 하지 않았다. 1920년 자신이 세상을 떠나기까지 이생을 넘어 영원한 영광을 바라보고 21년 동안 사랑하는 자를 잃은 슬픔을 안고 부덤까지 나아갔다. 카이퍼는 그가 지녔던 일부 신학적 약점에도 불구하고 참으로 탁월한 칼빈주의 신학자, 철학자, 정치가, 언론인, 가정의 사람이었다.

62. 북미의 칼빈주의 신학자 벤자민 워필드(Benjamin B. Warfield)

| 주후 1851-1921년 |

> "칼빈주의는 바로 순수한 신앙이다.
> 그러니 우리는 오직 순수한 신앙을 품어야 한다.
> 그것이 칼빈주의이다."
> (워필드)

워필드는 프린스턴 신학교가 자유주의자들에 의해 재조직되기 전에 구 프린스턴을 최종 봉사한 탁월한 보수 칼빈주의 신학자였다. 그는 1851년 켄터키 주 렉싱턴에서 가축과 말을 사육하는 부유한 집안의 아들로 태어났다. 그의 어머니는 저명한 브레컨릿지(R.J. Breckinrigde) 목사의 딸이었다. 그녀의 외할아버지는 장로교 구학파에 속한 분으로 1841년 미 장로교회 총회장을 지냈던 분이다. 외삼촌은 미합중국 제14대 부통령이기도 했다.

당시 일반 부유한 가정의 자녀들처럼 워필드도 유년기에 사교육을 받았다. 1868년에 프린스턴 대학교에 입학하여 1871년에 졸업했다. 원래 그는 대학에서 수학과 과학을 전공했지만 유럽 여행을 하는 중에 신학을 하여 목사가 되기로 결심하였다. 1873년에 프린스턴 신학교에 입학하여 1876년에 졸업했다. 그는 곧 독일로 건너가 델리치(Franz J. Delitzsch, 1813-1890)와 루스하르트(E. Luthhardt) 아래서 연구했다.

워필드

그 후 귀국하여 웨스턴 신학교(지금의 Pittsburgh Theological Seminary)에서 강의를 하고 1879년에 목사로 임직되었다. 1881년 그는 하지(A. A. Hodge)와 함께 성경의 영감에 대한 글을 썼다. 이 글은 성경의 무오에 대한 강력한 학적 변호였기 때문에 큰 주목을 끌었다. 성경 무오의 교리는 19세기에 발견된 개념이 아니고 정통적 기독교의 가르침이라고 주장한 것이었다. 당시 일반 미 기독교계와 장로교회 안에 확산되고 있는 자유주의적 사상을 강력하게 반박했던 것이다. 그 후 그는 계속 정통적 개혁주의 입장의 책과 논문을 썼다. 그의 책들은 오늘까지도 큰 가치를 인정받고 널리 읽혀지고 있다.

1887년에 찰스 하지(C. Hodge)의 아들(A .A. Hodge)을 이어 프린스턴 신학교의 하지의 교좌에 임명을 받았다. 이후 그는 세상을 떠나기까지 그 자리를 지켰다. 1892년에 뉴저지 대학으로 부터 명예신학 박사와 법학박사의 학위을 받고, 1913년에는 네덜란드 위트레히트대학으로부터 신학박사 학위를 받았다. 워필드의 중요한 봉사는 성경의 무오한 권위를 옹호하는 데 있었다. 그는 그 시대 부흥운동의 감정주의, 고등비평의 합리주의, 당시 등장한 여러 새로운 종교적 운동의 이단적인 요소들을 밝혀내고 비판했다.

당시 프린스턴 신학교는 개혁주의 신앙고백인 웨스트민스터 신앙고백을 충실하게 수호했다. 그는 성경이 하나님의 영감된 말씀으로 그리스도인의 신앙과 생활에 절대 표준임을 주장하며, "오직 성경(sola scriptura)"의 교리를 전하고 가르쳤다. 그는 성경의 저자들이 인간이지만, 궁극적인 저자는 하나님 자신이라고 했다. 현대신학자들이 성경에 발견되는 문법적 언어적 형태를 비교하고, 성경은 하나님이 아니고 단지 인간에 의한 기록일 뿐이라고 주장했었다. 이때 워필드는 성령님이 기계적으로 저자들을 사용하지 않고, 인간 저자들이 그들의 지성과 언어를 가지고 하나님의 뜻을 무오하게 표현할 수 있도록 감독하심으로 영감을 보장하셨다고 했다. 이런 접근은 많은 개혁파와 복음주의자들이 오늘도 따르고 있는 성경영감에 대한 바른 견해이다.

워필드는 당시 미국에 유행한 종교적 부흥운동에 대한 보수적인 비판자였다. 그는 부흥운동의 가르침과 체험의 강조는 성실한 기독교인들의 신앙을 위해서는 너무 주관적이라고 보았다. 그의 책 『허위 이적(Counterfeit Miracles)』에서 사도시대 이후에 이적은 그쳤다고 주장했다. 물론 워필드의 책은 20세기에 일어난 오순절 은사운동이 일어나기 전에 쓰인 것이었다. 그는 그 때의 이적문제를 교부시대와 중세의 기적이란 제목 아래 다루면서 이적적 은사를 소유했다는 거짓 주장의 문제를 언급했던 것이다. 그의 책 『완전주의(Perfectionism)』는 성화에 대한 그릇된 가르침에 대하여 세밀하게 비판하였다. 특별히 제2차 대각성 운동을 주도했던 찰스 피니(Charles G. Finny)의 신학과 같은 것의 오류를 밝힌 것이다.

워필드의 신학의 기조는 웨스트민스터 신앙고백에 기반을 둔 칼빈주의에 대한 그의 집착에 있었다. 그는 16세기 개혁자들과 17세기의 신앙고백 작성자들이 성경의 내용과 적용을 단순히 요약했었다고 믿었다. 그러나 현대신학자들과 대중적인 인기를 끈 여러 부흥가들에 의해 주장되는 가르침은 저 신앙고백적 진술과는 일치하지 않는다고 생각했다. 워필드는 지속적으로 나타나는 새로운 사고가 이런 신앙고백을 결코 폐기시킬 수 없다고 주장했다. 오늘도 전통적 칼빈주의자들은 그와 같은 입장에 동의하고 있다.

워필드는 그 시대의 프린스턴의 동료들과는 달리 교회정치에는 별 관련을 갖지 않았다. 교회 안에 보수적 신학을 강화하는 정치적 운동은 지지했지만 실제적인 과정에는 관심을 보이지 않고 미래의 장로교 목사들을 바로 이끌기 위해 프린스턴에서 가르치는 일에 전심을 쏟았다. 반틸(C. Van Til)이 변증론의 영역에서 그의 영향을 많이 받았다. 그는 워필드를 아브라함 카이퍼, 헤르만 바빙크와 함께 위대한 3대 칼빈주의자들 중의 한 분으로 꼽으며 존경을 표했다.

신학자 워필드는 귀족다운 그리스도인 신사였다. 이것을 그는 그의 생활에서 잘 보여주었다. 1876년 신학교 졸업과 함께 애니(Annie Kinkead)와 결혼을 하고 유학을 위해 함께 독일로 갔었다. 그런데 거기 있는 동안 그의 아내가 사고를 당해 영구한 불구자가 되었다. 그는 아내가 1915년 별세하기까지 평생 돌보면서 교수 신학자로서 그의 사명을 충실히 다 했다. 그의 아내를 가끔 휠체어에 태워 밀고 강의실에 들어와서 강의를 하였다. 그들은 자녀를 갖지 못했고, 워필드는 1921년에 별세했다. 기독교를 위해 헌신한 신실한 사역자들이 이 세상 생활에서는 외로움과 많은 어려움을 겪게 되는 것을 거듭 보게 된다.

63. 장로교회 정통의 투사
그레샴 메이천(J. Gresham Machen)

| 주후 1881-1937년 |

교회에는 언제나 보수, 온건, 자유 세 집단이 있어왔다. 사도 바울로부터 어거스틴, 칼빈을 거쳐 오늘날에 이르기까지 보수 측에서 진리 파수를 위해 노력한 사람들은 언제나 완고하고 포용성이 없는 사람으로 비판을 받았다. 메이천도 종종 그런 비난을 받아왔다. 그러나 그의 진리 투쟁으로 북미 장로교회는 전통적 장로교회로서의 정체성을 지킬 수 있었다.

메이천은 볼티모어의 탁월한 변호사의 아들로 1881년에 태어났다. 그의 아버지는 감독교회 교인이었으나 그의 어머니(Mary)는 조지아의 성실한 구파 장로교회의 교인이었다. 메이천에게는 아버지보다 어머니의 영향이 더 컸다. 그의 어머니는 그에게 일찍부터 성경과 웨스트민스터 소교리문답을 가르쳐 큰 영향을 미쳤던 것이다. 그의 어머니는 당시 남

장로교회에 속한 볼티모어 프랭클린 거리에 있는 교회에 참석을 했고, 그도 열네 살이 되던 해에 그 교회의 교인이 되었다. 그는 평생 미혼으로 지내며 1931년 어머니가 별세할 때까지 가까이 모시고 수종을 들었다.

메이천은 어릴 때 사립학교에 다녔고, 1898년에 존 홉킨스 대학교에 들어가 장학생으로 고전어를 전공하고 졸업했다. 1902년에 프린스턴 신학교에 입학 해 철학을 공부하여 석사 학위를 받았다. 목회에 헌신해야 한다는 확신은 아직 없었지만 신학 공부를 계속하여 1905년에 마쳤다. 그 후 그는 독일로 건너가서 마르부르크와 괴팅겐 대학에서 일 년 동안 연구하였다. 그 때 헤르만(W. Herrmann)이나 신약학자 부셋(W. Bousset)으로부터 강의를 들었는데 이들은 모두 자유주의 신학자들이었다. 1906년에 그는 프린스턴 신학교에 강사로 임명되어 그리스어, 주경, 신약서론 등을 강의하였다. 동시에 그는 바울 연구 등 자신의 신학의 심화에 전념했다. 목회 문제와 학문과 경건의 관계에 대한 자신의 입장을 정리한 후 33세가 되던 1914년에 목사로 임직을 받았고 같은 해에 조교수로 승진하게 되었다. 1926년에는 신학교 운영위원회가 그를 변증학과 윤리학의 자리에 임명하려고 했으나 학교 내외의 신학적 충돌로 이는 실현되지 못했다.

메이천은 구 프린스턴 신학(Old Princeton Theology)의 입장과 스코틀랜드의 실재론(Common Sense Realism) 철학에 큰 영향을 받았다. 프린스턴 신학교에서 그에게 가장 큰 영향을 준 교수들은 암스트롱(W.

P. Armstrong), 패턴(F. L. Patton)과 워필드(B. B. Warfield)였다.

메이첸은 스스로 개혁 신앙의 옹호자이자 칼빈주의자로 자처했다. 어떤 이들은 그를 근본주의자라고 불렀지만, 그는 결코 자신은 근본주의자가 아니며 웨스트민스터 신앙고백의 전통에 서 있는 구 프린스턴학파에 속해 있는 것으로 생각했다. 다만 근본주의자란 말이 단지 현대주의를 반대하는 것을 의미한다면 자신을 그렇게 부를 수 있다고 했다.

1920년경 장로교회 안팎에 프린스턴 신학교와도 연관이 있는 논쟁이 일어났다. 논쟁 중 하나가 근본주의와 현대주의에 관한 논쟁이었다. 이때의 논쟁은 여러 가지로 표현되었다. 구학파 신학 대 신학파 신학 혹은 성경적 기독교 대 20세기 바르트주의와 현대주의 간의 충돌 등이었다. 1920년 장로교 총회에서 첫 번째로 메이천이 이 논쟁에 연관되었다. 총회는 당시 소위 '필라델피아 안(Philadelphia Plan)'에 대한 투표를 하게 되었다. 이 안은 서로 교리적 차이를 가진 19개 다른 장로 교단들과의 연합을 위한 것이었다. 메이천의 고뇌는 여기서 시작되었다. 당시의 프린스턴 신학교의 교장인 스티븐슨(J. R. Stevenson)과 어드맨 교수(C. Erdman) 등은 이 안에 적극적인 지지자였다. 그러나 메이천은 반대편에 섰다. 메이천은 중요한 신학적 차이가 있는 교파들과의 연합을 수용할 수 없었다. 그 결과 그는 논쟁의 중심에 서게 되고 이들 선배 교수들과 직접 충돌하게 되었다. 그 안은 총회에서 부결되었지만 그 때의 충돌이 메이천을 현대주의와 근본주의 간의 충돌과 북장로교회 내의 신학적 투쟁으로 이끌어 가게 되었다.

메이천은 1921년에 버지니아에 있는 유니온 신학교에서 강의한 내용을 바탕으로 『바울 종교의 기원(The Origin of Paul's Religion)』이란 책을 내었다. 1923년에는 『기독교와 자유주의(Christianity and Liberalism)』란 책을 출간했다. 이로써 메이천은 별로 알려지지 않은 신약학자로부터 새로운 현대주의-근본주의 논쟁의 중심인물 중 한 사람으로 미주 장로교회뿐 아니라 전 세계 기독교계에 알려지게 되었다.

1922년에 장로교회 내에 한 사건이 일어났다. 뉴욕시에 있는 제일 장로교회가 침례교회에 속한 목사 포스딕(Harry E. Fosdick)을 협동목사로 초청했다. 그가 '근본주의가 승리할 것인가'라는 제목의 설교를 했다. 침례교 목사를 장로교회의 협동목사로 청빙했다는 자체가 당시 장로교회의 정황을 잘 말해주고 있다. 그는 예수님의 동정녀 탄생, 성경의 영감, 속죄에 대한 보수적 견해와 자유주의적 견해를 대조 설명하면서 서로의 관용을 호소했던 것이다. 이 사건이 현대주의 대 근본주의 논쟁을 부채질하게 되었다.

필라델피아 노회는 이 문제를 다룰 것을 1923년 총회에 제의하고 1916년 총회에서 통과한 '다섯 가지 본질적 교회의 선언(성경의 무오, 예수님의 동정녀 탄생, 대속적 속죄, 육체적 부활, 그리스도의 이적)'과 웨스트민스터 신앙고백에 대한 총회의 지지를 재천명할 것을 요구했다. 1923년 총회는 이 안을 두고 투표했는데 439대 354로 통과되었다. 무려 354표의 반대는 당시의 미 북장로교회의 신학적 기류가 자유주의로 크게 기울고 있다는 사실을 잘 보여주는 것이다.

이 총회의 결정에 대한 신학적 자유주의자들의 반응이 곧 나타났다. 뉴욕 오번에 본부를 둔 150명으로 구성된 신학적 포괄주의자들이 1924

년 5월에 선언문을 발표했다. 이것이 잘 알려진 '오번 선언(Auburn Affirmation)'이다. 이 선언문은 두 가지 내용을 담고 있다. 그 하나는 총회가 다섯 가지 교리를 목사 임직을 위한 시험 수단으로 사용할 헌법적 권리가 없다는 것이다. 그리고 다른 하나는 그 다섯 교리는 성경에 가르친 교리 체계에 비본질적이라는 것이었다. 선언문이 발표된 1924년 봄에 1,200명 이상의 장로교회 목사들이 이 문서에 동의하는 서명을 하였다. 이제 자유주의가 미 북장로교회를 지배하게 된 것이다. 이로써 자유주의자들, 근본주의자들, 온건주의자들 세 집단 간에 충돌과 격론이 일어나게 되었다. 당시 프린스턴 신학교의 교장인 스티븐슨과 어드맨은 중도에 선 온건주의자들이었다. 이들은 미 복음주의 부흥 운동가들의 영향을 받았고, 교회일치가 신학적인 교리적인 일치보다 중요하다고 믿은 것이다.

1925년 총회에서 프린스턴 신학교의 실천 신학 교수요 온건파에 속한 어드맨이 의장으로 선출되었다. 이 총회는 교회 내부의 분열상을 살피고 평화와 일치를 추구하기 위한 25인 위원회를 임명했다. 이제 보수주의자들은 논쟁을 일으키는 자들로 비난을 받게 되었다. 1926년 총회는 프린스턴 신학교 내에서 일어나는 불화의 원인을 찾아 해결하기 위한 특별위원회를 구성했다. 당시 신학교에는 온건파를 주도하는 에드맨과 스티븐슨 측과 보수파를 이끄는 메이천, 암스트롱, 하지(C. W. Hodge) 등으로 나뉘어 있었다.

특별위원들은 다음 총회 때 신학교 내의 불화의 원인이 두 종류의 이사회에 있다는 보고를 했다. 1927년 총회는 매우 불행한 것이었다. 이 총회는 메이천의 승진을 연기하고, 과거 총회에서 세 번이나 재확인한

다섯 가지 본질 교리를 거절하고, '오번선언'의 입장을 수용했으며 프린스턴 신학교가 조직을 재편하도록 결의했다. 오랫동안 프린스턴 신학교에는 두 개의 이사회가 병존해 왔다. 하나는 운영이사회(The Board of directors)로 학교의 영적인 측면을 돌보고 교수 임명, 교과과정을 살피는 일을 맡고 있었다. 다른 하나는 재정이사회(The Board of Trustees)로 학교의 재산관리와 경제면을 담당해왔다. 당시 운영이사회의 대부분은 보수적이었고, 메이천을 비롯한 동료와 뜻을 같이 했다. 그런데 재정 이사회원 대부분은 중도 온건파에 속하여 교장 스티븐슨과 같은 입장에 있었다. 그들의 충돌은 불가피했다. 1929년 총회는 두 이사회를 하나로 재조직할 것을 결의했다.

이제 신학교는 중도파에 의해 지배되었다. 이후로는 이사회의 결의에 총회의 인준이 필요없게 되었다. 1914년에 교장으로 임명되었던 중도파 스티븐슨은 그의 입지를 더 강화하게 되었고 옛 프린스턴의 교리정책에 반대되는 포괄적 교리정책을 펴나갔다. 스티븐슨은 "우리는 구학파와 신학파를 연합한 기관이고 신학교 교장으로서의 나의 포부는 전 장로교회를 대표하는 데 있지 어떤 특별한 편을 대표하지 않는 것이다."라고 했다. 그는 프린스턴 신학교가 북장로교회의 신학적 다원주의를 반영하는 학교가 되기를 원했다. 그리고 자유주의와 타협하지 않는 메이천을 신학교 불화의 원인자로 지목했다. 그 결과 앨리스(Oswald T. Allis), 메이천, 반틸(C. Van Till), 윌슨(R.D. Wilson) 교수 등이 메이천의 뒤를 이어 재조직된 이사회에 의해 교수직을 잃게 되었다. 그리고 뒤 이어 실제 신학교 교수 회원 다수는 구학파 칼빈주의를 지지했지만 신학교의 실세를 장악한 교장 스티븐슨과 어드맨이 프린스턴을 지배하게 되었던 것이다.

이렇게 됨으로 1929년에 메이천과 뜻을 같이하는 사람들이 모여 필라델피아에 웨스트민스터 신학교(Westminster Seminary)를 세웠다. 이 신학교 설립을 위한 중요한 두 목적은 '옛 프린스턴' 전통을 이어가고, '개혁신앙을 옹호할' 새 세대를 교육하는 것이었다. 수년 후 웨스트민스터 신학교가 졸업생들을 배출했다. 그런데 미 북장로교회는 이 학교의 졸업생들을 받아 주지 않았다. 때문에 이들이 나가서 봉사할 새 교회들이 필요하게 되었다. 이것은 새로운 교회 연대를 가진 교파의 형성의 불가피성을 말하는 것이었다. 이를 위한 또 다른 필연적 이유가 생겼는데 그것은 곧 선교관의 문제였다. 1932년에 세계 선교에 대한 재평가서로 '선교에 대한 재고(Re-Thinking Missions)'가 발표되었다. 그 내용은 '선교사들은 다른 종교를 무너뜨리기 위해 일할 것이 아니고, 진리 안에서 궁극적인 목적인 일치를 위해 서로 격려하면서, 기독교와 계속된 공존을 위해 일해야 한다'는 것이었다. 이는 종교 보편주의를 증진하는 것이었다.

메이천을 위시한 정통 지도자들은 양심상 이런 선교관을 가진 당시 북장로교 선교부를 도울 수 없었다. 그래서 1933년 총회에서 이 문제를 제기했지만 무시당하고 말았다. 그 결과 1933년 총회 후 한 달 만에 메이천과 뜻을 같이 하는 무리가 '참된 성경적 장로교적 선교 사역'의 증진을 위해 '독립선교부(The Independent Board of Presbyterians Foreign Missions)'를 조직했다. 1934년 총회는 이 선교회 설립이 위헌이라고 선언하고, 다음해 메이천을 교회 재판에 넘겨 1934년 총회 결의에 불순종한 것에 대해 정죄했다. 1936년 총회는 뉴 브룬스위크(New Brunswick) 노회에 메이천을 비롯해 독립 선교부와 관련된 여러 사람들에 대해 정직 처분을 내리도록 명령했다. 이는 총회가 메이천과 그와 뜻을 같이하는 분들을 교회 밖으로 추방하는 것의 의미했다.

이런 상황에서 교회 분열은 불가피했다. 1936년 총회 폐회 열흘 후에 미국 장로교회(the Presbyterian Church in America)가 발족했고 후에 '정통장로교회(the Orthodox Presbyterian Church)'로 그 이름을 바꾸었다. 메이천도 설립 회원 중 한 명이었다. 그는 이 새 교파가 세워진 지 6개월 후에 세상을 떠났으며 '웨스트민스터 신학교'를 세운지 7년만이었다. 메이천에 대하여 어떤 이들은 관용을 모르는 완고한 분리주의자라고 말한다. 그러나 진리를 사랑하는 많은 이들은 그를 20세기 상반기에 나타난 가장 훌륭한 칼빈주의 장로교회 신학자이자 믿음을 위해 싸운 20세기의 마르틴 루터로 보기도 한다. 오늘 많은 사람들은 그를 통해 "저가 죽었으나 그 믿음으로써 오히려 말하고 있음"을 보게 된다(히 11:4).

64. 위기 신학자 칼 바르트(Karl Barth)

| 주후 1886-1968년 |

19세기는 낙관주의가 지배한 시대였다. 신학적 현대주의는 인간의 무궁한 발전과 지상 천국의 도래를 바라고 있었다. 산업혁명 이후 등장한 진화론의 영향을 받은 것이다. 현대주의 신학자들은 일반적으로 후천년설을 믿었고, 세계의 역사를 낙관적으로 바라보았다. 사람들은 인간 자신의 무한한 가능성에 매혹되고, 초자연적 하나님을 찾는 대신 지상에 이루어질 낙원을 사모했다. 그 시대의 자유주의 신학은 노하지 않는 하나님과 이 세상에 이루어질 하나님의 나라를 생각했었다.

다윈과 과학자들이 성경의 초자연적 요소에 의문을 제기했다. 인간이 참으로 하나님의 특별한 피조물이었는가? 이적이 실제로 일어날 수 있는가? 우리 인간이 자연을 다스릴 수 있다면 하나님을 필요로 할 이유가 있는가?

그런데 1914년에 1차 세계대전이 일어났다. 혼란 속에 역사적 낙관론에 대한 의문이 제기되며 신학적 자유주의의 낙관 사상이 공격을 받게

칼바르트

되었다. 이때 자유주의 신학에 대한 심각한 충격을 받은 이들 중에 한 분이 칼 바르트 목사였다. 1909년 스위스 개혁교회의 목사가 된 그는 역사의 미래에 대한 낙관적 견해를 가지고 설교를 해 왔다. 그는 신학 교수의 아들로 태어나 하르낙과 궁켈 등 당시 유명한 자유주의 신학자들 아래서 교육을 받았다. 그러나 1차 세계대전의 참상에 직면하자 그는 낙관론적 역사관에 회의를 품게 되었다. 그는 하나님으로부터 독립을 원하는 인간의 욕망을 죄로 보게 되었다. 그가 설교해 온 자유주의적 메시지는 전쟁으로 위험했던 그 시기에 누구에게도 위로와 만족을 주지 못했다. 그 결과 그는 자유주의적 신학의 입장을 재평가하게 되고, '성경에서 이상한 새로운 세계'를 발견하게 되었다.

그는 특별히 성경 가운데 로마서를 연구하여 1919년에는 『로마서 주석』을 출간했다. 이것은 당시 자유주의 '신학자들의 놀이터에 떨어진 폭탄'이라고 불렸다. 그는 하나님을 주권적이며 초월적이신 분이라고 하고, 창세기 3장이 보여주는 인간의 타락이 실제라고 했다. 인간의 실존은 죄로 망가졌으며 인간 스스로는 하나님의 진리를 발견할 수 없다고도 했다. 인간이 하나님을 발견하기 위해서는 하나님께서 인간에게 자신을 드러내셔야 하고, 하나님은 예수 그리스도를 통해 자신을 계시하신다고 했다. 바르트가 고전적 개신교의 어휘를 사용하는 교리에 대

한 재설명은 많은 토론을 불러 일으켰다.

그는 1921년에 괴팅겐 대학의 개혁신학 명예교수로 초빙을 받았다. 그리고 1925년에는 뮌스터 대학으로 옮겨 교의학과 신약석의 교수가 되었다. 1930년에 본 대학의 교의학 교수가 된 그는 『교회 교의학』을 집필하기 시작하여 총 7천여 페이지에 달하는 12권의 대작을 내놓았다.

1933년 히틀러가 전권을 장악했을 때, 그는 니몰러(Martin Niemoller)와 함께 나치를 찬성하는 독일 기독교인들에 반대하는 '독일 고백교회'를 조직했다. 1934년 5월에는 이 교회의 대표들이 바르멘에서 모여 유명한 "바르멘 선언(Barmen Declaration)"을 채택했다. 이것은 모든 사신 숭배적인 정치적 이념에 대항하여 하나님의 말씀의 주권을 확실히 밝힌 것이었다. 이것은 실지로 바르트의 작품이었다.

1934년, 히틀러에 대한 무조건적인 충성을 맹세하는 서약을 거부한 그는 본의 교수직을 박탈당하고 다음 해에는 독일로부터 추방을 당하였다. 그러나 그는 바젤에서 교수직을 얻어 1962년 은퇴할 때까지 지내다가 1968년에 세상을 떠났다. 어떤 이들은 그를 어거스틴, 아퀴나스 혹은 루터나 칼빈 같은 위대한 신학자들의 반열에 포함될 수 있는 위대한 신학자로 평가한다. 그가 개신교회에 속한 위대한 신학자였음에는 틀림없다.

그러나 그의 위대성에도 불구하고 바르트는 성경의 완전 영감을 믿지 않았다. 그리고 기록된 성경을 하나님의 말씀으로 그대로 받는 전통적 개혁주의 신학자도 아니었다. 그의 신학 이념은 신정통(Neo-Orthodoxy)의

터가 되었다. 그의 신학은 성경 연구, 죄, 하나님의 주권에 대한 신중한 태도에 있어서 반 자유주의적이었다. 그러나 성경의 역사성, 특히 구약의 역사성에 있어서 이중적 태도를 취하고 있다. 성경에 나오는 대부분의 가르침은 수용하지만 성경에 있는 모든 사건이 시공간의 역사 속에서 일어났다고 믿지 않는다. 에밀 브루너, 라인홀드 니버, 리처드 니버, 고가르텐 등이 바르트와 같은 신학적 입장을 가졌다. 신정통은 겉으로 보기에 어렵고 모순되어 보이는 진리에 관하여는 '신앙의 비약'을 통해 균형을 찾으려 한다. 이 때문에 이 신학을 '위기 신학(Crisis Theology)'이라고도 불려왔다. 또 그가 말한 거룩한 하나님과 죄인 창조자와 피조물, 은혜와 심판, 하나님의 긍정과 부정(Yes and No) 간의 깊은 대비로 인해 그의 신학은 '변증법적 신학'이라고도 불린다.

두 번의 큰 전쟁을 겪은 세계에서 바르트의 사상이 방황하는 교회로 하여금 죄와 하나님의 주권에 대한 명제로 돌아오게 하는 데 상당한 역할을 하게 된 것은 사실이다. 그러나 그의 신학이 계시된 언약의 말씀을 단순하게 믿고 받아들이는 칼빈의 선명한 개혁주의 노선을 따르지는 않았다. 바르트가 정면으로 드러내지는 않았지만 내면으로 하나님이 결국에는 모든 사람들 구원할 것이라는 보편주의 사상을 품고 있었음을 감지하게 한다. 그러니 바르트의 신학은 자유주의와 정통주의의 경계에서 본질적으로는 자유주의에 뿌리를 두고 그 한계를 벗어나지 못했다. 고전적 개혁주의 언어를 사용하는 것만으로 참된 개혁주의자 신학자가 되는 것은 아니다. 사도 요한이 "영을 다 믿지 말고 오직 영들이 하나님께 속하였나 시험하라. 많은 거짓 선지자가 세상에 나왔음이라"는 말씀은 어느 때나 주의 깊게 들어야 할 경고이다(요일 4:1).

65. 개혁주의 언약의 신학자 클라스 스킬더(Klaas Schilder)

| 주후 1890-1952년 |

> "개혁주의자가 되는 것은
> 큰 행복이다."
> (스킬더)

클라스 스킬더는 1890년에 땅이 바다보다 낮은 나라 네덜란드의 신학교의 도시 캄펜(Kampen)에서 태어났다. 그는 그곳에서 기본 교육을 받고 그 곳에 있는 신학교를 졸업하여 1914년 목사로 부름을 받았다. 네 곳의 시골 교회에서 3년 씩 연이어 목회를 하고 로테르담에 있는 큰 도시 교회의 초빙을 받았다. 그 곳에서 목회하는 동안 신학연구 허락을 받고 독일 에를랑겐에 있는 프리드리히 알렉산더 대학교(Friedrich-Alexander University)에서 1933년『역설의 개념의 역사(Zur Begriffsgschichte des 'Paradoxon')』라는 논문에서 쇠렌 키르케고르와 칼 바르트의 변증법적 신학 입장을 비판함으로 최고 점수(summa cum laude)로 철학 박사 학위를 받았다. 같은 해에 네덜란드 개혁 교회 총회는 그를 캄펜의 신학교 교수로 선임했다.

2차 세계대전 동안에는 나치의 네덜란드 점령으로 그의 강의가 중단되었다. 그가 독일에 머무르고 있을 당시 '민족 사회주의'의 큰 위험을 보았던 그는 1940년에 주간 신학지인 『개혁(De Reformatie)』의 편집인으로서 네덜란드에 자리 잡은 '민족사회주의'에 대하여 강력하게 비판하고 경고했다. 이 때문에 그는 1940년 8월 독일 비밀 경찰에 체포되어 4개월 동안 투옥되었다. 감옥에서 풀려난 그는 1942년 7월에서 1944년 8월까지 은둔 생활을 해야만 했다. 그가 세상을 떠난 지 오랜 후인 1982년에야 네덜란드 정부는 그의 나치 독일에 대한 항거의 공을 인정하고 '저항 기념 십자가 훈장(the Resistance Commemoration Cross)'을 남은 가족에게 전달했다.

1940년 이후 2차 세계대전이 끝날 때까지 네덜란드 전 국민은 나치 독일의 점령 하에서 무서운 고통을 당하게 되었다. 온 나라가 점령군에게 노략을 당하고 짓밟혔으며 굶주린 사람들이 거리를 헤매였다. 이런 환란 기간에 네덜란드 개혁교회에는 이상한 일이 일어났다. 아브라함 카이퍼의 신학을 맹목적으로 좇고, 그에 대한 비판을 마땅치 않게 여기는 세력이 총회의 교권을 잡고 마음대로 권력을 휘둘렀던 것이다. 카이퍼가 네덜란드 교회사에 제2의 개혁운동을 주도하고 개혁주의 교회생활을 건설하는데 공헌한 위대한 칼빈주의 신학자임은 누구나 인정하였다. 그러나 그의 신학에는 순화를 필요로 하는 스콜라학파적 요소가 있다.

1920년 카이퍼와 바빙크가 별세한 후 맹목적으로 카이퍼의 사상을 전적으로 따르는 이들이 많았고 특히 젊은 세대들이 교회의 신앙고백에서 멀어져 가고 있었다. 이때 스킬더가 카이퍼의 스콜라학적 학풍에 비판을 가하며 16세기 개혁신학자들에게로 복귀할 것을 강조했다. 그는 특별히 1935년 『천국은 무엇인가(Wat is de Hemel?)』라는 책에서 카이퍼의 일반 은총 교리의 잘못을 지적했다. 카이퍼의 일반은총 교리는 은혜를 은혜로 여기지 않는 위험이 있고, 인간의 전적 부패라는 교리를 약화시키며, 생활의 속화를 가져올 위험을 내포하고 있다고 했다. 그리고 그는 총회가 취한 카이퍼적의 교리, '가정적 중생(presumptive regeneration)'의 교리를 반대했다. 이 교리는 유아 세례가 중생을 가정하고 시행한다는 것이었다. 스킬더는 유아 세례의 기초는 객관적인 하나님의 언약에 있지 주관적인 중생의 가정에 있는 것은 아니라고 했다. 그리고 그는 하나님의 선택과 언약을 동일시하는 것이 위험하다고 경고하고 하나님의 언약에는 하나님의 약속과 의무라는 두 부분이 있으며, 기독교인들은 하나님의 객관적 약속을 믿고 새로운 순종의 생활을 할 의무가 있음을 강조했다. 이로 말미암아 스킬더 교수는 카이퍼의 무조건 추종자들에 의한 거세의 대상이 되었다.

1944년 3월 독일군이 점령해 있는 네덜란드의 위트레히트에 모인 총회는 교회 안에서 크게 존경을 받아 온 스킬더 교수와 이미 은퇴한 흐레이다너스(S. Grijdanus) 신약 교수에 대해 면직 처분을 내렸다. 이때는 스킬더가 감옥생활 후 은거 중에 있던 때이다. 총회는 면직 이유로 1942년 총회가 발표한 언약, 세례, 가정중생, 일반은총에 대한 교리 선언을 반대한다는 것을 들었다. 이 일을 주도한 사람이 1943년에서 1945년까지 총회의 신학위원회의 위원장을 맡은 교의학 신학자 베르카워(G. C. Berkouwer)였다는 사실은 이해하기 어려운 일이었다. 그러나 이후의 그의 신학과 생활의 행보가 어느정도 수수께끼를 풀어준다.

스킬더가 면직 되었을 때 진리를 사랑하는 교회는 조용히 있지 않았다. 1944년 9월 11일에 1,100여 명의 교회 직분자들과 교인들이 덴 하그(Den Haag)에 있는 루터파 교회에 모였다. 일 년 전 나치 강제 수용소에서 풀려난 끄높(H. Knoop)목사가 사회를 하고, 스킬더 교수가 총회의 비성경적, 반고백적 결정으로부터의 '자유의 선언'을 낭독했다. 네덜란드 개혁교회사에서 세 번째의 개혁, 세 번째의 교회분열이 일어난 것이다. 이로써 네덜란드에는 '자유화된' 별명이 붙여진 개혁교회(The Reformed Churches Liberated according to C.O. 31) 교회연대 공동체가 생겨나게 되었다.

이 교회는 2차 세계대전이 끝나고 몇 달 후인 1945년 가을에 스킬더, 흐레이다너스, 담(Dr. R.J. Dam)에게 목사 양성을 위한 신학 교육을 계속해 줄 것을 요청했다. 담 박사는 독일군에 의해 이미 사살되어 참여하지 못했지만 다른 두 교수는 전 신학교 건물 다른 편에 있는 낡은 YMCA 건물을 빌려 침실의 세수대를 가져다 교단을 삼고 강의를 시작하게 되었다. 이때 34명의 학생들이 이 교수들을 따라와 교육을 받았고 1946년에는 홀베르다 등 세 명의 교수가 더 임명되어 신학 교육에 동참했다. 이 학교는 곧 신학박사 학위를 수여할 수 있는 권한도 인정받았다.

최초의 '자유 선언'에 서명하고 가담한 교회는 68개, 목사는 77명이었지만, 일 년 후 1946년 이 교회가 펴낸 첫 번째 연감에는 216개의 교회, 152명의 목사, 7만 7천명의 교인들의 수가 기록되어 있음을 보게 된다. 이것은 총회의 교권에 대한 교회의 엄청난 항거가 있었음을 잘 보여주는 것이다. 1940년대의 네덜란드의 스킬더 교수는 1920-30년대의 미국의 메이천처럼 교회 교권으로부터의 박해를 받아 추방을 당했다.

그러나 그 결과는 메이천이 당시 북장로교회에 미친 영향보다 스킬더가 네덜란드 개혁교회에 미친 영향이 훨씬 컸다는 사실을 교회들의 반응에서 볼 수 있다.

스킬더는 1952년 62세의 나이에 별세했다. 그가 주필인 주간지 『개혁』에 마지막으로 남긴 글 한 마디는 "열고 닫는 것은 아버지의 손이다."였다. "저는 기쁩니다. 예수님께로 갑니다." 이 말은 그가 침상에서 그의 동역자들에게 남긴 최후의 말이었다.

스킬더는 인류 역사에 계시된 확실한 하나님의 언약의 말씀에 전적으로 충성했다. 그는 주관주의에 대항하고 성경이 바로 하나님의 말씀이라는 사실을 위해 싸웠다. 그에게 있어서 신학은 결코 인간의 자율적 사색이 아니고, 하나님께서 그의 말씀에 계시하신 대로의 과학적인 지식이었다. 그는 바르트와 브루너의 변증법적 신학과 카이퍼 신학에 깔려 있는 스콜라학적 요소와 싸웠다. 이 때문에 그에게는 대적들이 생겼고, 이들에 의해 부당하게 추방을 당했다. 그러나 나무는 열매를 통해 알 수 있듯 반세기가 지난 오늘 참된 개혁주의 신학을 사모하는 사람들이 미주, 남아프리카 등에서 스킬더의 글을 찾고 그의 신학을 재평가하고 있음을 보게 된다.

그로 말미암아 생긴 개혁교회도 현재까지 본질적인 변화 없이 개혁주의 신학의 노선을 지켜 오고 있다. 그러나 교권을 쥐고 스킬더를 추방한 인물들과 그 교회는 현재 개혁교회 역사에서 완전히 이탈했고 개혁신학의 흔적조차 찾을 수 없게 되었다. 스킬더의 면직을 주도한 베르카워는 1945년 자유대학의 교의학 교수가 되었고, 1957년 교회의 대표로 세계

교회협의회(WCC)에 참석해 교회가 협의회에 가입케 하는데 주도자 역할을 했다. 이후 소위 이 총회파 개혁 교회는 차츰 모든 자유주의 사상을 수용하고, 최근에는 동성애자들을 교회직분자로 수용하기까지 했다. 이제 그들에게는 '개혁주의 신앙과 신학'이라는 말이 의미가 없어지게 되었다. 그 결과 '개혁교회'라 불리던 이 교회는 2004년에 네덜란드 국교회인 개혁교회(De Hervormde Kerk)와 복음주의 루터교회(De Evangelich Lutherse Kerk)와 통합하여 '네덜란드 개신교회(The Protestant Church in the Netherlands)'라는 이름으로 본질적인 탈바꿈을 해버렸다.

네덜란드 개혁교회와 스킬더의 역사를 통해 그리스도의 교회를 위한 한분 신학자의 충성된 삶이 그리스도의 교회의 미래의 역사를 위해 얼마나 중요한가를 보게 된다. 스킬더의 대표적 저서로 영어권에 소개된 것은 1930년의 3부작 『그리스도의 수난(Christ in His Suffering)』과 1947년의 『그리스도와 문화(Christ and Culture-일어로도 번역됨)』 등이 있다.

66. 세계교회협의회
(The World Council of Churches)

| 주후 1948년 |

　　　　1948년 8월 23일 네덜란드 암스테르담의 대음악당(De Concertgebou)에서 44개국 147교파 교회의 대표들이 모여 '세계교회협의회(World Council of Churches)'를 조직하였다. 이 협의회는 '성경을 따라 주 예수 그리스도를 하나님과 구주로 고백하는 교회들의 교제'라는 넓은 강령을 밝혔다. 신학과 신앙고백에 구애받지 않고 출발부터 장로교회, 감리교회를 비롯한 기독교뿐 아니라 구 카톨릭교회, 그리스정교회, 러시아 정교회, 앵글리칸 교회 등 다양한 교파 교회들이 참여했고 보수적 성향이 강한 교회들은 참여를 거부했다. 그러나 당시 한국 장로교회는 일제 말 '일본기독교조선교단' 통리였던 김관식 목사를 대표로 파송해 처음부터 회원 교회가 되었다. 이것은 해방 직후의 장로교회의 정황을 잘 알려주고 있다. 로마 카톨릭 교회는 회원으로 가입은 하지 않았으나 지난 30년 동안 총회에 꾸

준히 옵서버를 보내어 왔다. '신앙과 질서' 같은 위원회에서는 정회원으로도 활동하고 있다. '세계교회협의회'가 교회들 간의 교제와 협력을 전면에 내세우지만 실상은 세계 교회 일치를 목표로 삼고 있다. 그래서 이 운동을 일반적으로 에큐메니컬 운동이라 부르고 있다. '에큐메니컬'은 '온 세상(all the world)'을 의미하는 말로부터 왔다(눅 2:1).

에큐메니컬 운동의 결실인 '세계교회협의회'는 1910년 스코틀랜드의 에딘버러(Edinbourg)에서 감리교 목사 못트(John R. Mott)의 주재하에 최초로 열린 '세계선교대회'로부터 시작된 것이라 할 수 있다. 이 대회 후 '생활과 봉사(Life and Work)', '신앙과 질서(Faith and Order)', '세계 선교'(World Mission)'라고 하는 세 운동이 생겨 각각 협의회로 모였다. 그런데 이 세 협의회는 서로 겹치는 면이 많기 때문에 서로 합의하여 '세계교회협의회'를 1941년에 조직하기로 하였다. 그러나 1939년 2차 세계대전이 일어남에 따라 계획대로 추진하지 못하고, 종전 후인 1948년에야 '세계교회협의회'를 조직하게 된 것이다.

'세계교회협의회'는 출발부터 '성경적 신앙'의 일치에는 관심이 없었다. 이 협의회는 그 시대의 문화와 사상의 시류에 편승하고, 역시 2차 세계대전 후에 생겨난 '국제연합(United Nations)'과 유사성을 보이면서 참된 교회 건설 보다는 교회의 속화를 촉진해 왔음을 보게 된다. 이 협의회는 7년 혹은 8년마다 총회를 가져왔다.

1968년 스웨덴 웁살라(Uppsala)에서 모인 제4차 총회와 1975년 케냐 나이로비에서 모인 제5차 총회는 해방신학을 옹호하고 모든 형태의 압박에서 사람들을 해방시키는 것이 구원이라고 했다. 이로써 '세계교회협의회'가 세속적인 정치적 운동임을 보여주었다. 사회주의 공산주의를 비판하는 일이 전혀 없었고, 오히려 자본주의의 철학적 기반은 복음과 상반된 악한 것이라고 정죄했다.

나아가 이 협의회는 인종차별에 대한 저항을 돕기 위해 아프리카, 남미 지역에서 혁명적 게릴라 활동을 하는 무장 단체들을 도왔다. 1978년, 짐바브웨의 '애국전선(The Patriotic Front of Zimbawe)'에 8만5천 달러를 제공했고 저들은 몇 달 후 민간 비행기를 격추시켜 많은 사상자를 내었다. 이 '협의회' 지도자들은 인류의 여러 경제적, 민족적, 사회적 악을 제거함으로 교회간의 일치를 이룰 수 있다고 주장했다. 그러나 협의회의 이런 정치적 개입과 폭력에 대한 재정적 지원은 교회의 일치보다는 분열을 조장하는 결과를 초래했다. 이 협의회의 주도적 창설회원 교회 중 하나인 당시 북미 연합장로교회는 이런 일 때문에 1970년대에 일백만 이상의 교인을 잃게 되었다.

세계기독교협의회가 처음부터 지향해 온 에큐메니컬 이념과 신학은 20세기 자율적 인간 철학의 산물이었다. 1928년 예루살렘 선교대회 이후 차츰 구원진리에는 여러 길이 있다고 보는 종교보편주의, 종교혼합주의의 방향을 취하였다. 그 결과 세계교회협의회는 이방 종교를 적극적인 자세로 수용하였다. 1983년 캐나다 밴쿠버에서 열린 제6차 총회는 개회와 함께 캐나다 인디언의 성화(a sacred flame)를 밝히는 종교의식을 행하게 함으로 그들의 참여를 상징적으로 나타내게 했다. 이 성화는 18일간의 총회기간 내내 타올랐다. 총회는 처음으로 힌두교 3인, 불교도 4인, 유대교 2인, 회교 4인, 시크교(Sikh) 1인, 캐나다 원주민 정령숭배 1인을 공식 손님으로 초청했다. 이제 '세계교회협의회'는 목적하던 기독교 일치의 범위를 훨씬 넘어 '모든 신앙의 일치'를 바라본 것이다. 이교 신앙의 대변자인 시크교의 싱(Gopal Singh)은 이 협의회 총회를 향해 "의장님, 형제 자매님들…"로 인사말을 시작했다. 기독교와 비기독교간의 장벽이 사라지고 한 집안 가족이 된 것처럼 보였다. 이 총회에서 종교간 대화 프로그램의 의장 역을 맡았던 물더(Dirk Mulder)는 "복음을 받아 들이지 않는 사람들이 멸망을 받을 것이라고는 믿지 않는다."라고 했다. 그러니 이제 복음 선교의 참된 의미가 사라진 것이다.

1992년 2월 호주의 수도 캔버라(Canberra)에 4,000명이 모인 제7차 총회에서는 종교혼합주의에 훨씬 깊게 빠져 들어갔다. 이때 드루대학 에큐메니컬 신학 교수인 아리아라야(Wesley Aiarajah)는 "하나님의 사랑은 넓어 기독교회라 불리는 이 좁은 부분만이 구원을 받을 것이라고 믿지 않는다."라고 했다. 그런데 이 캔버라 총회에서 한국의 에큐메니컬 여신학자 정현경이 종교혼합주의에 큰 공헌을 했다. 그녀는 춤으로 무당굿을 시작하여 모든 사람들에게 동참을 요구했다. 양편에 촛불을 켜고 죽은 자들의 영을 불러내는 초혼 의식을 행했다. '하갈, 우리야, 헤롯에게 죽임을 당한 어린이들, 가스실에서 죽은 유대인들, 간디, 마틴 루터 킹, 고난을 당하고 십자가에서 죽은 우리 형제 예수의 영'을 불러내었다. 그리고 그는 한국의 강신술에 대한 설명을 했다. 그녀가 집행한 무당굿과 설명은 호주 원주민의 투박한 춤으로 막을 내렸다. 정현경은 2007년 7월 한국여신학자회에서 '왜 나는 기독교인이면서 불교인인가?'라는 주제로 강의한 바 있다. 이제 '세계교회협의회'는 교회의 속화를 촉진하고 나아가 모든 종교 일치운동에 더 적극적으로 나서게 되었다.

지난 2006년 3월에 브라질에서 열린 제9차 총회는 물에 대한 선언을 선택했다. "물은 생명의 상징이다. 성경은 물을 생명의 요람이라고 한다 …… 물의 부족은 증대하는 충돌의 원천이다"라고 선언했다. 이 협의회(WCC)는 국제 정치 기구들이나 환경 단체들이 할 일은 하고 있는 것이다.

'세계교회협의회'는 2008년 창립 60주년을 맞으며 도전을 받는 당면 문제들로 '빈곤, 기후변화 HIV, AIDS, 영적 생활에 대한 전통적이고 더욱 새로운 차원의 탐색, 종교 상호간의 대화와 협력증진 …… 21세기에 새로운 비전을 가진 에큐메니컬 운동' 등을 들고 있다. 가장 큰 목표는 종교들간의 일치다. 2008년 7월 16-18일에 스페인 마드리드에서 사우디아라비아의 왕 압둘라가 후원하고 무슬림 세계연맹이 마련한 '국제종교협의회(International Interfaith Conference)'가 열렸다. 여기에는 이슬람, 기독교, 유대교, 불교 등 여러 종교를 대표하는 250명이 모였다. '세계교회협의회'도 총회의 의장 외 수명을 대표로 파송했다.

이 '세계교회협의회'는 현재 110개국의 347교파 교회를 회원 교회로 가지고 있다. 그런데 전통적 신앙과 신학을 가진 많은 교회들은 이 '세계교회협의회'를 속화된 배교 단체로 보고 있다. 오늘날까지 회원 교회가 되어온 거의 모든 주류교회들 내에서도 최근 전통적 신앙으로의 복귀와 쇄신을 바라는 운동이 크게 일고 있다.

67. 20세기의 전도자
빌리 그래함(Billy Graham)

| 주후 1918-2008년 |

빌리 그래함은 교회 역사상 누구보다 많은 사람들에게 복음을 전한 탁월한 전도자로 알려져 있다. 그는 미국의 보수적인 남침례교에 속한 목사이다. 그러나 로마 카톨릭 교회와 관계를 가질 뿐 아니라, 구원 문제에 있어서 보편주의적 입장을 취하기까지 한 그의 행보에 대해 상당한 비판이 있기도 하다. 그러나 지난 반세기 동안 수많은 나라를 돌며 2억 이상의 청중들에게 복음을 전한 사실은 그를 20세기의 가장 큰 인물 중 한 명으로 인정하게 한다.

그는 1918년 미국의 북개롤라이나 샬롯드(Charlotte)의 낙농장에서 태어나 연합 장로교회(Associate Presbyterian Church)에 속한 부모 밑에서 성장했다. 16살 때인 1934년에 지옥, 천당 복음을 전하는 전도자 햄(Mordecai Ham)의 전도 집회에 참석하여 그 단순한 복음을 듣고

빌리 그래함

회개하였다. 1936년 밥 존스 대학(Bob Jones College)에 입학했으나 학교 규율이 너무 엄격하여 한 학기만 공부하고, 1937년에 플로리다 성경 학교로 옮겨갔다. 그 후 휘튼대학(Wheaton College)에 들어가 공부하고 1943년에 졸업했다. 이 해에 그는 같은 대학 동급생이요, 장로교 소속 중국의료 선교사의 딸인 루스 벨(Ruth Bell)과 결혼하게 된다. 그는 휘튼 대학에 다니는 동안 성경을 무오한 하나님의 말씀으로 믿게 되었다.

그는 이미 대학에 다니면서 '연합복음 장막교회(United Gospel Tabernacle)'에서 설교를 하고, 일 년 동안 시골 교회의 설교자로 봉사하기도 했다. 1944년에는 그의 친구가 해 오던 '밤중의 노래(Songs in the Night)'라는 라디오 프로그램을 인수하여 라디오로 복음을 전파하였다. 나아가 '그리스도 청년회(Youth for Christ)'의 첫 부총재가 되어 활동했다. 1948년 30세 때 미네소타에 있는 노스웨스튼 대학의 학장직을 맡게 되어 최연소자 학장으로도 봉사를 했다.

그래함은 실제 공식적인 신학 훈련은 받지 않았다. 프린스턴 대학에서 신학을 공부할 수 있는 기회가 있었으나 하지 않았다. 그가 밥 존스 대학에 있을 때 밥 존스(Bob Jones Sr.)가 "너는 매력적인 음성을 가지고 있다. 하나님이 너의 음성을 사용하실 것이다."라고 말한 적이 있었다. 그의 말대로 그래함은 사람을 끄는 음성을 가지고 대 전도자로 등장하게 된 것이다.

그래함은 1949년 로스앤젤레스에 부흥 집회를 계획하고 주차장을 빌려 큰 장막을 세웠다. 수많은 무리가 연이어 몰려들었다. 당초 3주로 계획했지만 집회는 8주 동안이나 계속되었다. 이 집회로 그의 이름이 미국 전역에 알려지게 되었다. 이에는 당시 미국의 뉴스 매체 황제인 허스트(W. R. Hearst)의 도움도 있었다. 이 집회 후에 국내외의 대 집회가 이어졌다. 1950년 '그래함 복음 협회(Billy Graham Evangelistic Association)'를 조직했다.

1954년 런던에서 12주간, 1957년 뉴욕 매이슨 광장에서 16주간 집회가 있었고, 1959년에는 호주에서 첫 전도집회가 있었다. 1960년대에 그는 인종차별에 반대하고 당시 시민권 투쟁을 하다 투옥된 마틴 루터 킹의 석방을 위해 보석금을 지불했다. 그리고 뉴욕에서의 집회 기간 중에 그를 초청하여 수백만 청중에게 그의 소리를 듣게 했다. 그는 1956년에 그의 장인과 함께 복음주의 주간지인 『오늘의 기독교(Christianity Today)』를 창간했다.

그는 냉전기에 철의 장막 뒤에 있는 동유럽 나라들과 소비에트 유니언에 들어가 집회를 열었다. 1973년과 1984년에 한국 서울에서도 전도집회를 인도하고 1993년과 1994년에는 북한을 방문했다. 2005년 8월에는 뉴욕에서 그의 마지막 북미 집회를 인도했다.

그래함은 정치적으로는 미국 민주당의 당적을 가지고 있었다. 그러나 그는 "우리는 모든 사람들에게 복음을 전하기 위하여 좌우 중간에 서야 한다."라고 하며 중립을 지켰다. 그래서 그는 1950년 이후 트루먼 대통령을 비롯해 역대 대통령들과 가까이하며 자문을 해 왔다. 특별히 아이젠하워와 닉슨 두 대통령과는 매우 가까이 지낸 것으로 알려져 있다.

그는 공산주의를 반대했지만 북한의 김일성에 대하여는 칭찬을 한 사실은 이례적이었다. 1999년 연설에서 북한의 김일성과의 관계를 말하면서 "그는 다른 종류의 공산주의자요, 그 나라의 자유를 위해 일본과 싸운 위대한 전사 중의 한 분"이라고 극찬했다. 김정일과는 만난 일이 없으나 그와 선물 교환은 했는데 그래함은 머리에 비둘기로 장식된 지구의를 보내 주었다고 했다.

그는 미 의회로부터 '의회 금메달'과 레이건 대통령으로부터 '대통령의 자유메달', 대영제국의 '명예기사 훈장', 템플턴상 등 많은 상을 받았으며 여러 대학으로부터 20개의 명예학위를 받았다.

그런데 그래함은 모든 사람을 만족시키기 위해 중도와 협상의 길을 걸어 왔다. 이에 대한 비판 또한 없지 않다. 먼저 그의 로마 카톨릭 교회와의 관계 문제를 보게 된다. 그는 그의 집회를 위해 로마 교회와 자주 협력하였다. 1967년에 북캐롤라이나에 있는 카톨릭 대학(Belmont abbey)으로부터 명예박사 학위를 받았다. 그는 수락 연설에서 "이 신앙적으로 손을 잡는데서 한 선한 것이 나왔습니다. 우리는 그리스도인 형제들로서 함께 만나 이야기할 수 있습니다."라고 했다. 그는 교리 면에 있어서 한계가 없는 포괄주의 입장을 취했던 것이다.

그래함은 1981년과 1990년 적어도 두 번 바티칸을 방문하여 교황을 만나 대화했다. 이때 그가 그리스도의 대리자임을 자처하는 교황의 반지에 입을 맞췄는지는 알 수가 없다. 그러나 그는 교황과 밀접한 대화를 하며 반 시간을 보냈다고 했다. 교황을 적그리스도라 정죄하고 투쟁한 종교개혁자들과 개혁주의 노선을 무색하게 한 행보였음에 틀림이 없었다.

그리고 그래함은 그의 구원 교리에 대해 매우 큰 의문을 남겼다. 그는 언젠가 이렇게 말했다 : "나는 기독교 신앙의 근본적인 신조를 완전히 지지합니다. 그러나 한 미국인으로 나는 하나님께 이르는 다른 길을 존경합니다." 이것은 그의 종교적 보편주의의 입장을 보여주는 것이었다.
 이런 그의 입장은 그가 유대교를 보는 관점에서도 나타났다. 그는 유대인들의 개종을 위한 일에 반대했는데 이것은 그가 속한 남침례교의 입장과도 다른 것이었다. 유대인들에 대한 전도를 반대하는 것은 예수를 구주로 믿는 길 이외에도 하나님께 이르는 다른 길이 있다고 믿기 때문이다.

그는 1993년에 오하이오에서 "에이즈(AIDS)가 하나님의 벌이라고 생각한다."는 말을 했다. 이 말을 한 후 많은 비판을 받게 되자 그는 그렇게 말한데 대한 유감을 표하고 "하나님이 에이즈로 사람들을 심판했다는 것은 매우 잘못되고 잔인한 것입니다."라고 했다.

빌리 그래함은 표면상 20세기를 산 위대한 전도자였음에 틀림없다. 그러나 그는 교리 면에서 포괄주의자였고 종교 면에서 보편주의적 이념의 소유자였다. 그러기에 그는 교회의 왕이요 머리이신 그리스도께서 개혁자들을 통해 이루신 교회 개혁을 진전시킨 봉사자는 아니었다.

68. 한국 장로교회의 오순절적 사건

| 주후 1907년 |

한국에 선교사가 들어온 지 23년째 되던 해인 1907년에 한국 장로교회 안에 큰 영적 갱신 운동이 일어났다. 이것을 어떤 분들은 '한국의 오순절(Korean Pentecost)'이라고 불렀다. 물론 그리스도의 구속 역사에는 오직 한 번 만의 오순절이 있을 뿐이다. 그러나 저 운동은 한국 교회 초기 역사에 나타난 비상한 영적 사건이었기에 그렇게 불리기도 한 것이다.

한국 교회에는 선교 초기부터 함께 모여 성경을 가르치고 배우는 성경반이 있었다. 이것은 차츰 사경회라는 이름으로 바뀌었다. 일찍부터 한국 교회는 농사철이 아닌 한가한 때를 골라 각 지방마다 교회적으로 한 주간 이상 사경회를 갖고 성경을 배우는 기회를 가졌다. 사경회는 교회가 발전하는데 큰 힘이 되었다.

평양에서는 정월 초에 선교사들과 그 지역 교회의 직분자들이 정기적으로 모여 연합사경회를 가졌다. 1907년에도 장대현교회에서 정월 6일 월요일 밤부터 사경회가 시작되었다. 당시 평양의 교세는 서울보다 세 배나 컸다. 서울에는 교인 수가 6천여 명이었으나, 평양은 2만 명을 넘어 있었다. 이 사경회는 첫날부터 1,500여 명이 모였다. 선교사들과 한국의 전도자들이 번갈아가며 집회를 인도했다. 그때는 아직 한국 목사가 임직되지 않았던 때여서 신학교 졸업을 앞둔 길선주 장로가 주로 선교사들과 함께 강사로 등장했다. 그는 능력있는 설교자였다.

사경회 첫날 밤에 신학교 졸업반에 있는 길선주 전도사(장로)가 "맛을 잃은 말라빠진 사람들아!"라고 외쳤을 때 청중은 큰 충격을 받고 죄를 통회하기 시작했다. 엿새째 되는 1월 12일 토요일 밤, 방위량(W. N. Blair) 선교사가 "너희는 그리스도의 몸이요 지체의 각 부분이라(고전 12:27)"는 말씀을 본문으로 설교 했다. 그는 성장하는 교회 안에 불화와 분쟁이 있음을 알았다. 그래서 몸의 지체 간의 불화는 교회의 머리가 되시는 그리스도에게 고통을 주는 것이라고 설교했다. 이 설교에 청중들은 사랑이 없음을 고백하고 눈물로 회개했다. 다음 날 주일 밤(13일) 회중은 모두 신령한 호흡을 하듯 '신비한 체험'을 하게 되었다. 1월 14일 월요일 밤 집회의 분위기는 처음부터 비상했다. 교회당에 들어서는 모든 사람들이 한결같이 하나님의 임재가 가득함을 느낀 것이다.

이 날 설교는 이길함(Graham Lee)선교사가 맡았다. 그는 짧게 설교한 뒤 회중 가운데 누구든 기도 인도해 줄 것을 청했다. 이때 한 사람이 아니라 많은 사람이 기도를 시작했다. 이를 제재할 수 없으므로 이 목사는 모두가 함께 기도하도록 했다. 다른 나라 교회생활에서 볼 수 없는

'통성기도' 라는 것이 한국 교회에서 시작된 것이다. 이 목사가 "나의 아버지여"하고 기도를 시작하자, 온 회중이 밖으로부터 밀어 닥치는 강력한 힘에 압도당하며 성령의 역사를 경험하게 되었다. 온 회중이 소리내 기도하기 시작했는데 그 결과는 형언하기 어려웠다. 거기에는 혼돈이 없었고, 영의 조화가 있었다. 죄에 대한 대 통회가 일어났다. 한 사람이 죄를 회개하고 애통하기를 시작하자 순간적으로 온 회중이 함께 애통했다. "사람들은 앞 다투어 일어나 죄를 고백하고 울음을 터뜨리며 마룻바닥에 쓰러지고, 죄에 대한 고통을 참지 못해 주먹으로 마루를 쳤다…집회는 고백과 애통과 기도로 밤 2시까지 계속되었다." 15일(화) 마지막 밤 집회는 다시 길선주 전도사가 맡았다. 이 집회에도 회개는 계속되었다.

평양의 사경회 이후 성령 역사의 파도는 각 교육 기관과 전국 교회로 번져 나가 반년 동안 계속되었다. 겨울 방학을 끝내고 개학하게 된 숭실전문학교와 평양신학교에서도 동일하게 죄에 대한 통회가 일어났다. 평양 사경회가 끝난 후 이 소식을 들은 서울을 위시한 각 지방 교회가 길선주 장로를 위시한 여러 선교사들을 초청하여 사경회를 가지면서 평양에서와 같은 회개운동이 전국으로 확산되었다. 이로 말미암아 한국 교회는 영적 활력이 넘치는 교회로 거듭나게 되었다. 특히 이때는 일본이 1904년 러일 전쟁에서 승리한 후 한국을 완전히 점령하려는 단계에 있음을 알고 있었음으로 모두가 절망감에 가득 차 있을 때였다. 한국 교회는 이 영적 부흥으로 새로운 용기와 희망을 갖게 되었다.

그런데 한국에서 일어난 이 영적 운동은 광신적인 요소가 없는 매우 건전한 것이었다. 전년에 미국 로스앤젤레스에서는 침례교 전도자 시모어에 의해 소위 오순절 운동이 시작되었다. 저들은 성령 세례를 받은 사람은 방언을 하게 된다고 했다. 로스앤젤레스 타임스는 그 집회의 현황을 '가장 광신적 의식' 혹은 '광분' 등으로 표현했다. 그러나 한국 사경회에서 일어난 부흥은 그와는 전혀 달랐다. 다만 죄를 회개하고 거룩한 생활을 사모하는 아름다운 영적 각성이 있었다.

이 영적 부흥으로 한국 교회의 신자 수는 짧은 기간 내에 배로 불어나게 되었다. 1905년에 세례 교인 11,061명, 원입교인 8,431명으로 신자들의 수가 총 19,492명이었으나 1907년 6월의 통계는 세례교인 18,061명, 원입교인 19,791명으로 총 37,851명이 되었던 것이다. 1년 남짓한 사이에 신자들의 수가 거의 2배가 된 것이다. 그래서 1907년에 한국을 방문한 못트(J. R. Mott)는 "만일 한국의 기독교가 이정도 속도로 발전하게 된다면, 한국은 근대 선교 역사상 완전히 복음화 된 최초의 기독교국이 되리라는 확신을 가지게 될 것이다."라고 했다.

1907년 한국에서 일어난 오순절적 영적 각성은 성경을 공부하는 사경회에서 일어난 성경적인 운동임에 틀림없었다. 이후 한국 교회는 해마다 농번기를 벗어난 겨울(특별히 정월)에 사경회로 모여 특별 강사를 청하여 성경을 배우고 공부하는 것이 관례가 되었다. 이때에는 부흥회라는 말은 흔히 사용되지 않았다. 그러나 그 후 감정과 체험을 강조하는 새로운 풍조가 생겨 부흥회라는 말이 사경회라는 말을 대신하게 되었다. 이 부흥회는 차츰 성경 공부와 교리 공부를 등한시 하는 결과를 가져왔다. 1907년에 있었던 한국의 오순절적 사건은 한국 교회사에서 참되고 건전한 교회의 부흥과 건설은 성경을 배우고 가르치는 사경회를 통해 온다는 사실을 가르쳐주었다.

69. 8·15 해방과 매였던 종들이 돌아온 날

| 주후 1945년 |

1910년 한일합병으로부터 1945년 일제에서 해방에 이르기까지 36년 동안 한국 민족은 일제의 노예가 되어 말할 수 없는 수모와 고초를 당했다. 기독교인들은 신앙을 이유로 심한 박해를 받게 되어 이중으로 고초를 겪게 되었다. 일제는 한국을 일본에 강제 병합한 후 조선 민족을 일본 민족에게 완전히 동화시키기 원했다. 저들은 일제의 종교인 신도와 천황 숭배를 통해 이 목적을 이루려 했다.

1925년 서울 남산에 조선신궁을 세워 국조신인 전조대신과 명치천황을 섬기게 했다. 그리고 각 지방마다 신사를 세워 태양신인 천조대신을 섬기도록 설득했다. 특별히 일본이 1931년 만주 사변을 시작으로 대륙 침략의 길에 들어서면서 민족 일치와 사상의 통일을 위해 한민족 전체에 신사참배를 강요하게 되었다. 그런데 이 정책 시행에 가장 큰 걸림돌이 되는 것이 바로 기독교였다. 그래서 저들은 기독교를 회유하기 위해 신도는 종교를 초월하는 것이며 신사참배는 종교행위가 아니라 국가의식이라고 말함으로써 기독교인들의 참여를 설득하고 강요하게 되었다.

일제는 먼저 기독교 학교에 신사참배를 강요했다. 대부분의 학교들은 그들의 강요에 순응하여 우상을 섬기기 보다는 학교의 문을 닫는 길을 택하였다. 그 결과 거의 모든 기독교 학교가 1939년까지 폐쇄하게 되었다. 한국 근대문화 보급에 앞장 서 왔을 뿐 아니라, 복음 전파의 매개체가 되어 온 기독교 학교들이 문을 닫게 된 것이다. 다음으로 일제는 교회에 대한 적극적인 설득과 압력에 나서게 되었다. 장로교회는 이미 1930년대 초부터 신사참배 문제의 심각성을 알고 거의 매년 총회에서 이 문제를 다루어 왔다. 하지만 일본의 회유와 협박에 굴복한 교파 교회들이 속속 나타나게 되었다. 성결교회, 감리교회, 구세군, 성공회를 비롯하여 로마 천주교회도 굴복했다.

신사참배를 가장 강력하게 반대해 온 것은 장로교회였다. 일제 당국은 1938년 장로교회 총회를 앞두고 장로교회를 굴복시킬 전략을 세우고 행동에 나섰다. 일제는 각 지방의 봄 노회가 모이기 전 친일 목사들을 동원하여 노회원들을 설득하는 작업을 했다. 동시에 신사참배를 적극 반대하던 주기철, 채정민, 이기선 목사 등을 미리 검거함으로 총회 총대가 되는 기회를 박탈했다. 9월 9일 총회 장소인 평양 서문밖교회 주변 분위기는 삼엄했다. 총회는 무장 경찰이 출입문을 지키고 사복을 입은 형사들이 총대들의 사이사이에 앉아 지키는 가운데 개회되었다. 다음날 9월 10일 총회장 홍택기의 사회로 신사참배 안건이 가결되었다.

결의문의 내용은 '아등은 신사는 종교가 아니고 기독교 교리에 위반하지 않는 본의를 이해하고, 신사참배가 애국적 국가 의식임을 자각하며, 신사참배를 솔선 여행하고, 추이 국민정신 총 동원에 참가하여 비상시국 하에서 총후 황국민으로서 적성을 다하기로 함'이었다.

이 일제의 강압 속에 장로교회 총회마저 신사참배 강요에 무릎을 꿇게 됨에 따라 한국에 있는 체제상의 모든 교파 교회들은 10계명 중 1, 2계명을 전적으로 범함으로 배교의 집단이 되어버린 것이다.

그러나 외형상으로는 일제가 강압을 통해 한국의 교회를 정복한 것처럼 보였지만 전적으로 무너트릴 수는 없었다. 음부의 권세가 그리스도의 교회를 결코 이길 수는 없다(마 16:18). 구약시대 아합의 학정 속에서도 주 하나님은 이스라엘 교회에 바알에게 무릎 꿇지 않은 7천 명을 남겨두셨고, 신약시대에 폭군 네로 치하에서도 그리스도의 교회가 존속되게 하셨던 것이다. 눈에 보이는 제도상의 교회는 무너졌지만 한국의 그리스도의 참 교회는 일제의 신에게 무릎을 꿇지 않고 죽도록 충성한 그리스도의 종들에 의해 감옥에서 혹은 산중 굴혈에서 지속되었다.

신사참배를 반대해온 70여 명의 충성된 그리스도의 종들이 1938년 초봄부터 1940년까지 일제 당국에 의해 투옥 당했다. 이들은 감옥에 있는 동안 무수한 협박과 끊임없는 고문을 당했다. 주기철 목사는 평양 감옥에서 만 5년 동안 옥고를 겪다가 1944년 4월 21일 49세의 나이에 옥중에서 순교하였다. 이 외에 최봉석, 최상림 목사와 박관준, 김윤섭, 박의흠 등 50여 명이 옥중에서 수난당하다 결국 순교했다.

하지만 잔학한 일제의 패망의 날은 헤아려지고 있었다. "이스라엘을 지키시는 자는 졸지도 아니하고 주무시지 아니하신다(시 121:3)." 당시 나치 독일이 유대인 6백만 명을 학살한 것처럼 저들과 공동전선을 펴고 싸워 온 일제도 1945년 8월 17일에는 감옥에 있는 충성된 그리스도의 종들과 밖에 있는 신실한 기독교인들을 다 죽이기로 음모를 꾸몄다고 한다. 그런데 1945년 8월 6일 일본 히로시마에, 8월 9일에는 나가사키에 미국 B-29에 의해 원자 폭탄이 연이어 떨어졌다. 현인신으로 추앙받는 천황의 무력함이 나타난 것이다. 이전에 보지 못한 대 참사를 맞은 일본 천황은 1945년 8월 15일 무조건 항복의 백기를 들어야 했다. 한국 땅을 발판 삼아 아시아와 세계를 제패하려던 일제는 그 순간 무너지고 만 것이다.

이날 모든 한국 민족이 노예 생활에서 벗어난 해방과 자유의 형언할 수 없는 큰 기쁨을 즐기게 되었다. 그 가운데 가장 큰 감사와 기쁨을 얻은 자들은 바벨론보다 더한 일제의 포로 생활에서 자유를 얻은 기독교인이었다. 해방이 된 지 사흘만인 8월 17일 매였던 30여 명의 충성된 그리스도의 종들이 평양, 대구, 광주, 부산 등의 감옥에서 돌아오게 되었다. 평양 감옥에서 풀려난 사람이 21명으로 제일 많았다. 이 가운데 고흥봉, 이기선, 주남선, 채정민, 한상동 다섯 명의 목사들이 있었고, 손양원 목사는 광주에서 풀려났었다.

교회의 주 그리스도는 배교함으로 역사가 중단된 한국 교회 역사를 이들을 통해 감옥에서 이어 오게 하셨고, 해방 후 이들을 한국 교회의 개혁과 재건에 봉사하게 하심으로 한국의 그리스도의 교회의 역사를 다시 이어가게 하셨다.

70. 사랑의 사도, 순교자 손양원 목사

| 주후 1902-1950년 |

지난 2천 년 교회사를 통해 수많은 순교자들의 흔적을 보게 된다. 개인 뿐 아니라 온 가족이 순교하게 된 사례도 많이 있다. 그러나 한국 교회의 순교자 손양원 목사는 세계 교회 순교사에서 찾아 볼 수 없는 가장 아름다운 흔적을 남겼다. 일제 강점기에 신사참배를 항거 하다 5년 동안 옥고를 겪고, 두 아들을 죽인 살인자를 양자로 삼았으며, 마침내는 주를 위해 자기 생명마저 바쳐 순교자가 되었기 때문이다.

손양원 목사는 1902년 경남 함안 칠원의 완고한 유교 가문에서 태어났다. 그의 아버지 손종일씨는 그가 일곱 살이 되던 1909년에 예수를 믿어 집안의 유교 전통을 말끔히 정리하고 10년 후인 1919년에 장로로 피택되었다. 그는 주의 교회를 위해 모든 것을 아낌없이 바치는 분이었다. 함안 칠원교회를 건축할 때 그가 가진 논 다섯 마지기 모두를 바쳤다. 손양원 목사는 이런 아버지 밑에서 어릴 때부터 주를 위해 모든 것을 바치는 신앙 생활을 익혔다.

그는 11살 때 함안 칠원 공립보통학교에 입학했다. 그런데 이 학교의 일본인 교장은 일찍부터 천황을 향한 동방요배를 학생들에게 강요했다. 어린 양원은 이를 거절하다 퇴학을 당했다. 그는 앞으로 목사가 되기를 바라고 경남 성경학교에 들어가 공부했다. 공부를 하면서 부산 감만동에 있는 나환자교회에 전도사로 봉사를 했다. 이때 나환자들 교회와 맺은 관계가 일평생 계속되었다. 1935년 34세 때 교회를 사임하고 평양으로 가서 신학교에 입학했다.

1938년 공부를 마치고 부산에 돌아왔을 때 교회들은 신사참배 문제로 혼란 중에 있었다. 그는 신사참배 반대 운동을 주도하고 있던 주남선, 한상동 목사 편에 서서 함께 활동했다. 이때 경남노회는 이미 신사참배 찬성측이 교권을 지배하고 있었다. 그가 목사 안수 받을 자격을 가졌지만 노회는 신사참배 반대하는 편에 가담한 그를 받아주지 않았을 뿐 아니라 전도사 자격마저 박탈해 버렸다.

그 결과 그는 1939년 8월 전남 순천 노회지역으로 옮겨갔다. 여수에 있는 나환자촌 애양원교회가 그를 전도사로 청빙했기 때문이다. 그는 곧 순천노회에서 목사 안수를 받았다. 애양원교회의 목사가 된 그는 초인적인 하나님의 사랑을 실천하며 봉사했다. 당시 나병은 불치병이요 불결한 병으로 간주되어 가족들도 멀리하는 형편이었다. 그러나 손 목사는 "주여, 이들을 사랑하되 나의 부모와 형제와 처자보다도 더 사랑하게 하여 주옵소서."라고 기도하며 봉사했다. 가정심방을 다녔고, 중환자실을 찾아가 환자가 미안해서 거부하는데도 식사를 같이 하기도 했다. 그는 이미 여기에서 주를 위해 살고 주를 위해 죽는다는 순교적 삶을 보여주었다.

손양원 목사는 철두철미하게 신사참배를 반대하였다. 본 교회 강단에서나 집회의 강사로 가거나 어디에서든 신사

손양원(애양원 정문)

참배는 1, 2계명을 범하는 죄라고 설교했다. 1940년 7월부터 일제는 전국적으로 신사참배에 반대하는 사람들을 구금하기 시작했다. 9월 25일 손 목사도 형사들에게 끌려가 5년간의 옥살이를 시작하게 되었다. 그는 9개월 간 여수 유치장에 갇혀 있다가 광주 형무소로 이송되어 1년 6개월의 형을 받았다. 형기를 마치자 그는 다시 종신형을 선고받았다.

그 동안 부인과 자녀들의 생활의 어려움은 말할 수 없었다. 공장으로, 고아원으로 산산이 흩어져 살아야 했다. 그러는 동안 일제가 망하는 날이 오고야 말았다. 1945년 8월 15일 일본 천황이 무조건 항복을 하게 되고, 한국은 해방을 맞았다. 8월 17일 닫혔던 감옥 문이 열리고 손양원 목사는 5년 만에 사랑하는 가족과 애양원교회로 돌아오게 되었다. 그는 산 순교자로 돌아온 셈이었다. 이제 재회한 가족들에게는 새로운 삶이 시작되었다. 그동안 학교에 다니지 못한 5남매가 늦었지만 공부를 시작하였다. 애양원교회 근처에는 중·고등학교가 없었기 때문에 순천에 집을 얻어 자녀들이 거기서 함께 자취생활을 했다. 자녀 5남매 가운데 큰

아들 동인이는 순천사범학교에, 동신이는 순천중학교에 다녔다. 그리고 동희(여)는 순천 매산중학교 1학년, 동장, 동림(여)은 초등학교 학생이었다. 오랜만에 가족이 안정을 되찾고 감사와 기쁨 속에 살게 되었다. 그런데 갑자기 예기치 않은 폭풍이 이 가정을 덮치게 되었다.

해방 후 수년 동안 한국은 정치적으로 아직 안정되지 못한 형편에 있었다. 1948년 8월 15일에 남한에 민주공화국 정부가 수립되었지만 공산주의자들이 아직 곳곳에 암약하고 있었다. 1948년 10월 19일 여수에 있는 육군 14연대 내 남노당에 속한 공산주의자들이 반란을 일으켰다. 저들은 인민군이 삼팔선을 넘어와 제주도까지 점령했다고 거짓 선전을 퍼뜨리고 경찰서와 관공서를 점령하며 소위 반동분자로 보이는 정치인, 부유한 사람들, 기독교인들을 닥치는 대로 학살했다.

반란이 일어난 지 사흘째 되는 1948년 10월 21일 좌익 학생들은 동인 동신이 형제들이 자취하고 있는 집을 찾아와 이들을 끌고 순천경찰서로 갔다. 동인이는 당시 기독학생회장이었다. 이들의 죄란 그리스도 신자요 친미주의자라는 것이었다. 이들은 경찰서 뒤 사형장으로 끌려가 '반동새끼, 예수를 믿지 않고 우리와 협력하면 살려준다'는 위협을 받았다. 그러나 동인과 동신은 오히려 그들에게 '예수를 믿고 구원을 얻으라'고 전도했다. 동인이가 먼저 총을 맞아 쓰러졌다. 이를 본 동신이 뛰어가 쓰러진 형을 부여안자 그도 총에 맞고 쓰러졌다. "반동새끼!"라고 하던 학생은 동신에게 총을 두 번 더 쏘아 확인사살까지 했다. 동인과 동신은 예수의 이름을 위해 순교한 것이다.

이 동안 순천으로부터 20여 km 떨어진 애양원에 있던 손양원 목사 내외는 나흘이 지나도록 이 사실을 모르고 있었다. 그 주간 교회에는 신사참배 항거 운동을 하다가 그와 꼭 같이 옥고를 치르고 나왔던 친구 이인재 목사를 강사로 사경회를 하고 있었다. 25일에야 두 아들의 순교 사실을 알게 되었다. 약 한 주간이 지나 어느 정도 반란이 진압된 26일 두 시신이 운반되어 애양원에 도착했다. 이 목사는 손 목사 내외에게 '우리는 감옥에서 순교를 원했으나 하나님이 허락지 않으셨다. 젊고 아름다운 두 아들이 순교하게 된 것은 기뻐할 일'이라고 위로했다. 27일 장례식이 있었다. 집회 강사인 이인재 목사가 설교를 했다. 산 순교자들인 이인재, 손양원 두 목사가 젊은 두 순교자 시신 앞에 서 있었다.

이제 국군이 여수·순천을 완전히 탈환함으로 반란사건에 가담했던 사람들을 색출하게 되었다. 동인과 동신을 잡으러 오고 그들에게 총을 쏜 학생도 잡혔다. 그는 사형 언도를 받고 집행을 위해 국군이 주둔해 있는 곳으로 옮겨졌다. 이 사실을 안 손 목사는 비상한 결심을 했다. 하나님이 주신 1, 2계명을 지키기 위해서 5년 동안 감옥살이를 했는데, 하나님이 주신 "너의 원수를 사랑하라"는 계명도 지켜야 한다고 생각한 것이다. 그는 두 아들의 살인자를 양자 삼기로 결심하였다. 그는 자신이 구명을 위해 가야 했으나 집회 약속이 있어 그의 큰 딸 동희를 친구 목사 나덕환에게 보내어 그를 아들로 삼고자 하니 구명 운동에 대신 나서 달라 부탁했다.

나 목사는 이 부탁을 받고 구명하기 위해 노력했지만 아들을 죽인 자를 아버지가 살려달라고 부탁한다는 말을 믿어 줄 리 없었다. 이때 손 목사의 장녀 동희의 증언을 듣고야 그 말을 믿어주었다. 살인자가 사형 직전에 구원을 받은 것이다. 그 살인자 학생은 손양원 목사의 양자가 되었다. 손 목사는 그를 사랑하며 늘 데리고 다녔다. 그를 부산 고려고등성경학교에 보내어 공부하게 했다. 그가 회개하고 변화를 받았다. 그는 손 목사님을 통해 하나님의 사랑을 알게 되고 성경학교에서 놀라운 구원의 진리도 배우게 되었다며 감사하였다. 그는 옛 성을 버리고 스스로 '손철민'이 되어 손 목사의 아들 됨을 보였다. 손 목사를 따라 가족들도 그를 한 가족으로 받아드려 오빠로 형으로 불렀다. 손 목사는 인간의 한계를 극복한 아름다운 사랑을 실천했다. 사모와 자녀들도 다 함께 그 아름다운 사랑 실천의 본을 따랐다. 그런데 손 목사와 그 가정에는 다른 큰 폭풍이 또 오고 있었다.

여순반란이 일어난 지 아직 2년이 지나지 않은 1950년 6월 25일 김일성의 공산주의 북한 인민군이 갑자기 남침을 감행하여 전쟁이 일어났다. 남한은 갑작스런 남침을 막을 길이 없었다. 북한 인민군은 파죽지세로 한 달 만에 남한 땅 거의 대부분을 휩쓸었다. 많은 사람들이 남쪽으로 피난을 왔다. 수많은 목사들도 양떼를 두고 피난길에 올랐다. 당시 한국 최남단에 있는 부산지역은 피난민으로 가득 차게 되었다. 인민군은 호남 전 지역을 휩쓸어 7월 27일에는 여수도 점령을 당했다. 점령을 당하기 전 주변 동역자 목사들이 손양원 목사에게 피난을 권고했다. 그러나 그는 양떼를 두고 어디도 갈수 없다고 했다. 그와 함께 있던 양 아들 철민도 권유했다. 그러나 그는 단호하게 "피난처가 어디 있느냐. 피난처는 주의 품 뿐이다."라고 했다.

그는 인민군이 여수를 점령하기 일 주일 전부터 애양원교회에서 하루 세 차례 종을 치고 집회를 가졌다. 그가 잡히기 전 수요일 밤에는 계시록 2장 10절의 "죽도록 충성하라"는 본문 말씀으로 설교했다. "순교를 각오하라. 잘 죽기를 원하라"는 것이었다. 인민군이 이 지역을 점령하게 되자 여순 반란사건 때 가담하였다가 그 동안 숨어 활동해온 공산주의자들이 때를 맞았다 하고 나타나 기세를 부리게 되었다. 9월 13일 내무서원들이 무장을 하고 애양원을 찾아와 손 목사를 끌고 가 유치장에 가두었다. 그는 고백서를 쓰라는 강요를 받았다. 손 목사는 그들의 기대와는 달리 "주의 복음 진리를 언행으로 가르치지 못한 죄" 등을 기록해 냈다. 저들은 "이것이 고백서냐?" 하면서 몽둥이로 수없이 때렸다. 15일 동안 무수한 고통을 당했다.

그동안 전세가 갑자기 바뀌게 되었다. 맥아더 장군의 인천상륙작전이 시작되고 북한 인민군들이 후퇴해야 할 형편에 이르렀다. 이때 후퇴하는 인민군과 함께 권력을 휘둘러온 빨치산들은 소위 반동분자라 생각하는 사람들을 수도 없이 죽였다. 손 목사는 1950년 9월 28일 많은 사람들과 함께 묶여 밤 시간에 순천으로 압송되었다. 이것은 도중 한가한 곳에서 저들을 몰살할 목적이었다. 순천 못가 미평에서 열 사람씩 짝을 지어 분대를 만들어 차례로 떠나게 했다. 한 분대가 떠나고 잠깐 지나면 따발총 소리가 들려왔다. 모두를 총살한 것이다. 손 목사가 속한 3분대 차례가 왔다. 거기에는 손 목사를 잘 알고 이미 순교한 동인과 동신의 친구인 18세 된 김창수 군이 같은 줄에 묶여 있었다. 손 목사는 함께 끌려가면서 "창수군, 기도하게. 하나님께서 도와주실 것이네. 자, 우리 천국에서 만나세" 하였다. 김창수군은 기적적으로 손에 묶인 포승줄이 풀려 도망하여 살게 되었다. 도망하는 순간 총성이 요란하게 들렸다. 손 목사는 미평 과수원에서 총을 맞고 순교한 것이다.

창수군이 바로 손 목사 가정으로 달려가 이 소식을 전했다. 이 소식을 들은 애양원 청년들이 미평 과수원에 가서 시신을 찾아 왔다. 찾아 온 시신은 바로 2년 전 그의 두 아들 동인과 동신의 시신을 놓았던 바로 그 자리에 놓여졌다. 애양원의 1천여 명의 나환자들은 시신을 둘러싸고 통곡했다. 양자 철민이 맏상제가 되어 "아버지, 죽을 목숨인 나를 살려 놓고서 아버지 먼저 가시다니 이게 무슨 날 벼락입니까"라며 누구보다 슬프게 통곡했다.

10월 13일 오전 장례식이 있었다. 부산 고려고등성경학교 교장 오종덕 목사가 사회를 했다. 그의 양아들이 다니는 학교의 교장이었다. 설교는 고려신학교 교장 박윤선 목사가 "순교"라는 제목으로 위로의 말씀을 전했다. 순천노회 대표로 나덕환 목사가 조사를 했다. 손양원 목사는 몸으로는 호남지역인 순천노회에 속해 있었지만 마음으로는 늘 경남의 출옥 동지들과 함께 했었다. 1946년 5월 그는 고려신학교(현. 고려신학대학원) 설립을 위해 주남선, 한상동, 박윤선과 함께 의논했었다. 1948년 고려신학교가 어려운 환경에 있을 때에 손 목사는 고려신학교의 총무직을 맡아 순교할 때까지 숨은 봉사를 해왔었다. 그래서 고려신학교는 그의 순교로 큰 협력자를 잃었었다. 그러나 산 순교자로 봉사하다 끝내 순교한 그에 의해 크게 위로와 격려도 받았었다.

손양원 목사는 2천년 세계 교회사에서 찾아보기 어려운 신앙의 위인이었다. 그는 세상이 멀리하는 나환자들을 위해 그의 생을 바친 그리스도의 참된 종이었고, 하나님이 주신 계명을 지키기 위해 만 5년간 옥고를 치른 산 순교자였으며, 두 순교자 아들을 길러낸 위대한 신앙의 아버지였고, 아들을 죽인 원수를 양자로 삼아 사랑의 계명을 실천한 '사랑의 사도' 였으며, 결국 자신도 그리스도를 위해 생명을 바친 위대한 순교자였다. 이런 순교자의 피가 한국교회에 오늘의 큰 복을 가져다주었다. 한국 교회의 오늘의 성장과 부흥은 "순교자의 피는 교회의 씨"라는 사실을 잘 증거해주고 있다.